# BEREIT FÜR DIE LIEBE!

Wenn du denkst, es ist vorbei,
fängt es eigentlich erst an

Katharina Middendorf und Ralf Sturm

# BEREIT FÜR DIE LIEBE!

Wenn du denkst, es ist vorbei,
fängt es eigentlich erst an

Haftungsausschluss:
Die am Ende des Buches enthaltenen Übungen wurden von den Autoren und vom Verlag sorgfältig erarbeitet und geprüft. Eine Garantie kann dennoch nicht übernommen werden. Weder die Verfasser noch der Verlag übernehmen die Haftung für Schäden irgendeiner Art.



Lektorat: Susanne Klein, Hamburg, kleinebrise.net
Gestaltung: PLEX GmbH, Berlin, plexgroup.com
Fotos: Jan und Hannah Rickers, janrickers.com
Druck & Verarbeitung: Westermann Druck Zwickau GmbH

www.weltinnenraum.de

1. Auflage 2016

Bibliografische Information der Deutschen Nationalbibliothek:
Die Deutsche Nationalbibliothek verzeichnet diese Publikation in der Deutschen Nationalbibliografie; detaillierte bibliografische Daten sind im Internet über http://dnb.d-nb.de abrufbar.

ISBN Print: 978-3-95883-068-4
ISBN E-Book: 978-3-95883-069-1

Dieses Buch wurde auf 100 % Altpapier gedruckt und ist alterungsbeständig. Weitere Informationen hierzu finden Sie unter *www.weltinnenraum.de*.

Für Lea, Tara und Naya

# INHALT

## DIE FÜNF DENKFEHLER 45



## DIE SPIELPLÄTZE DER LIEBE 69

## BEREIT SEIN 189



## ANHANG 205

# VORWORT

*Ich bin bereit, mich selbst zu verändern.*
*Es bleibt meine Lebensaufgabe.*
*Gerade hier setzt die Wirkung der Liebe ein.*
*Wir haben uns füreinander entschieden.*

Als Paar- und Sexualtherapeutin beschäftige ich mich täglich mit Beziehungs- und Lebensthematiken und lerne dazu – immer wieder!

In „Bereit für die Liebe“ werden die großen und schwer greifbaren Themen Liebe und Kommunikation und wie man diesbezüglich „bei sich sein“ kann unter die Lupe genommen. Es wird verständlicher, worum es dabei wirklich gehen kann. Die echten Dialoge im Buch und die darauf folgende Analyse machen deutlich, dass oft etwas ganz anderes in einer Beziehung und in einer Person los ist, als auf den ersten Blick ersichtlich.

Ja, ich fühlte mich beim Lesen erwischt und sehe einige meiner *Denkfehler,* die ich in meiner Funktion als Therapeutin sogar behaupte zu kennen, die aber in der konkreten Situation mit meinem Partner immer wieder für mich *nicht sichtbar sind: Ich sage nicht, was ich möchte, sondern argumentiere. Ich tarne unter einem konstruktiven Gespräch, dass ich zu keiner Zeit bereit war, das Entscheidende für das Weiterbestehen meiner Beziehung zu tun.* Während ich in dem vorliegenden Buch las, sah ich auf einmal die Bomben, die ich lege, und wie sie zünden! Manchmal schaue ich sogar bewusst zu, während meine eingefahrenen Muster vor mir ablaufen, und tue – zu meiner großen Verwunderung – nichts dagegen. Warum bloß? Worum geht es wirklich dabei?

Indem ich mehr über mich und diese „Fehlvorgänge“ in meinem Denken weiß, kann ich weiterkommen. Es ist gut und richtig, sich damit zu beschäftigen. Und das gelingt mit diesem Buch! Das Bild der Spielfelder und die anschaulichen Beispiele dazu brachten immer wieder die Frage auf: Ist das auch in meiner Beziehung zurzeit los? Während mir meine Anteile des Ganzen klarer wurden, wuchs immer mehr meine Liebe zu ihm – meinen Lebenspartner.

Das Buch enthält auch eine Menge Wissen aus der indischen Philosophie, ganz pragmatisch dargelegt, sodass es auch jeder lesen mag. Mir jedenfalls hat es großen Spaß gebracht.

Zum Abschluss möchte ich noch einen prägnanten und für mich wichtigen Ansatz der beiden Autoren herausgreifen: *Die Kunst besteht darin, sich selbst treu zu bleiben und gleichzeitig in der Beziehung zu wirken.* Das kann ich als Paar- und Sexualtherapeutin nur unterschreiben! Meine Kollegen, Katharina und Ralf, bringen mich jedenfalls dazu, tiefer in meine Beziehung einzusteigen.

Ein empfehlenswertes Buch!

Ann-Marlene Henning — Hamburg, im Mai 2016

# EINFÜHRUNG

## DIE LIEBE IST IN GEFAHR

Obwohl wir alle uns danach sehnen, scheint es in unserer Gesellschaft nichts Schwierigeres mehr zu geben, als in einer glücklichen Partnerschaft zu leben. Dabei waren die Möglichkeiten vielleicht noch nie so vielfältig wie heute. Doch so groß unsere Sehnsucht nach Verbundenheit mit einem anderen Menschen auch sein mag, es wird immer schwieriger, sie wirklich zu erleben. Denn diese wachsenden Möglichkeiten, auf vielerlei Weise mit anderen in Verbindung zu sein, verhindern manchmal genau das, was wir erreichen wollen: dass tatsächlich eine tiefe menschliche Begegnung entsteht.

Wir leben in einer Welt, in der uns die individuelle Freiheit als eines der höchsten Güter gilt. Im Prozess, unsere Persönlichkeit zu entfalten, haben wir viele Wege gelernt, unsere Autonomie zu betonen. Um uns zu schützen, haben wir allerdings – meist ohne uns dessen bewusst zu sein – auch Teile unseres Wesens versteckt; nicht nur vor anderen, sondern auch vor uns selbst. Es fällt uns immer schwerer, uns zu zeigen, wie wir wirklich sind, und wir können uns manchmal schon selbst nicht mehr sehen, aufgrund der Masken die wir tragen.

Immer mehr Beziehungen – auch langfristige – scheitern an dem Dilemma, dass zwar der Wunsch nach Verbindung besteht, in Zeiten, in denen der externe Stresspegel ansteigt, jedoch der Ruf nach Freiheit immer lauter wird. Sex und neue Romanzen sind mit den Mitteln der modernen Informationstechnologie immer schneller zu haben. Die wachsenden Angebote zur schnellen Bedürfnisbefriedigung machen das Lernen von Hingabe dabei weitgehend unnötig. So ist eine grundlegende menschliche Fähigkeit in Gefahr: die Kraft zu lieben. Inzwischen erklärt sich bereits eine ganze Generation für „beziehungsunfähig", wie zum Beispiel die gleichnamige Publikation von Michael Nast deutlich macht. Aber was würde es brauchen, beziehungsfähig zu werden?

Viele Partnerschaften enden, bevor das eigentliche Abenteuer begonnen hat. Mit diesem Buch möchten wir Sie einladen, gemeinsam mit uns auf die Reise zu gehen, um das *ganze* Abenteuer zu erleben. Wir beschäftigen uns im Folgenden mit den Denkweisen, die im Allgemeinen benutzt werden und die uns – wenn wir unverändert so weitermachen – keinen Schritt weiterbringen werden. Sie können dabei herausfinden, wie Sie sich bisher vor anderen – und auch vor sich selbst – versteckt haben. Und wir betrachten gemeinsam die unterschiedlichen Schauplätze der Auseinandersetzungen – und oftmals schließlich Trennungsgründe – in einer Partnerschaft, um zu sehen welche Potenziale in der Beziehung verborgen liegen.

Wir möchten Sie ermuntern, tiefer einzusteigen, statt auszusteigen. Denn die Fähigkeiten, um die es hier geht, sind nicht nur für eine Partnerschaft bedeutsam. Es geht um eine grundlegende Haltung. Wenn wir Kompetenz für uns selbst entwickelt haben, dann sind wir nicht nur kompetent für eine glückliche Beziehung. Unsere ganze Begegnung mit der Welt verändert sich damit. Ist es wahr, dass wir uns, wie oben gesagt, zwischen Freiheit und Verbundenheit entscheiden müssen? Die Antwort heißt: Nein, wenn wir uns für die Liebe entscheiden. Dazu müssen wir unter Umständen alte Gewohnheiten loslassen. Doch die Mühe lohnt sich.

## ÜBER DIESES BUCH

Wenn Sie dieses Buch in den Händen halten, gehen wir davon aus, dass Sie daran interessiert sind, in Ihrem Liebesleben etwas Neues kennenzulernen und im besten Fall auch selbst in die Tat umzusetzen. Darüber, wie wir Menschen denken und fühlen, wird schon seit ewigen Zeiten in allen Teilen der Welt nachgedacht, und es wurde schon viel, unter anderem von Philosophen, darüber geschrieben. Die Liebe, die Lust und die Sexualität werden seit dem Ende des 19. Jahrhunderts vorrangig von der Psychologie und der Medizin analysiert und erforscht. Es gibt heute eine nicht mehr zu überschauende Anzahl von wissenschaftlichen Untersuchungen dazu, und andererseits lässt sich ein ebenso großes Angebot von modernen und postmodernen Mystikern finden, die Wege zu einem erfüllten Liebesleben versprechen.

Es gibt immer wieder neue Theorien darüber und Begründungen dafür, wie unser Gehirn unsere Gefühle beeinflusst und umgekehrt. Neurobiologie und Psychologie bieten eine Vielzahl verschiedener Ansichten, die auch unsere Haltung und Arbeit beeinflusst haben. Oft gehen die Theorien – die unterschiedlichen Betrachtungsweisen entstammen – Hand in Hand, manchmal widersprechen sie sich aber auch regelrecht. Vielleicht kommt Ihnen manches in diesem Buch vertraut vor. Vielleicht stimmen Sie manchem in diesem Buch zu. Vielleicht widerspricht unsere Meinung aber auch an anderen Stellen Ihrem persönlichen Erleben, oder Sie halten manches gar für geradezu unerhört und gefährlich.

Wir sind der Meinung, dass Liebe kein Gefühl ist, das über uns kommt, um irgendwann wieder zu gehen. Wir sind der Meinung, dass Liebe eine Haltung ist, die man sozusagen „erlernen" kann. Und wie mit allem, was wir lernen, geht es Schritt für Schritt, mit Fortschritten und manchmal auch scheinbaren Rückschritten. Doch wir sind sicher, dass es sich lohnt und dass man tatsächlich ans Ziel gelangen kann.

Das Ziel, das wir anstreben, ist das Zusammenspiel von individueller Freiheit und gleichzeitiger Verbindung mit unserem Partner[1]. Jeder von uns entscheidet für sich allein, auf diesem Weg loszugehen. Ankommen kann man zu zweit.

## LERNEN IN GEMEINSCHAFT

Innerhalb einer Gemeinschaft begegnet man einander, übernimmt Verantwortung füreinander und hilft sich gegenseitig auf die Sprünge, fast wie bei einem Liebespaar. Der Neurobiologe Gerald Hüther plädiert für eine Transformation der bisher vorherrschenden Beziehungskultur in unserer Gesellschaft. Mit diesem Buch möchten wir zur Bildung einer neuen gesellschaftlichen Strömung beitragen. Was diese neue Gemeinschaft in unserer Gesellschaft ausmacht, ist der Wunsch, in einer langfristig verbindlichen, emotionalen Liebesbeziehung zu leben, und die Bereitschaft, dafür an seiner eigenen Entwicklung zu arbeiten. Denn wer sehnt sich nicht nach einer glücklichen Partnerschaft? Immer mehr Menschen verstehen jetzt, dass das nicht von selbst geschieht, sondern dass man etwas dazu tun muss. Und das am besten beizeiten, bevor der Ozean der Gefühle so unruhig ist, dass es schwierig wird, das Ruder noch herumzureißen, bevor das gemeinsame Schiff an den Klippen zerschellt. Es braucht Kraft, alte Denkweisen zu verlassen, aber Sie sind nicht allein.

Dieses Buch ist kein „So geht das mit der Liebe"-Ratgeber. Wir versuchen nicht, Ihnen anzubieten, „in sieben Schritten" zu etwas zu kommen. Wir wollen mit diesem Buch weniger Fragen beantworten, als Sie dazu einladen, Ihre eigenen Antworten zu finden. Wir möchten Ihnen zeigen, was wir in unserer Praxis erlebt

1 Aus Gründen der besseren Lesbarkeit haben wir auf die gesonderte Nennung der weiblichen Form verzichtet. Wenn wir also zum Beispiel im Buch vom „Partner" sprechen, ist dabei immer auch die Partnerin gemeint.

haben, welche Schwierigkeiten wir kennen, und welche Wege, diese Schwierigkeiten hinter sich zu lassen. Sie werden in diesem Buch unsere Erfahrungen aus vielen Jahren der eigenen Entwicklung und der Arbeit mit anderen Paaren finden. Wir freuen uns, wenn das, was Sie hier entdecken, Sie in Ihrem Entschluss bestärkt, sich auch immer wieder neu bereit zu machen für die Liebe. Allein durch diesen Wunsch gehören Sie schon zur Gemeinschaft der Liebenden.

## WANN IST MAN BEREIT?

Beim Lesen des Titels „Bereit für die Liebe" können bei dem, der das Buch in den Händen hält, grundlegende Fragen auftauchen: Wann ist man denn bereit? Gibt es einen bestimmten Zeitpunkt? Kann man das spüren? Ist man nicht irgendwie immer bereit? Oder gibt es jemanden, der Liebe aus sich heraus ablehnt oder der aufgrund von negativen Erfahrungen nicht bereit sein kann? Wie sieht eine Bereitschaft zur Liebe aus? Kann man die Bereitschaft messen? Und: Hat Bereitschaft nicht auch ihre Grenzen? Sich diesen Fragen zu stellen ist ein erster Schritt, in diese Bereitschaft hineinzufinden. Denn sobald man sich gestattet, Fragen zu stellen, werden Räume eröffnet, und in diesen Räumen können Spielarten der eigenen Sichtweise wachsen. Es wird eine Möglichkeit geboten, bereits vor der Lektüre auf eigene Antworten zu kommen, alte Antworten zu hinterfragen und sich dann beim Lesen inspirieren zu lassen.

Wir widmen uns in diesem Buch den Themen Liebe und Partnerschaft aus der Sicht des Yoga. Das ist eigentlich eine Disziplin, die eher für die Selbsterfahrung entwickelt wurde und in der die Praktizierenden nicht nur den weltlichen, sondern auch den partnerschaftlichen Dingen weitestgehend entsagt haben. Yoga ist von daher primär keine Lehre, die auf das gemeinsame Wachsen als Paar ausgerichtet ist, und dennoch liegen hier spannende Ansätze, die sich auf die partnerschaftliche Liebe anwenden lassen.

## YOGA UND MEDITATION ALS WEGE ZUR LIEBE

Die Haltung des Yoga bietet hier eine spannende Grundlage für zwei mögliche Lesarten: Zum einen können wir die Haltung eines Beobachters einnehmen, indem wir die Dinge neutral und ohne Bewertung aufnehmen. Zum anderen lassen wir uns an den Stellen berühren, die jenseits der gedanklichen Einordnung oder Bewertung liegen. Es sind die Stellen, die unser Herz berühren und uns weiter werden lassen, auch wenn wir nicht genau wissen, warum das gerade passiert. Es ist vielleicht auch gar nicht der Inhalt des Gelesenen selbst, der uns da berührt, sondern ein Impuls, der dadurch freigesetzt wurde und der nun in uns eine Resonanz erzeugt und ein Gefühl von Wahrheit in sich trägt.

Damit stellen wir hier zwei große Yogawege vor, die gemeinsam angewendet werden können: Raja Yoga, der Weg der Meditation, der es uns ermöglicht, uns von der Wichtigkeit und Dringlichkeit unserer eigenen Sicht- und Denkweisen zu befreien und dadurch eine klare, weite Sicht einzunehmen. Und Bhakti Yoga, der Weg der Hingabe, der es möglich macht, die Dinge aus dem Herzen heraus auszuführen und die eigenen Denk- und Sichtweisen der Kraft der bedingungslosen Hingabe zu unterwerfen. Es mag zunächst so erscheinen, als sei ein Spagat erforderlich, um diese beiden Wege mit einander zu kombinieren, also zum einen das Denken in seiner Essenz klar werden zu lassen und zum anderen das Denken vom Kopf ins Herz zu lenken. Was sich jedoch unterschiedlich anhört, hat eigentlich das gleiche Ziel: unser Denken so zu optimieren, dass es nicht länger für unser Leiden verantwortlich ist, sei es durch Klarheit und Leerheit oder durch Hingabe und Fülle.

Dabei ist es uns ein Anliegen, uns immer wieder der Stille zu widmen. Das heißt, immer wieder hineinzuhorchen in unser unerschöpfliches Inneres, das bereits alle Antworten kennt, und mit den nötigen Techniken das Klare vom Trüben zu trennen und ins Bewusstsein zu bringen. Und es bedeutet auch, diese Klarheit zu halten, uns immer wieder an sie zu erinnern und dadurch unsere Beziehungen so zu gestalten, dass sie zum Wachstum beitragen und uns Entspannung bringen. Dabei dient uns Yoga hier weniger als Technik denn als Haltung, eine Haltung der Hingabe und auch eine Haltung des klaren Bewusstseins. Diese Mischung integral anzuwenden kann ein wesentlicher Schlüssel sein in dem Prozess, sich bereit zu machen für die Liebe.

## LIEBE OHNE KAMPF

Dazu gehört auch zu sehen, wie unnötig das Kämpfen ist, ohne dabei die eigene Position aufgeben zu müssen. Darin liegt ein großer Teil des Geheimnisses der Liebe: die eigene Position zu finden und sich für die Position des anderen zu öffnen – und das nicht in der Komfortzone des Kompromisses, sondern in dem gnadenlos schweren Schritt der Hingabe ohne Selbstaufgabe.

Es kann nicht schaden, sich ab und zu – bildlich gesprochen – vor die Füße des anderen zu werfen und sich zu verneigen, besonders dann, wenn wir ihm oder ihr eigentlich eher auf den Kopf springen möchten. Dies ist vergleichbar mit der in vielen spirituellen Traditionen praktizierten Haltung, dass man in den größten Widerständen sein Ego „beiseitestellt", um etwas Größerem in sich Raum zu geben. Man nennt das – ohne sich dabei selbst klein zu machen – Demut. Und wir werden merken, dass wir dabei nicht brechen, sondern eher wachsen und stärker werden. Wir erkennen dann auch, wie unser Partner darauf reagiert. Ehrt er das Geschenk? Dann kann auch unsere Liebe miteinander wachsen. Oder wendet er sich ab und versucht, daraus Machtstrukturen aufzubauen? Wenn er unsere Haltung so deutet, dass wir uns als sein Objekt benutzen lassen, dann wissen wir, dass wir hier entweder einen langen Weg miteinander zu gehen haben, bevor wir in einer gleichberechtigten Partnerschaft sind, oder aber vielleicht tatsächlich unsere Tasche packen müssen. Auch das werden wir am Ende des Buches ansprechen: Gibt es einen Zeitpunkt, an dem es richtig ist, sich zu trennen? Wenn der Partner sieht, was wir da beginnen zu leben, und er sich ebenfalls aufmacht, seine bequem eingerichtete Welt zu verlassen, dann wissen wir, dass es sich lohnt, den Weg gemeinsam weiterzugehen.

Hat Bereitschaft auch ihre Grenzen? Ja. Ein klares „Stopp" auszusprechen ist immer dann erforderlich, wenn jemand anders unsere Grenzen nicht respektiert und gar versucht, gewaltvoll in unser Leben einzudringen. In solchen Fällen ist das Ziehen von klaren Grenzen eine Notwendigkeit. Wichtig ist hierbei, dass man zunächst nicht nur dem anderen die Grenzen setzt, sondern vor allem sich selbst bewusst macht, welche Grenzen man braucht. Was geht für mich? Was geht für mich nicht?

Es geht darum, eine für einen selbst gesunde Beziehung zu definieren und anzustreben, die Sicherheit und Wachstum verspricht. Jede Beziehung, die das nicht tut und in der sich einer der beiden Partner nicht wohlfühlt, gilt es zu überdenken. Das müssen zunächst nicht beide gemeinsam tun. Es reicht, wenn ein Partner damit beginnt. Das heißt in den meisten Fällen nicht, dass man gleich seine Koffer packen sollte. Es bedeutet eher – und vielleicht zum ersten Mal –, seine Liebe und seine Beziehung aktiv zu gestalten; sich darüber klar zu werden, was man sich für die Beziehung wünscht, das zu formulieren und den Partner einzuladen, das Gleiche zu tun. Dafür müssen wir manchmal etwas geduldig sein und dem anderen auch seine Zeit lassen. Ein Punkt, an dem viele Wünsche nach Veränderung scheitern, ist die Ungeduld desjenigen, der die ersten Schritte macht. Dann wird dem anderen kaum Zeit gegeben, mit der neuen Situation zurechtzukommen und im eigenen Tempo nachzuziehen. Wir dürfen nicht vergessen: Veränderung ist zunächst meist ein Prozess, der Angst macht.

## VERÄNDERUNG BRAUCHT ZEIT

Wenn wir etwas verändern wollen, dann sollten wir uns selbst verpflichten, dem anderen Zeit zu geben, um mit uns zu kommen. Wir sagen gerne in einer solchen Situation: Einer reicht! Es müssen nicht beide zur gleichen Zeit die gleiche Kraft und den gleichen Wunsch zur Veränderung haben. Aber wenn wir dabei nicht auch etwas Geduld mitbringen, um auf unseren Partner zu warten, dann können wir uns schnell in eine Position bringen, in der der andere keine Chance mehr hat, es uns recht zu machen.

Oft hat einer der beiden Partner dann schon einen „Joker" zur Verfügung und neue, scheinbar einfachere Perspektiven in Aussicht. Die anfängliche Resignation oder Wut des Partners sind dann willkommene Anlässe der Bestätigung, um den Trennungsturbogang einzulegen.

Es kommt in der Abgrenzung („Ich will das so nicht") und im Formulieren der eigenen Wünsche („Ich will das so") häufig zu einer gefährlich arroganten Haltung des Partners, der den ersten Schritt gemacht hat. Eine Haltung, die es dem anderen schwer macht nachzuziehen. Denn eigentlich ist dabei bereits merkbar, dass hier ein doppeltes Spiel läuft. Wenn einer der Partner sich schon mit halbem Herzen aus der Beziehung gelöst hat und ein gemeinsames Weitergehen gar nicht mehr unbedingt gewünscht ist, dann bietet er lediglich Annäherungsversuche an, die mehr Alibi als ernsthaftes Bemühen sind. Wer lässt sich darauf schon gerne ein? Die eigene Veränderung sollte in einer Partnerschaft nicht zunächst ein Schritt in eine andere Richtung sein, sondern ein ernstgemeinter, achtsamer Schritt in eine neue gemeinsame Richtung. Das bedeutet, dass derjenige, der sich zuerst bewegt, sich im Klaren darüber sein sollte, dass es zu Widerständen kommen kann und dass bei der eigenen Differenzierung nun ein Stück weit das möglicherweise langsamere Nachziehen des Partners ausgehalten werden muss. Rom wurde nicht an einem Tag erbaut!

Dazu eine klassische Situation aus unserer Praxis: Eine Klientin hat seit einem Jahr eine Affäre. In Einzelsitzungen beteuert sie, dass sie sich um die gemeinsame Beziehung bemühe, Gespräche anrege und auch formuliere, was sie sich wünsche. Sie sagt, dass sie ihren Mann liebe, aber sich wünscht, dass er etwas ändert. Auf die Frage, warum sie eine Affäre angefangen habe, antwortet sie, dass sie nicht länger auf Leichtigkeit in der Liebe verzichten und sich zwischendurch auch mal fallen lassen wolle. Sie betont, dass sie sich wahre Intimität wünsche.

Es ist schwer, ihr zu vermitteln, dass ihr Mann ihre Gesprächsangebote nicht als tatsächliche Schritte in eine gemeinsame Richtung wahrnehmen kann, wenn sie sich emotional bereits zu einem anderen Menschen hin orientiert hat. Vielmehr wirkt es wie ein unausgesprochenes, weil geheimes Ultimatum, wenn bereits die Lösung des Paarkonflikts in Form eines neuen Partners im Hintergrund wartet. Das ist keine echte Bereitschaft, sondern eher eine Zwei-Phasen-Strategie. Der andere spürt unterschwellig die nur fünfzigprozentige Bereitschaft, die als hundertprozentige angepriesen wird. Wir können uns Dinge sehr geschickt zurechtlegen und kommen trotzdem nicht an. Der Wunsch der Klientin nach Intimität kann durch Geheimhaltung nicht erfüllt werden. Die Gespräche müssen scheitern. Der Wunsch nach Leichtigkeit in der Beziehung kann durch Forderungen, die selbst nicht eingehalten werden, ebenfalls nicht eintreten. Dann kommt man an den Punkt, sich zu fragen: Ist der Wunsch nach Intimität wirklich echt? Oder herrscht hier eher die Annahme vor: Ich bin nur so weit bereit zu bleiben, wie ich sehe, dass du dich änderst?

In unserem Beispiel trennte sich die Frau schließlich, um umgehend mit ihrem neuen Freund zusammenzuziehen. Intimität und Leichtigkeit haben sich nach ihrer Aussage jedoch noch nicht eingestellt. Der Konflikt mit dem Exmann ist Zweifeln am neuen Partner gewichen. Es hat sich nicht viel geändert. Es gibt neue Strukturen, die den alten gar nicht unähnlich sind, denn der Konflikt selbst wurde nicht gelöst. Echte Bereitschaft konnte sich zu keinem Zeitpunkt entfalten.

Es gibt aber unserer Erfahrung nach auch Möglichkeiten, aus einer scheinbar verfahrenen Situation einen Ausweg zu finden, der tatsächlich zu dem gewünschten Ziel führt. Die Straße dorthin kann steinig und holprig sein. Manchmal besteht vielleicht auch die Gefahr, aus der Kurve zu fliegen, aber am Ende dieser Straße können tatsächlich Intimität und Leichtigkeit warten, Sicherheit *und* Spannung. Dazu ist es notwendig, durch eine feurige Selbstprobe zu gehen und den Partner daran teilhaben zu lassen. Dann können sich beide Partner tatsächlich zeigen, manchmal mit seltsam erscheinenden Fratzen, aber auch immer wieder mit all ihrer Schönheit. Es braucht keine jahrzehntelange Vorbereitung. Wir sind dann bereit für die Liebe, wenn wir bereit sind, dafür etwas auszuhalten, und mit eindeutiger Bestimmtheit bei unserem Ziel ankommen wollen: mit offenem Herzen zu leben. Das bedeutet, uns nicht vor Schmerzen zu verschließen, aber nicht mehr darunter zu leiden. Wie soll das funktionieren? Ein Mann hat es vor ca. 2500 Jahren vorgemacht. Und viele tun es ihm seither gleich.

# BEREIT WERDEN

## DER MANN UNTER DEM BAUM

Der Wanderer war sehr müde von den Anstrengungen der hinter ihm liegenden Jahre. Dabei hatte eigentlich alles so gut begonnen. Er war in großem Reichtum aufgewachsen, und in seiner Jugend hatte es ihm an nichts gemangelt. Doch dann hatte er Kummer und Schmerz kennengelernt. Und deshalb hatte er sich auf die Suche gemacht: nach einem Weg zu einem Leben ohne Leid.

Lange Zeit war er dabei weisen Menschen gefolgt, die ihn gelehrt hatten, auf alles zu verzichten, was seine Sinne berührte oder gar erfreute. Er hatte ein karges Leben gelebt, in der Hoffnung, so das Geheimnis des Glücks zu erfahren. Nun war sein Körper ausgezehrt vom Fasten und Verzichten. Und weil er erkannte, dass es so nicht mehr weiterging, nahm er dankbar eine Schale mit Milch und Reis an, die ihm ein Mädchen aus dem Dorf anbot.

Er setzte sich unter einen Baum und fasste seinen Entschluss: „Ich werde von hier nicht fortgehen, bevor ich nicht wahrhaftig das Geheimnis des Lebens erkannt habe." Dann schloss er die Augen und begann sich auf das zu konzentrieren, was ihm am nächsten war: auf seinen Körper, seinen Atem und seine Gedanken. Er begann, sich selbst kennenzulernen. Es wurde Nacht, und der Mann blieb in seiner Konzentration. Plötzlich wurde die Ruhe um ihn herum jäh gestört. Aus dem Nichts tauchten Geister und Dämonen auf und drohten, ihn mit ihren Pfeilen zu durchbohren und ihn aufzufressen. Doch anstatt ängstlich die Flucht zu ergreifen, blieb der Mann sitzen. Alles, was er tat, war, mit seiner rechten Hand sanft die Erde zu berühren. Und die Schreckgestalten lösten sich auf.

Als Nächstes erschienen Scharen von jungen, kaum bekleideten Frauen, die ihn umschwärmten, ihn liebkosten und ihm ihre Lust anboten. Doch der Mann folgte keiner von ihnen. Er blieb unbewegt von ihren Angeboten und Verführungen an seinem Platz. Wieder berührte er nur sanft die Erde zu seinen Füßen, und die Verführungen verschwanden in das Nichts, aus dem sie gekommen waren.

Als schließlich der Morgen anbrach und die ersten Vögel zu singen begannen, hatte er gefunden, wonach er gesucht hatte. Er sah, dass es nichts als Erscheinungen waren, die ihm Angst machen oder ihn verführen wollten. Und weil er sich entschlossen hatte, an seinem Platz zu bleiben, war sein Geist von den Schleiern der Unwissenheit befreit und hatte sich ihm das Geheimnis offenbart. Es liegt darin, weder vor etwas wegzulaufen noch etwas hinterherzurennen. Er war angekommen, und es breitete sich ein Lächeln auf seinem Gesicht aus.

## STILLE UND BEWEGUNG

Die Geschichte vom „Mann unter dem Baum" ist die Geschichte von der Erleuchtung des Buddha; sie erzählt von einem Menschen, der zu seiner Mitte findet. Auf dieser Reise befinden wir uns alle. Wenn Sie dieses Buch in den Händen halten, gehen wir davon aus, dass Sie kein Interesse daran haben, Mönch oder Nonne zu werden. Entweder sind Sie bereits in einer Partnerschaft und möchten diese noch lebendiger werden lassen, oder Sie sind daran interessiert, sich wieder in das Abenteuer der Liebe zu begeben, und möchten die Dynamik in Ihren Beziehungen besser verstehen. In den folgenden Kapiteln laden wir Sie auf eine Reise durch die vielen unterschiedlichen Situationen des Lebens ein, in denen wir vor der gleichen Aufgabe stehen wie der Buddha in der Geschichte. Wollen wir vor allem weglaufen, was uns Angst macht? Wollen wir jeder Einladung, die wir erhalten, nachgehen? Oder können wir lernen, einfach auch einmal an Ort und Stelle sitzen zu bleiben und uns auf das Wesentliche zu konzentrieren? Bei der Beschäftigung mit diesen Fragen wird uns das Beispiel des Mannes unter dem Baum stets in gewisser Weise begleiten. Denn es geht immer darum, wie wir uns selbst besser kennenlernen, um bereit zu werden für eines der größten Abenteuer des Lebens: die Liebe.

Wir, die Autoren, sind der Meinung, dass das Leben beides braucht: Stille und Bewegung. Wir glauben, dass dies so ist, weil wir es selbst erleben und auch bei vielen anderen Paaren sehen. Das Leben und die Liebe sind nichts Statisches. Beide verlaufen nicht linear. Und bei all der Bewegung kann es uns guttun, wenn wir jemanden haben, auf den wir uns verlassen können. Wir brauchen keinen Partner, der uns beruhigt oder der uns unsere Arbeit abnimmt. Aber wir können eine ganze Menge Glück erleben, wenn wir die Fahrt durch raue See gemeinsam antreten. Umso schöner ist es dann, zwischendurch am Strand zu entspannen und die Sonne zu genießen.

Vielleicht sind Sie gerade glücklich in einer Partnerschaft und wollen Ihr Bestes dafür tun, dass das auch so bleiben kann. Vielleicht überlegen Sie gerade, sich zu trennen, und möchten wissen, ob es nicht doch noch eine Möglichkeit für eine weitere gemeinsame Zukunft gibt. Vielleicht sind Sie Single und möchten mehr über ihre eigenen Muster in der Liebe erfahren, um sich dafür bereit zu machen, mit jemandem gemeinsam den weiteren Weg zu gehen. Was auch immer Ihre Motivation für die Beschäftigung mit diesem Thema ist: Es gibt auf jeden Fall eine Menge zu entdecken.

## LIEBE IM ZEITALTER DER ABSOLUTEN FREIHEIT

Wo immer wir die Liebe auch suchen, sie scheint uns wieder und wieder zu entrinnen. Liegt es in ihrer Natur, einfach immer wieder zu kommen und zu gehen? Haben die Liedermacher recht, die stets aufs Neue vertonen, wie sehr die Liebe schmerzt und dass der Liebste verschwinden musste? Oder doch eher die Filmemacher, deren Budget umso höher kalkuliert wird, je unerwarteter das Happy End am Schluss der Geschichte ist? Müssen Liebende immer wieder auseinandergehen, weil Liebe eben nur ein flüchtiges Gefühl ist? Oder gibt es eine Liebe, mit der man vielleicht sogar zusammen alt werden kann – in guten wie in schlechten Zeiten?

Anders als in manchen anderen Teilen der Welt haben wir in Europa größtenteils scheinbar gute Karten, einen Partner zu finden, mit dem wir glücklich durchs Leben gehen können. In der Regel dürfen wir frei wählen, wem wir unser Herz schenken wollen. Darüber hinaus sind Romanzen und Sex via Internet heute schneller zu haben als je zuvor. Und diese Freiheit kann für manche Verbindung das vorzeitige Aus bedeuten. Statt uns mit unserem Lebensgefährten wirklich auseinanderzusetzen, wählen wir heute allzu oft einen scheinbar bequemeren Weg: Wir besorgen uns einen neuen Partner, in der Hoffnung, dass dieser dann besser zu uns passt und uns endlich die Wünsche erfüllt, die uns so lange versagt geblieben sind. In unserem Zeitalter der sich immer schneller ändernden Lebensentwürfe wird dies auch immer mehr als gängige Praxis angesehen. *Così fan tutte – So machen es alle.* Aber kommen wir auf diese Weise wirklich bei der Liebe an, die wir suchen? Denn auffällig dabei ist doch, dass zur gleichen Zeit auch der Markt für Paar- und Sexualberatung boomt. Es scheint also doch etwas zu fehlen.

## LIEBE ODER VERTRAGLICHE VEREINBARUNG AUF ZEIT

Die ständig wachsende Anzahl an Beziehungsabbrüchen hat bereits eine Menge Ratgeber und Angebote in die Welt gebracht, die uns zu vermitteln versuchen, was man tun kann, damit die Liebe hält, was sie versprochen hat. Wir lernen, besser zu kommunizieren. Wir lernen, dass es nicht nur um unsere Bedürfnisse geht, sondern auch darum, Empathie für den anderen zu entwickeln. Und doch scheinen wir – wenn wir mit diesen Techniken arbeiten – oft eher Vertragspartner zu sein als Liebende. Wir beginnen, uns für den anderen zu interessieren, aber nur bis zu dem Punkt, an dem es gerade noch tolerierbar ist. Wenn es wirklich unbequem wird, dann steigt die Bereitschaft zu gehen enorm schnell. Wir kündigen dies dann eine

Zeit lang an, und irgendwann ist es so weit: Der Vertrag wird gelöst. Es hat wieder nicht gereicht für die Liebe bis ans Lebensende.

Was kann man an die Stelle von Vertragsverhandlungen setzen? Wie nähern wir uns der Liebe? Mit diesem Buch wollen wir Sie dazu ermutigen, dem Wunsch nach „Lösungen" immer einen Schritt voraus zu sein, damit sich die Liebe in Ihnen und in Ihrer Partnerschaft – ob Sie nun schon darin leben oder ob dieses Geschenk noch auf Sie wartet – entfalten kann. Wir verstehen unter Liebe nicht das flüchtige Gefühl der Verliebtheit, das bekanntermaßen von Hormonen ausgelöst wird, sondern die Haltung, sich einander immer wieder zu begegnen, sich einander zu zeigen und voneinander zu lernen. Eine emotional verbindliche Beziehung kann eine geschützte Gemeinschaft sein, in der zwei Menschen zwei wesentliche Erfahrungen machen können: Verbindung spüren und Wachstum erleben.

## VERBUNDENHEIT UND FREIHEIT

Diese Erfahrungsqualitäten sind es, die uns von Kindheit an als Menschen bewegen. Es ist der Grundkonflikt nach Freud: Wir streben nach Geborgenheit und Verbundenheit auf der einen und Freiheit und Unabhängigkeit auf der anderen Seite. Wir brauchen die Erfahrung, dass wir in einer Gemeinschaft aufgehoben sind, und wir wollen uns entwickeln. Wenn unsere Grundbedürfnisse erfüllt sind, dann können wir unser Potenzial auf allen möglichen Ebenen entfalten, ein Leben lang.

Zu Beginn unseres Lebens schien das alles ganz leicht. Wenn wir Angst hatten, wenn wir unsere Bezugsperson in unserer Nähe brauchten, dann schrien wir, und wir wurden in die Arme genommen. Wenn wir Nahrung brauchten, schrien wir auch, und wir wurden genährt. Wir waren mit unseren Bezugspersonen in Verbindung. In der Verbundenheit ging es uns gut. Und wenn es uns nicht gut ging, machten wir auf uns aufmerksam. Wir hatten in der Regel alles, was wir brauchten, als wir langsam lernten, unsere ersten Schritte in die Freiheit zu machen, um die Welt um uns herum zu entdecken. Mit jeder neuen Begegnung mit unserer Umwelt lernten wir auch mehr über uns und unsere Möglichkeiten. Wir begannen, eine eigene Persönlichkeit zu werden. Der Wunsch nach Freiheit wuchs.

## SUBJEKT ODER OBJEKT

Irgendwo auf diesem Weg änderten sich dann aber die Dinge, je nach Elternhaus schneller oder langsamer. Es gab nicht mehr immer jemanden, der uns tröstend die Tränen wegwischte. Vielleicht zeigten sich die ersten Ermüdungserscheinungen bei unseren Bezugspersonen. Selbst die beste Mama braucht mal eine Pause, und auch dem besten Papa reißt einmal der Geduldsfaden. Tatsächlich wachsen die wenigsten Menschen in einer Bilderbuchumgebung auf. Verletzungen, die uns von Menschen, denen wir vertrauen, wissentlich zugefügt wurden, haben wohl mehr Menschen erlebt, als wir uns das selbst eingestehen wollen oder können. Wir erfuhren uns selbst also nicht mehr als bedingungslos geliebte Persönlichkeiten, sondern bemerkten, dass andere Menschen uns als Objekte benutzten.

Wie wird man vom Subjekt zum Objekt? Im leichtesten Fall, indem jemand uns Vorschriften machte darüber, was wir zu tun hätten, um zu gefallen. Oder jemand sagte, was wir zu lassen hätten, um nicht zur Last zu fallen. Ab da half kein Schreien mehr, wie am Anfang, denn dann hätten wir nur noch mehr gestört.

Viele haben aber auch andere Formen kennengelernt, zum Objekt gemacht zu werden, wie zum Beispiel, dass die Bezugspersonen ihnen eine nahezu unerfüllbare Aufgabe zugemutet haben: sie selbst glücklich zu machen, auf welchen Wegen auch immer. Wir sollten besonders sportlich sein oder ein Instrument spielen können, kurzum, wir sollten zu einer Verlängerung des Selbst der Eltern werden. Da ist es nur verständlich, dass man dann irgendwann gar nicht mehr das sein will, was andere von einem erwarten.

Gerald Hüther beschreibt das so: Wenn wir bemerken, dass andere uns zum Objekt ihrer Wünsche, Vorstellungen und Erwartungen gemacht haben, dann haben wir zwei Möglichkeiten. Wir machen den anderen ebenfalls zum Objekt, indem wir uns sagen: „Der ist nichts wert." Oder wir bestätigen unsere Erfahrung, indem wir uns selbst zum Objekt machen, und sagen uns: „Ich bin nichts wert."

Während wir uns also zu Beginn unseres Lebens noch als Subjekt fühlten und einfach dafür geliebt wurden, dass wir da waren, lernten wir ab einem gewissen Zeitpunkt, dass wir nur noch für das geliebt oder nicht geliebt werden, was wir tun. Zeitgleich übernahmen wir diese Strategien für uns selbst und lernten, sie auf zwei mögliche Weisen anzuwenden: Entweder werteten wir uns selbst ab und verhielten uns so, dass wir Liebe bekamen und möglichst wenig Schmerzen haben mussten. Oder wir machten unsere Umgebung ebenso zu Objekten, indem wir sie abwerteten und uns entschieden, der Liebe aus dem Weg zu gehen, weil sie Schmerz bedeutete. Mit diesen beiden Strategien gehen wir fast alle noch heute durch unser Leben. Unser Denkapparat, den wir auf der Suche nach dem Glück zu benutzen gelernt haben, empfiehlt uns täglich pausenlos, bestimmte Menschen, Dinge oder Zustände zu suchen oder bestimmten Menschen, Dingen oder Zuständen aus dem Weg zu gehen.

## LIEBE DICH SELBST! REICHT DAS?

Weil uns diese Strategien so viele Jahre lang augenscheinlich geholfen haben, haben wir auch keinen Grund, unserer Erfahrung zu misstrauen. Wir gehen davon aus, dass irgendwo der Wurm drin sein muss, entweder in uns oder im anderen. Meist machen wir mit einer dieser Haltungen unsere ersten Beziehungserfahrungen – und können so natürlich nicht den „richtigen" Partner finden. Also suchen wir weiter. Aber erst dann, wenn wir uns zu wundern beginnen, dass uns bestimmte Dinge immer wieder passieren oder wir bestimmte andere Dinge nie erleben, fangen wir an, überhaupt in Betracht zu ziehen, dass nicht allein unsere Umwelt für unsere derzeitige Situation verantwortlich ist. Wir werden bereit, uns selbst zu verändern.

Allerdings sind wir schnell enttäuscht, wenn eine wirkliche Veränderung unseres Lebens nicht gelingt. Wir denken, wenn wir neue Schritte gemacht haben, sollte unser Alltag einfacher werden. Aber das zu wandeln, was wir über so viele Jahre an Gewohnheiten angesammelt haben, bleibt oft eine Lebensaufgabe. Und wir können entscheiden, auf welche Weise wir dieser Aufgabe begegnen wollen. Wollen und können wir die Haltung der Liebe allein einnehmen lernen, auch wenn wir sie selbst bisher nur spärlich erlebt haben?

Es scheint eine verzwickte Situation zu sein. Wie sollen wir Liebe geben, wenn wir es nicht gelernt haben? Und wie soll uns jemand anders lieben, wenn wir uns nicht selbst lieben können?

Die Natur hilft uns am Anfang scheinbar. Wenn wir uns ineinander verlieben, dann ist unser Gegenüber meist bereit, uns genau so anzunehmen, wie wir sind. Dafür sorgt schon der Sturm der Hormone. Doch wenn dieser Hormonschub nach einigen Monaten oder spätestens drei Jahren – wie zum Beispiel die US-Anthropologin Helen Fisher sagt – nachlässt, ist es meist nicht mehr weit her mit dem bedingungslosen Ja zum anderen. Gerade hier setzt aber die Wirkung der Liebe ein: wenn wir uns füreinander entscheiden. Wenn es uns gelingt, uns weiter füreinander zu interessieren, auch wenn Differenzen auftauchen. Wenn es nicht mehr bequem ist, ja, wenn es vielleicht sogar etwas wehtut. Wenn wir es dann schaffen, zusammen weiterzugehen, dann können wir diese positive Spiegelung durch den anderen erleben. Plötzlich ist man nicht nur als Objekt interessant gewesen, sondern erlebt sich selbst als vom Partner geliebtes Subjekt. Und so entwickeln wir gerade dadurch auch eine gute Beziehung zu uns selbst.

## WIE GROSS SOLL DIE GEMEINSCHAFT SEIN?

Man könnte nun fragen: Wenn wir in einer Gemeinschaft am besten wachsen, warum sollen wir uns dann auf eine Zweierbeziehung beschränken? Wäre es nicht im Sinne der Liebe – die, wie manche selbsternannten Lehrer der Liebe gern betonen, frei fließen möchte –, diese Beschränkung auf eine Person aufzuheben? Wenn zwei Menschen zusammen mehr Hirn und mehr Herz besitzen als einer allein, hat man dann nicht in offenen Beziehungen noch größere Chancen, etwas über sich zu lernen und zu wachsen? Der Zeitgeist scheint das zu bestätigen, denn noch nie gab es so viele Möglichkeiten, sich über das Phänomen Polyamorie zu informieren oder es aktiv zu leben.

Wir, die Autoren, sind große Freunde des Lernens in Gemeinschaften. Unsere eigenen Erfahrungen haben immer wieder bestätigt, dass wir unser Potenzial besser entfalten können, wenn wir von anderen gesehen werden. Und das liegt nicht nur daran, dass wir dann mehr über unsere blinden Flecken oder über unsere Schwächen lernen. Das Schönste und viel Bedeutendere ist, dass andere Menschen auch unsere Schönheit sehen, die uns selbst so oft verborgen ist. Wir lernen von anderen auch mehr über unsere Stärken, manchmal sogar auf Gebieten, die wir selbst kaum in Betracht gezogen haben. Unser Leben wird umso reicher, je mehr wir wohlgesinnte Menschen auf uns schauen lassen. Und in der gleichen Weise können wir das Leben vieler Menschen bereichern, wenn wir sie mit Augen der Liebe betrachten.

Schwierig wird es allerdings, wenn wir die Gemeinschaft mit anderen auf romantische und sexuelle Bereiche ausweiten, auch wenn es eine wachsende Zahl von Veröffentlichungen darüber gibt, dass der Mensch biologisch nicht für die Monogamie gemacht sei. David Deida beschreibt, dass gerade Männer entwicklungsgeschichtlich ein größeres Interesse daran hatten, ihre Fortpflanzungskraft vielen Frauen zur Verfügung zu stellen, weil sie nur indirekt die Konsequenzen einer Schwangerschaft tragen mussten. Er betont allerdings, wie wertvoll es für den eigenen Weg ist, sich auf einen Partner festzulegen. Aber es gibt auch ethnologische

Studien, die belegen, dass es vorteilhaft sein kann, wenn Frauen mehrere Liebhaber haben. Allerdings hat die oft zitierte Polyandrie, wie sie in einigen Regionen des Himalaya zu finden ist, in erster Linie eine soziale Funktion.

Was bedeutet das nun für uns? Adieu Zweierbeziehung? Führt die vollständige Befreiung der Liebe wirklich zu einem unbeschränkten Dasein, in dem wir unser Bett mit vielen Menschen teilen können? Und wenn wir das eigentlich gar nicht wollen, müssen wir uns dann von der romantischen traditionellen Idee verabschieden, um wirklich frei für die Liebe zu sein?

Wir können Ihnen diese Frage leider nicht beantworten, aber eine Einschätzung dazu haben wir. Wir verstehen Liebe nicht so, dass dabei nicht nur die eigenen Bedürfnisse nach Verbundenheit und Freiheit erfüllt werden sollten. Wir möchten auch unserem Partner das geben, was er braucht. Und ein zusätzlicher Liebespartner in einer Beziehung erzeugt in jedem Falle eines: Stress. Ob wir wollen oder nicht: Wir fühlen uns bedroht, wenn jemand in der Beziehung auftaucht, der vorher nicht da war. Das ist ein automatischer Prozess des Selbstschutzes, und das hat nichts mit einem „engen Ego" zu tun. Es tut weh. Wollen wir unserem Partner das antun?

Und müssen wir uns das selbst antun? In Patañjalis Yoga-Sutras taucht der Begriff *Brahmacharya,* das Vermeiden von sexuellem Fehlverhalten auf, als eine der fünf Regeln für den Umgang mit anderen. Der buddhistische Lehrer Thich Nhat Hanh übersetzt diesen Begriff für die heutige Zeit mit „achtsamem Lieben". Der Hintergrund bei beiden ist das Verständnis, dass wir mit unbeschränkter Sexualität sowohl unserem Partner als auch uns selbst Leid zufügen. Denn je mehr wir an unterschiedlichen Stellen Romanzen und Sex suchen, desto unruhiger wird auch unser eigenes Nervenkostüm. An klare Entscheidungen ist dann nicht mehr zu denken.

Manche sind sehr geschickt darin, eine „offene Beziehung" als spirituellen Fortschritt darzustellen, während sie eigentlich der Befriedigung von narzisstischen Bedürfnissen nachgehen. Ken Wilber beschreibt das als die sogenannte „Prä/Trans-Verwechslung". Regressives, infantiles Verhalten wird anderen – und einem selbst – als Transzendenz verkauft. Unter dem Mantel der Offenheit und der Liebe holt man sich selbst auf bequeme Weise das, was in der Partnerschaft nur durch Anstrengung – meist durch unbequeme Selbstoffenbarung – zu erreichen gewesen wäre. (Wie zum Beispiel nachlassender sexueller Anziehungskraft auf andere Weise begegnet werden kann, werden wir in den folgenden Kapiteln näher betrachten.)

Wenn wir uns nicht um unsere eigene emotionale Gesundheit bemühen, dann wird letztlich keine Form von Beziehung für uns funktionieren – weder

Monogamie noch Polygamie. Interessant dabei ist auch, warum überhaupt manche meinen, für das eine oder das andere wissenschaftliche Begründungen heranzuziehen zu müssen. Wir möchten die ganze Diskussion bei einer einfachen Frage belassen: Braucht man die Wissenschaft, um seinem Herzen zu folgen?

## WER IST MIT WEM ZUSAMMEN?

In einem großen Teil der Literatur zum Thema Liebe geht es darum, wie man seine eigenen Wünsche und Bedürfnisse richtig kommuniziert. Das ist sicher richtig und wichtig. Das Wunder der Liebe zeigt sich aber gerade dann, wenn es nicht mehr nur um den eigenen Standpunkt geht. Wir können nur liebende Menschen sein, wenn wir auch zu uns selbst stehen können. Das ist eine wichtige Voraussetzung. Aber müssen wir immer auf unserem eigenen Standpunkt beharren? Vielleicht liegt hier eine der größten Chancen der Liebe: vom anderen und für den anderen zu lernen und auch das Potenzial im anderen zu sehen. Wir werten damit nicht nur den Partner auf, wir stärken dadurch auch uns selbst.

In Bezug auf die Jahr für Jahr steigenden Trennungsraten und die gleichzeitig sinkende Zahl der Eheschließungen wird in Zeitschriften und Internetforen immer wieder eine Frage gestellt: Brauchen wir überhaupt noch Partnerschaften? Sind langfristige emotional verbindliche Beziehungen eigentlich noch zeitgemäß? Oder beruhte das Konzept, ein Leben lang zusammenzubleiben, in Wahrheit nur auf der Vermeidung von wirtschaftlicher Unsicherheit und ist heute nicht mehr aktuell?

Aus welchem Grund sollten wir überhaupt an unseren Beziehungen „arbeiten"? Das hört sich zunächst einmal nicht gerade erstrebenswert an. Das Wort „Arbeit" klingt im Zusammenhang mit Liebe nicht passend. Und da wir unsere Partner heute immer wieder frei wählen können, liegt die Frage nahe: Warum soll man in einer Beziehung bleiben, wenn sie anstrengend wird? Wenn wir nach der Maxime leben, stets unserem Glück zu folgen, dann sind auch Partnerschaften folgerichtig dafür da, das Leben einfacher zu machen, nicht schwerer. Wieso also an der Liebe arbeiten?

In der westlichen Welt kannten wir die Ehe vor allem als traditionelle Zweckgemeinschaft. Man fand sich zusammen, nicht nur um seine Lust ausleben zu können, sondern auch – und wohl in erster Linie –, um die wirtschaftlichen und familiären Aufgaben gemeinsam zu bewältigen. Da durch das moderne Sozialsystem und die damit verbundene Gesetzgebung wirtschaftliche Aspekte immer weniger eine Rolle spielen – welchen Sinn hat es dann noch, mit einem nörgelnden Quälgeist zu leben oder mit einem Partner, der sich nicht mehr um uns bemüht?

Welche Gründe gibt es überhaupt, in Erwägung zu ziehen, sein ganzes Leben mit einem Menschen zu verbringen?

Eine sehr schöne Erklärung für die Möglichkeiten, die eine langfristige verbindliche Beziehung wie die Ehe für die Entwicklung der ganzen Persönlichkeit bietet, gibt es in der indischen Mythologie. Im Westen wird Liebe, die sich über die Jahre entwickeln soll, nicht selten als veraltetes Konzept belächelt. Andererseits haben wir im Laufe der Jahre viele Paare beobachten können, bei denen sich die Liebe tatsächlich so entwickelt hat, wie die folgende Idee es verdeutlicht.

Der indische Mythologe Devdutt Pattanaik beschreibt diese Idee nach einer mündlich überlieferten tantrischen Tradition: In einer Partnerschaft möge die Frau ihren Mann stets als ihren Lehrer sehen. Und der Mann möge seine Frau stets wie eine Göttin anschauen. Das klingt wie aus einem Märchen aus 1001 Nacht oder möglicherweise auch wie die rückwärtsgewandteste Patriarchatsfantasie, die man sich vorstellen kann. Deshalb finden wir, dass dies nicht geschlechtsabhängig gelesen werden, sondern in beide Richtungen für Mann und Frau gelten muss: Auch der Mann sollte seine Frau als Lehrerin ansehen und die Frau das Göttliche in ihrem Mann betrachten.

Wir können uns nun entscheiden, ob wir uns verschreckt von dieser Vorstellung abwenden wollen oder aber die Möglichkeiten und die Schönheit dieses Bildes ganz in unser Herz lassen: Lehrer und Göttin – Lehrerin und Gott. Klingt das nicht zauberhaft und verheißungsvoll, gerade in Zeiten, in denen wir dringend der Realität ins Auge sehen müssen? Die Liebe lebt davon, die Möglichkeiten zu sehen. Und wenn wir etwas beim Wachsen beobachten, können wir auch in unserer Vorstellung diesem Wachsenden Raum geben, um es so groß werden zu lassen, wie es will. Wenn unsere Kinder uns zum Beispiel ihre Wünsche mitteilen, dann antworten wir auch nicht sofort einschränkend mit: „Nun, vielleicht kannst du ja Taxifahrer werden“, wenn da eigentlich jemand Rennfahrer sein möchte. Wir stellen uns unsere Kinder im besten Fall so erfolgreich und glücklich vor, wie wir nur können. Können wir das Gleiche mit unserem Partner tun? Und mit uns selbst? Können wir uns unseren Partner als unseren Lehrer vorstellen? Und uns selbst als Göttin? Wenn nicht, dann ist es an der Zeit zu fragen: Warum nicht? Wenn ja, dann: Willkommen im Abenteuer der Liebe! Aber was bedeutet es überhaupt für uns, den anderen als unseren Lehrer zu sehen? Was haben wir davon, einen Lehrer zu haben?

## LEHRER UND LEHRERIN

Wenn wir eine neue Fähigkeit erlernen wollen, machen wir das in der Regel mit der Hilfe eines Lehrers. Lesen, Schreiben, Fahrradfahren – all diese Fähigkeiten hat uns jemand beigebracht, als wir klein waren. Bei manchen Dingen sind wir davon überzeugt, sie uns selbst beigebracht zu haben. Aber selbst als Autodidakten haben wir in der Regel Vorbilder gehabt, an denen wir uns orientiert haben. In den meisten Fällen war es dabei wichtig, dass uns jemand gesehen hat und uns wertschätzend und geduldig gezeigt hat, wo wir gerade stehen und wie wir uns weiter entwickeln können. Vielleicht hatten wir nicht immer die besten Vorbilder, aber wir sind ins Leben gewachsen. Und wir lernen jeden Tag weiter, durch Freunde, Kollegen und Vorgesetzte, welches Verhalten gut ankommt und womit wir eher auflaufen.

Für je reifer und entwickelter wir uns selbst dabei halten, umso fester wird dabei jedoch in der Regel unsere Überzeugung, dass wir die richtigen Dinge tun bzw. die Dinge richtig tun und die anderen das Problem sind, wenn irgendetwas nicht so funktioniert, wie wir uns das vorstellen. Mit zunehmendem Alter wächst in uns dann die Meinung, dass wir die einzigen Experten für uns selbst sind. Mitunter können wir dabei vergessen, dass wir „blinde Flecken" haben, das heißt Stellen, die anderen an uns auffallen, uns selbst allerdings nicht. Das können zum Beispiel Verhaltensweisen sein, mit denen wir anecken und die uns gar nicht bewusst sind. Vielleicht haben wir sogar Gewohnheiten, mit denen wir andere verletzen, ohne dass wir das bemerken. (Dass wir gerade grausames Verhalten oft doch sehr wohl selbst bemerken und dabei sogar eine Art von Schadenfreude genießen können, steht auf einem anderen Blatt.[2])

Manches, was uns an uns auffallen könnte, wäre einfach zu unangenehm für unsere seelische Hygiene, sodass wir es lieber ins Unterbewusste verschwinden lassen. Wir werden es dann meist nicht mehr selbst erkennen können. Mit anderen Worten: Wir sind oft zu nah dran an uns selbst, um uns selbst noch sehen zu können.

Wenn wir wirklich etwas über uns selbst lernen wollen – auch wenn das zunächst unangenehm werden kann –, müssen wir die bewusste Entscheidung treffen, die Wahrheit über uns und unsere Muster hören zu wollen. Wenn wir diese innere Verpflichtung eingehen, dann erlauben wir diesen unterbewussten

2 Der US-amerikanische Paartherapeut David Schnarch nennt das „traumatic mind mapping".

Teilen, wieder ans Licht zu kommen. Wir werden dadurch vollständiger, und das ist schließlich vielleicht auch ein Teil unserer Lebensaufgabe.

Doch wer kann uns dabei helfen, wenn wir es selbst nicht sehen? Wir können externe Fachleute einschalten, also zum Beispiel einen Therapeuten konsultieren. Aber wenn wir in einer langfristigen, emotional verbindlichen Paarbeziehung sind, dann gibt es in dieser Partnerschaft normalerweise schon einen Experten, der uns die ganze ungeschminkte Wahrheit über uns selbst sagen kann. Und er sitzt nicht wie der Analytiker in der Therapie am Kopfende der Couch. Wenn er auf der Couch sitzt, dann neben uns vorm Fernseher. Er sitzt uns gegenüber beim Abendessen oder schaut uns in die Augen, wenn wir Liebe machen. Dies ist der Experte für uns selbst: unser Partner.

Das als eine Möglichkeit anzunehmen stellt einiges auf den Kopf. Denn bisher waren wir davon ausgegangen, dass wir die Experten sind, wenn es um uns selbst geht. Die gängigen Kommunikationstechniken, die wir bisher gelernt haben, um unsere Beziehungen zu verbessern, beruhen ja darauf, dass wir vor allem über uns selbst sprechen, nicht über den anderen. Das hat auch gute Gründe. Denn wenn wir emotional verstrickt sind, interpretieren wir häufig etwas in den Partner hinein und liegen damit oft falsch. So etwas wollen wir vermeiden, indem wir über uns sprechen, aber oft können wir nicht einmal uns selbst sehen.

Andererseits können wir in den Zeiten, in denen wir einigermaßen ausgeglichen und nicht allzu aufgewühlt sind, unseren Partner oft sehr klar sehen, auch da, wo er sich vielleicht selbst im Weg steht. Unser Partner kann das bei uns genauso. Warum sollten wir also die Einschätzung eines solchen Experten nicht anhören? Manchmal sieht der Partner uns besser als sich selbst. Umgekehrt können wir da, wo wir bei uns selbst blind sind, beim Partner sehen, was er oder sie macht. Und oft eben genau deswegen, weil wir es bei uns selbst verdrängt haben.

## GÖTTIN UND GOTT

Bevor wir uns die zweite interessante Sichtweise anschauen, müssen wir uns zunächst über die Begriffe klar werden, die wir verwenden wollen. Es mag auf den ersten Blick schwer zugänglich sein, hier mit den Wörtern „Göttin" und „Gott" zu arbeiten, weil in unserem Kulturkreis heutzutage die männliche Form „Gott" in der Regel mit dem Absoluten gleichgesetzt wird. In der indischen Mythologie, wie auch bei den alten Griechen und Römern und in vielen anderen Kulturen, werden Götter oft auch als Persönlichkeiten mit bestimmten Eigenschaften gesehen – macht- und kraftvoll, aber nicht unfehlbar. In ähnlicher Weise sprechen wir hier von „Göttern" und Göttinnen" und meinen damit Qualitäten. Wir beten den anderen nicht uneingeschränkt an, sondern üben uns darin, ihn oder sie wertzuschätzen.

Im Alltag leben wir oft nebeneinander her, ohne uns darüber klar zu sein, wie reich beschenkt wir miteinander sind. Und das ist oft noch der glücklichste Fall, denn mitunter kann es vorkommen, dass wir uns fragen, warum wir den anderen überhaupt in unser Leben gelassen haben. Wenn wir in unserer Erinnerung zurückgehen in die Zeit, als die Beziehung begann, dann waren wir in den meisten Fällen sehr froh, dass dieser Mensch endlich aufgetaucht war und um uns geworben bzw. unser Werben angenommen hatte. Doch mit den Hormonen aus der Verliebtheitsphase ist nach einigen Jahren meist auch die romantische Sicht auf den Partner verschwunden. Können wir diese zurückholen? Und warum sollten wir das überhaupt tun?

Eine Antwort darauf finden wir in der Tradition des Bhakti Yoga, des „Yoga der hingebungsvollen Liebe". Warum strotzen so viele Tempel auf der ganzen Welt vor Gold, Marmor und Geschmeide? Weil Menschen dies schön finden. Beim Anblick von Schönheit fällt es uns leichter, unsere Herzen zu erheben. Nun mag die Schönheit im Auge des Betrachters liegen, aber wir bestimmen eben auch, mit welchen Augen wir sehen wollen.

Im religiösen Leben ist es eine Voraussetzung, seinen Geist rein zu machen, indem wir etwas verehren, das wir bewusst über uns stellen. Damit ist ursprünglich nicht gemeint gewesen, dass wir uns zu kleinen Sündern degradieren. Zu einer spirituellen Praxis kann es genauso gehören, dass wir das Göttliche in uns selbst anschauen und erkennen. Dies sollte auch für unseren Partner gelten können. Wenn wir den anderen als Göttin oder Gott betrachten, dann wissen wir, dass der andere das ebenfalls tun kann. Dann können wir uns durch seine Augen genauso sehen.

Ist es nicht übertrieben, den anderen so zu erheben? Unser Partner hat doch offensichtlich auch eine Menge Fehler. Das mag sein, und wir können uns darauf konzentrieren. Das tut unser Geist aber in der Regel ohnehin ganz automatisch von selbst. Wir kommen im folgenden Kapitel noch ausführlich dazu, wenn wir uns mit den Denkfehlern beschäftigen. Wir lenken hier die Kraft der Gewohnheit eher in eine andere Richtung. Gerald Hüther bringt das wunderbar auf den Punkt, wenn er sagt, das Gehirn werde so, wie man es auf der Suche nach dem Glück benutze.

Und wenn wir unseren Partner zur Abwechslung einmal nicht von dem Sockel herunterholen, auf den wir ihn in der Verliebtheitsphase gestellt haben, wenn wir ihn nicht innerlich runtermachen, sondern ihn dort oben lassen oder sie vielleicht sogar wieder dahin zurückstellen – wenn es noch nicht zu spät ist –, dann bietet sich unserem Geist ein ganz anderes Bild. Das wird dann kein Bild der Traurigkeit, sondern der Schönheit sein. Und es basiert nur auf unserer eigenen Entscheidung.

Je mehr Schönheit, je mehr Kraft, je mehr gute und wunderbare Eigenschaften wir bereit sind, in unseren Partner „hineinzusehen", umso mehr konzentriert sich unser Geist darauf und umso eher werden wir diese auch erleben können. Vielleicht sind wir die Ersten, die unserem Partner dann überhaupt erlauben, solche Größe zu haben.

Und das strahlt sofort auf uns zurück. Denn wer sind wir, wenn wir mit einem göttlichen Wesen zusammenleben? Richtig: Wir sind nicht nur dessen Verehrer. Das sind wir auch, und das ist auch an sich schon etwas sehr Schönes, denn es ist auch eine Qualität, etwas verehren zu können. Ein Verehrer hat die Größe, sich selbst nicht als Zentrum des Universums zu sehen, sondern auch andere ins Licht der Aufmerksamkeit stellen zu können. Ein Verehrer hat Geduld, weil er um die Möglichkeiten der Kraft weiß, die in seiner Verehrung liegt. Und gleichzeitig hebt es uns auf die gleiche Stufe wie die Person, die wir verehren. Denn wenn wir das Göttliche in unserem Partner sehen, dann wissen wir, es ist auch in uns. In dieser Weise leben ein Gott und eine Göttin zusammen. Welch ein schönes Paar!

Ist das, was wir mit diesem Bild hier versuchen, nun hilfreich oder eher psychotisch? Wir meinen, dass es hilfreich sein kann. Da wir in der Regel von vielen unserer Bezugspersonen als Objekte gesehen werden – und wir diese oft auch als solche betrachten –, ist dieser Blick auf den Partner als ein göttliches Wesen ein Weg, ihn oder sie tatsächlich einmal als Subjekt wahrzunehmen. Das ist der Schlüssel, wenn diese Art der Sicht gelingen soll. Denn es geht nicht darum, den Partner zu idealisieren. Es geht auch nicht darum, so zu tun, als sei unser Partner perfekt, in dem wir ihm Attribute zuschreiben, die er gar nicht hat. Es geht letzten Endes darum, ihn so zu sehen, wie er ist. Und das tun wir normalerweise viel seltener, als es angemessen wäre. Warum also nicht einmal diese andere Sichtweise einnehmen?

## FREUNDE UND DAS REKRUTIEREN VON MITSTREITERN

Aber was tun wir, wenn wir zweifeln? Wir haben gesagt, es sei in Gemeinschaft leichter, sich bereit zu machen für die Liebe. Wir können uns glücklich schätzen, wenn wir Menschen in unserem Freundeskreis haben, die zu uns stehen wie die drei Musketiere zu d'Artagnan, wenn unser Beziehungsboot ins Wanken gerät, denn in fast jeder Partnerschaft kommt eine Zeit, in der man sich fragt:

*„Warum bin ich mit dem zusammen?"*

oder

*„Warum lasse ich mir das alles von ihr gefallen?"*

Und wenn wir Freunde zurate ziehen, dann stellen die vielleicht noch die Frage:

*„Wie lange willst du das denn noch mitmachen?"*

Daher ein Wort zu Freunden: Wem der große Wurf gelungen ist, „eines Freundes Freund zu sein" – wie der Dichter Friedrich Schiller es formulierte –, wer also einen oder mehrere Menschen in seinem Leben hat, von denen er weiß, dass er ihnen wirklich am Herzen liegt, der kann in kritischen Situationen gut daran tun, seine Freunde zu fragen, wie sie die Beziehung einschätzen. Es gibt dann ein einfaches Kriterium, um herauszufinden, ob es echte Freunde sind. Das sind sie dann, wenn sie nicht gleich darin einstimmen, den Partner zu kritisieren. Freunde werden eher versuchen, uns aufzuwecken, und uns an unsere Pflicht uns selbst gegenüber erinnern. Sollte die Beziehung uns wirklich nicht guttun, dann dürfen sie uns ermuntern, gut für uns selbst zu sorgen. Das sollte jedoch nicht in erster Linie durch einen Rat zur Trennung geschehen. Freunde können uns mit Bestimmtheit darauf hinweisen, dass wir klar unsere Grenzen setzen und – soweit dies möglich ist – innerhalb der Partnerschaft unsere Bedürfnisse befriedigen.

Aufhorchen sollten wir, wenn wir bemerken, wie unsere Freunde mit einstimmen, wenn wir unseren Partner kritisieren, und sie dies dann sogar noch ausweiten. Was ist dann ihr Motiv? Sind sie wirklich an uns interessiert? Dann könnten sie uns auf die Sprünge helfen, ohne den anderen gleichzeitig abzuwerten.

Es gibt aber auch ein Phänomen, das wir mit dem US-amerikanischen Autor Neil Strauss „Rekrutieren" nennen wollen. Damit ist gemeint, dass wir andere Menschen benutzen, um uns selbst Bestätigung zu holen, indem wir andere angreifen. Manchmal bieten sich „Freunde" sehr bereitwillig dazu an. In diesem Moment aber leidet die Beziehung zu unserem Partner ungemein. Denn dieser hat dann kaum mehr eine Chance, aus diesem Kreuzfeuer herauszukommen. Und je mehr wir negativ über unseren Partner reden, desto eingefahrener werden die Wege der Kritik in unserem Kopf.

Eine Faustregel, um der Liebe eine Chance zu geben, heißt deshalb:
- Sprechen Sie mit Ihren Freunden nur über Gutes in Ihrer Beziehung.

Das klingt vielleicht einschränkend und mag zu dem Einwand führen: „Aber mit echten Freunden muss ich doch über alles sprechen können!" Das stimmt, aber beachten Sie dann die zweite Faustregel:
- Rekrutieren Sie keine Freunde, um Ihnen zu helfen, sich selbst zu belügen.

Wenn es wirklich schlimm steht, dann vertrauen wir uns Freunden an. Doch sollten wir den anderen dabei nicht heruntermachen. Denn selbst wenn wir uns schlecht behandelt fühlen: Wir haben unseren Partner ausgesucht. Das heißt nicht, dass wir uns verbiegen müssen, aber wir sollten ihn respektvoll seinen Weg gehen lassen – und uns selbst dabei genauso respektieren. Das tun wir am besten, wenn wir eben nicht über den anderen herziehen. In Momenten des Schmerzes kann das schwierig sein, und gerade dann sollten wir gut auswählen, wem wir uns anvertrauen.

Ein wunderbarer Fall ist es, wenn die Verbindung zu unseren Freunden zu dem werden kann, wozu wir Sie auch mit diesem Buch ermutigen wollen: zu einer Gemeinschaft, in der wir aufgehoben sind, mit Menschen, die mit uns gemeinsam daran glauben, dass wir mit unserem Partner über Schwierigkeiten hinwegkommen können. Und die uns daran erinnern, dass dann eine ganze Menge Schönheit und Glück auf uns wartet – nicht als Belohnung vom Himmel, sondern weil wir vor unserer eigenen Tür aufgeräumt haben.

Aber noch sind wir da nicht. In der Regel kommen nach den Flitterwochen der Verliebtheit irgendwann die Machtkämpfe und mit ihnen die Zweifel. Am Ende gibt es dann für uns drei Möglichkeiten: Wir zweifeln an uns selbst und halten uns für nicht beziehungsfähig. Wir zweifeln daran, dass der andere der richtige Partner ist. Oft wird daraus eine Kombination aus beiden: Wir halten uns selbst für verkorkst und glauben, uns aus dieser Verletzung heraus den falschen Partner ausgesucht zu haben. Daraus erwächst dann wiederum oft die Vorstellung, dass wir es zunächst irgendwie schaffen müssen, uns selbst zu heilen, um dann bereit zu sein, einen Partner zu finden, der nicht ebenso verkorkst ist, wie wir es waren. Der Gedanke „Wenn ich richtig bin, dann finde ich auch den richtigen Partner" führt aber oft auch nur in den Prozess des ewigen Bemühens um Selbstoptimierung. Das ist ein Kampf gegen sich selbst, den man nicht gewinnen kann, denn jeder Mensch ist auf irgendeine Weise verletzt. Was ist denn dann überhaupt die richtige Beziehung für mich?

## GESUND ODER GIFTIG?

Wer ein „gesundes“ Paar in seinem Familien- oder Bekanntenkreis hat, der kann sich glücklich schätzen. Denn wir können unser Verhalten am einfachsten nach Menschen modellieren, die wir selbst beobachten können. Das bedeutet nicht, dass wir zu Kopien anderer werden sollen. Auch in einer Gemeinschaft entwickelt sich jeder individuell, aber wir können viel von glücklichen Menschen lernen. Und wir wissen dann, dass Liebe etwas ist, das auch für uns möglich ist.

Aber was bedeutet „gesund“? Wir meinen damit nicht die Abwesenheit von gesundheitlichen Problemen, die jeden ereilen können. Es geht darum: Tun sich zwei Menschen einander gut? Das Kriterium für eine ungesunde Beziehung würde dann lauten: zwei verletzte Menschen, die sich gegenseitig noch mehr verletzen.

Das ist leider allzu oft zu beobachten: zwei gekränkte Menschen, die sich gegenseitig das Leben schwer machen. Das Tragische daran ist, dass viele gar nicht wissen, dass es für sie überhaupt eine andere Möglichkeit gibt. Ihnen ist meist gar keine andere Form der Beziehung bekannt. So bestätigt jede neue Verletzung, dass diese Form eigentlich richtig ist und auf sie nichts Besseres wartet. Viele Menschen, die mit schweren Verletzungen aufgewachsen sind, drängt es geradezu danach, das wieder zu erleben, wie es zum Beispiel im psychiatrischen Konzept der Co-Abhängigkeit[3] beschrieben ist.

Wenn wir genug davon haben, in einer ungesunden Beziehung zu leben, und wir Wege gefunden haben, uns aus diesem Dilemma der Wiederholung zu befreien, dann kann eine gelungene und gesunde Beziehung so benannt werden: zwei verletzte Menschen, die zusammen aus ihrer Verletztheit herausgehen.

In solch einer Beziehung dürften sich die meisten von uns befinden. Wir gehen davon aus, dass es niemanden gibt, der mit all seinen Gedanken und Gefühlen

3 Vgl. dazu Erika J. Chopich und Margaret Paul, Aussöhnung mit dem inneren Kind, 1993.

vollkommen im Reinen ist. Und das muss man auch gar nicht sein. Wichtig ist, dass wir die Richtung kennen, in die wir gehen wollen.

Was passiert nun genau, wenn ein unangenehmer Gedanke bzw. ein Gefühl von Schmerz auftaucht? Wie beginnt die Spirale nach unten bzw. aus der Beziehung heraus? Denn aufgrund der Funktionsweise unseres Denkapparates kann aus leicht unangenehmen Emotionen heraus ein Prozess beginnen, an dessen Ende wir alles anzweifeln.

## DIE LIEBE UND DAS DENKEN

Auf den ersten Blick mag es etwas prosaisch erscheinen, wenn wir in einem Buch über die Liebe im Folgenden (siehe Kapitel zu den Denkfehlern) einen Schwerpunkt auf unsere Art und Weise zu denken und auf das, was in unserem Kopf vor sich geht, legen. Kommt Liebe nicht aus dem Herzen? So wünschen wir es uns, doch wo ist unser fühlendes Herz genau? Wodurch wurde es geformt? Wie können wir selbst, wie können andere unser Herz „erreichen"?

Wir haben bereits im Abschnitt zu „Subjekt oder Objekt" gesehen, dass die Art und Weise, wie wir mit unseren ersten Bezugspersonen in Beziehung gewesen sind, großen Einfluss darauf genommen hat, wie wir heute in Beziehungen gehen, nicht nur mit unserem Partner, sondern letztlich mit allen Menschen. Wenn wir auf jemanden reagieren, dann sind es möglicherweise nicht einmal zehn Prozent unseres Verhaltens, die sich direkt auf unser Gegenüber beziehen. In der Regel sind wenigstens die restlichen neunzig Prozent mit der Vergangenheit beschäftigt, das heißt, unsere Emotionen werden bestimmt von früheren Erlebnissen.

Es ist eigentlich schade, dass wir uns gerade von den Menschen, die wir eigentlich lieben, so oft verletzt fühlen. Und doch ist es nicht verwunderlich, da uns die emotionale Wucht in einer nahen Beziehung besonders tief und heftig trifft. Aber wenn wir diese Wucht, die wir spüren, gänzlich auf den Partner beziehen, dann ist auch klar, warum wir darüber nachdenken, eine Beziehung zu beenden. Wer will schon immer weiter leiden?

## WARNUNG OHNE GEFAHR

Es ist meist nicht unser Fehler, dass wir an der Beziehung zweifeln. Es ist aber oft auch nicht der des Partners. Manchmal ist es einfach eine Gewohnheit unseres Denkapparates. Was bedeutet das?

Oft beginnt es mit einem kleinen Auslöser: Irgendetwas ist nicht so, wie wir es uns gewünscht haben, und es beginnt ein Kreisen um diese Unzufriedenheit. Das ist umso häufiger der Fall, je mehr wir externem Stress ausgesetzt sind. Deshalb ist es so wichtig, dass wir uns regelmäßig um uns selbst kümmern und für unsere Entspannung sorgen.[4]

Wenn ein erster Gedanke wie „Etwas ist hier nicht in Ordnung" aufkommt, dann beginnt, wie gesagt, damit auch oft eine Gedankenspirale. Und wenn wir einmal darin festsitzen, dann kommen wir nur schwer wieder heraus. Unsere „Denkfehler" schlagen zu, und ehe wir uns versehen, wird unser „Beziehungsparadies" langsam, aber sicher zur Hölle. Bis wir schließlich keinen anderen Ausweg mehr sehen, als die Partnerschaft zu verlassen. Dabei liegt hier die größte Chance, miteinander zu wirklicher Freiheit zu finden. Wenn man denkt, es ist vorbei, fängt die Liebe eigentlich erst an!

---

4 Dabei sollten wir allerdings prüfen, ob wir uns wirklich gut versorgen oder ob wir etwas tun, was uns wiederum tiefer in die Frustspirale führt. Das passiert, wenn wir in unseren „Pausen" Dingen nachgehen, die uns nicht guttun, wenn wir uns also zum Beispiel wieder in Aktivität stürzen, die nur dazu dient, uns von uns selbst abzulenken. Woran erkennen wir das? Wie unterscheiden wir, ob wir uns mit unseren Hobbys und unserer Freizeit selbst beschäftigt halten oder dabei wirklich zur Ruhe kommen? Diese Fragen lassen sich nicht generell beantworten, aber eines ist möglich und kann zu interessanten Rückmeldungen führen: Fragen Sie Ihren Partner! Wir können davon ausgehen, dass uns unser Partner manchmal besser kennt als wir uns selbst. Dafür liegt er manchmal bei sich selbst völlig falsch, und wir können das sehen. Also: Fragen Sie Ihren kritischen „Lehrer". In der Regel liegt ihm daran, dass es uns gut geht, denn dann geht es im besten Fall auch ihm gut.

# DIE FÜNF DENKFEHLER

## LEIDVOLLE EMOTIONEN

In den östlichen Philosophien sowohl des Buddhismus als auch des Yoga gibt es einen Begriff, der in unserem Zusammenhang eine Schlüsselrolle einnimmt. Es ist dort die Rede von den sogenannten *Kleshas*. Dieses Sanskritwort bedeutet wörtlich „Trübung, Leid, Schmerz", und es sind damit mentale Schwingungen gemeint, die den Geist verdunkeln und die Grundlage bilden für all unser Leiden. Manchmal wird dieser Begriff auch mit „leidvolle Emotion" oder „mentale Spannung" übersetzt. Der wörtlichen Bedeutung des Wortes folgend, interpretiert man *Kleshas* auch als „Verunreinigungen" und sogar als „Gifte". Das klingt bedrohlich genug, um sie ernst zu nehmen. Wir wollen sie der Einfachheit halber hier „Denkfehler" nennen. Und auch wenn diese Denkfehler bereits vor ein paar tausend Jahren von dem indischen Gelehrten Patanjali formuliert wurden, sind sie doch auch heute noch bedeutsam. Wenn wir auf sie achtgeben, dann können wir uns viel Ärger ersparen. Wie entstehen sie also? Und wie wirken sie in einer Beziehung?

## GEDANKEN UND GEFÜHLE

Bevor wir zu den Denkfehlern im Einzelnen kommen, möchten wir uns kurz mit den beiden Begriffen „Gedanke" und „Gefühl" und deren Unterscheidung beschäftigen. Die Abgrenzung, was genau ein Gedanke ist und was ein Gefühl, wird von unterschiedlichen psychologischen Schulen unterschiedlich vorgenommen. Und es wird dabei auch in den Blick genommen, welcher Art und wie stark die Wechselwirkung zwischen diesen ist. Beeinflussen die Gefühle die Gedanken? Oder beeinflussen eher die Gedanken die Gefühle? Und ist eine der beiden Kräfte stärker als die andere? Haben Gefühle also möglicherweise stärkere Auswirkungen auf unsere Gedanken? Oder ist es eventuell umgekehrt?

Es gibt heute ein großes Angebot an Literatur, die Anleitung darin verspricht, wie man sich Wunder mit Gedankenkraft „beim Universum bestellen" kann. Dass Gedanken tatsächlich die Kraft sind, die alles andere bedingt, ist eine etwas gewagte Interpretation. Trotzdem liegt der Schluss nahe, dass unsere Gedanken unsere Gefühle beeinflussen und sich dieser Einfluss schließlich sogar materiell manifestiert, zum Beispiel in unserem Körper. Wir denken an etwas, wir beurteilen es, und dies erweckt in uns ein Gefühl. Wenn dieser Prozess andauert, ändert sich unsere Stimmung. Dies kann wiederum eine Wirkung auf unseren Körper haben und sich zum Beispiel in unserer Haltung zeigen. Das macht verstehbar, warum chronische Krankheiten so häufig auf Stress basieren. Wenn wir also in Gedanken gefangen sind, beeinflusst das unsere Gefühle, und darunter leidet der Körper. Doch das ist keine Einbahnstraße. Es funktioniert jeweils in beide Richtungen. Auch unser Körper beeinflusst unsere Stimmungen und unsere Gefühle, und diese wiederum beeinflussen unsere Gedanken.

Während in alten östlichen Traditionen der Geist wie oben beschrieben als hauptverantwortlich angesehen wird, gibt es heute Untersuchungen, wonach nicht nur das Denken Einfluss auf die Gefühle nimmt, sondern auch die Gefühle auf das Denken.[5] Das muss kein Widerspruch sein, denn mit „Geist" ist hierbei nicht nur der Vorgang des Denkens an sich gemeint, sondern darüber hinaus auch die gesamte Haltung bzw. Einstellung zu den Dingen.

Um beides nun miteinander zu verbinden, sind unsere Werkzeuge in der Liebe und in unserem ganzen Alltag die Achtsamkeit und die Bestimmtheit unseres Entschlusses. Also die Entscheidung, einen bestimmten Weg zu gehen, und die Achtsamkeit darauf, was unterwegs geschieht. Diese Achtsamkeit bezieht sich aber nicht nur auf unseren Entschluss, denn dieser führt uns, wie wir gleich sehen werden, oft hinters Licht. Die Achtsamkeit bezieht sich auf unser ganzes Sein – unser Denken, unsere Gefühle und bis hin zu den kleinen Signalen unseres Körpers und wie wir mit ihm umgehen. Die Möglichkeiten, unter unserem Denken zu leiden, sind groß, aber unsere Wachheit dafür kann es auch sein. Und deshalb sind wir unserem kritischen Geist nicht ausgeliefert.

Die Gedanken in unserem Kopf sind nicht von Natur aus leidvoll. Das werden sie erst, wenn wir beginnen, die Dinge zu beurteilen. Wie geschieht das? Welche „Gifte" sind das, die da in unserem Geist aktiv sind? Je nachdem welcher Schule des Geistes man folgt, gibt es unterschiedliche Sammlungen von *Kleshas*. Sorgen, Ängste, Wünsche und viele andere Aspekte werden darunter zusammengefasst. Doch auch wenn die verschiedenen Lehren sich leicht darin unterscheiden, wie viele dieser leidvollen Spannungen sie aufzählen, einer dieser Geisteszustände wird sowohl im Buddhismus als auch im Yoga als Wurzel aller anderen mentalen und seelischen Probleme genannt: *Avidya* – das Nichtwissen. Damit ist nicht Unwissenheit

5 Vgl. dazu M. Williams, J. Teasdale, T. Segal und J. Kabat-Zinn, Der achtsame Weg durch die Depression, 2007.

im Sinne mangelnder Intelligenz oder fehlender Bildung gemeint. Es ist damit gemeint, dass unser Wissen auf einer falschen Wahrnehmung der Realität basiert. So wird *Avidya* zum Ursprung aller daraus folgenden Denkfehler. Wie sieht das praktisch aus?

## DENKFEHLER NR. 1: *AVIDYA – „ICH WEISS BESCHEID."*

*Avidya*, das Nichtwissen, wird als das Missverständnis über die Natur der Wirklichkeit betrachtet. Das klingt zunächst kompliziert; leuchtet aber auch schnell ein, dass so eine Kraft uns das Zusammenleben in einer Partnerschaft schwer machen kann. Werden wir ruhig kurz etwas philosophisch: Die Unwissenheit, von der hier gesprochen wird, bezieht sich auf die Existenz aller Dinge. Wir halten das, was wir mit den Sinnen wahrnehmen können, für real, zum Beispiel einen Tisch. Dabei bekommt dieser seine Bedeutung erst durch die Bezeichnung oder Bewertung, die wir ihm geben, sonst wäre es einfach nur „ein Haufen Holz". Es ist also nichts aus sich selbst heraus so, wie es ist. Wir „erschaffen" sozusagen erst durch unsere Benennung und Bewertung etwas, das wir für Realität halten.

Uns allen erscheint es nun im Alltagsbewusstsein so, als gäbe es ein „Ich", das von den anderen Menschen getrennt ist. Wir denken: Das bin „Ich", und ich bin einzigartig. Und alle anderen sind „Nicht-Ich". Das ist der Beginn dualistischer Wahrnehmung: Es gibt „mich", und es gibt die „anderen". Diese Wahrnehmung erleichtert zunächst die Orientierung in allen praktischen Dingen des Zusammenlebens. Es gibt da zum Beispiel Dinge, die wir haben wollen, und Dinge die wir nicht haben wollen; es gibt Zustände, die wir erleben wollen, und Zustände, die wir nicht so gern erleben wollen; und es gibt Menschen, mit denen wir zu bestimmten Zeiten zusammen sein wollen, mit denen wir zu bestimmten Zeiten nicht zusammen sein wollen oder in deren Gesellschaft wir überhaupt nicht sein wollen. Es gibt also eine Unmenge an Kombinationsmöglichkeiten von Erfahrungen, die wir erleben oder vermeiden wollen. Unser Gehirn ist dabei die ganze Zeit damit beschäftigt zu wählen.

Das Wort „wählen" scheint mit Freiheit verbunden zu sein, doch unser Geist ist von Geburt an darauf trainiert worden, so auszuwählen, dass angenehme Erfahrungen möglichst wiederholt und unangenehme Erlebnisse vermieden werden. In einer bestimmten Situation empfinden, denken, und handeln wir auf eine bestimmte Art und Weise. Wenn das funktioniert hat, wiederholen wir es von nun an.

Hier kommt nun ein weiterer Aspekt von *Avidya* zum Tragen: Unser Nichtwissen bezieht sich auch auf den Rahmen, innerhalb dessen wir unsere Erfahrungen machen. Durch unsere Konditionierung sind wir eben nicht immer „frei" in unserer Wahl. Da wir mit unserem Alltagsbewusstsein nicht die Einheit aller Dinge erleben, leben wir ständig aus einem Bewusstsein heraus, das wie in einen Käfig eingeschlossen ist. Die Vorgänge in unserem Kopf beruhen auf vergangenen Erfahrungen und Eindrücken. Das Vorziehen des Angenehmen und das Ablehnen des Unangenehmen beruhen beide auf der Erinnerung an Situationen, die bereits hinter uns liegen. Dadurch ist unser Geist stets „gefangen" in der Vergangenheit.

Unsere Neigungen und Abneigungen werden dadurch über die Zeit immer festgefahrener. Wir sind stets von alten Eindrücken geprägt. Und da unsere Wahrnehmung in der Regel recht eingeschränkt und ichbezogen ist, können die Eindrücke uns täuschen. Wir beharren auf unserer Meinung, weil wir sie für die Wahrheit halten. Aber die Wahrheit über uns, unseren Partner und die Beziehung ist mehr, als ein Einzelner erfassen kann. Das Problem dabei ist: Sobald wir im „falschen Verstehen" sind, können wir nicht mehr sehen, dass unsere ganze Wahrnehmung von eben diesem beeinflusst ist. Das prägt dann auch alle unsere Handlungen, die wir aus dem falschen Verstehen heraus begehen. Wenn wir uns aber andererseits entscheiden, *Avidya* als Möglichkeit in Betracht zu ziehen, und auch bereit sind, hinzuschauen, zu bleiben und nicht zu gehen, dann gehört auf einmal alles, was zwischen uns und dem Partner geschieht, zum Weg der wirklichen Selbsterkenntnis. Wenn wir den Schleier der einschränkenden Wahrnehmung gelüftet haben, ist es möglich, den Ursprung unseres Handelns und dessen Folgen zu sehen. Und es ist nicht nur so, dass wir unsere Umwelt „falsch" wahrnehmen, sondern wir missverstehen uns auch sozusagen „selbst", denn wir gehen davon aus, dass die alten Eindrücke und Muster unser wirklicher Kern sind. Doch es ist möglich, dieses „Missverständnis" auszulösen. Dabei haben wir – wenn wir die Entscheidung getroffen haben, neue Wege zu gehen, und die Kraft gesammelt haben, das auch zu tun – immer wieder die Möglichkeit, aus einer anderen Perspektive auf unseren Handlungsspielraum zu schauen. (Dazu später mehr im Kapitel über die „Spielfelder".)

## DENKFEHLER NR. 2: *ASMITA – „ES GEHT UM MICH."*

Das oben beschriebene Nichtwissen wird in den Yoga-Sutras des Patanjali beschrieben als ein Zustand, in dem wir „das Nicht-Selbst für das Selbst halten". Durch die enge Grenze, die wir um uns ziehen, bekommen wir in der Regel eine feste Vorstellung von unserem „Ich". *Asmita* meint nun die falsche Identifikation mit diesem Gebilde. Es wird auch übersetzt mit „Ichheit" oder „Ichgefühl". Wir nehmen uns selbst in meist recht eindeutiger Weise wahr. Wir haben so viel erlebt, dass wir uns eine Vorstellung davon aufgebaut haben, wer wir sind. Damit identifizieren wir uns, und sind auch bereit, diese Persönlichkeit gegen Angriffe von außen zu verteidigen. Es kann jedoch aufgrund unseres Nichtwissens schwierig sein zu erkennen, was tatsächlich ein Angriff ist und was nicht. Im weiteren Sinne bedeutet *Asmita* auch die Identifikation mit einem momentanen Gefühl. Wir kennen das, wenn wir etwas im gegenwärtigen Moment erleben und dann schnell zu dem Schluss kommen, dass dies jetzt unsere wahre Persönlichkeit ist.

Wenn es uns gelingt, darin einen Moment innezuhalten und unvoreingenommen da zu sein, dann kann sich durch diese bewusste Bemühung für kurze Zeit eine Art Fenster öffnen, durch das wir uns wirklich selbst wahrnehmen können: Wir bekommen dann eine Ahnung davon, wie es wäre, wenn wir tatsächlich frei wären, das heißt ohne die Konditionierungen und Muster der Vergangenheit. Doch der Schleier wird sich meist schnell wieder darauflegen, bis wir irgendwann so viel geübt haben, dass der Schleier immer weniger an uns haftet. Der Nebel wird dann noch eine Zeit lang da sein, aber er liegt hinter uns und versperrt nicht mehr die Sicht.

Wenn man sich diesem Konzept das erste Mal widmet, erscheint es zugegebenermaßen ganz schön trocken. Aber es lohnt sich zu versuchen, gerade diese ersten beiden Begriffe – *Avidya* und *Asmita* – zuerst mit dem Verstand zu erfassen und dann einfach sein Herz für die Möglichkeit zu öffnen, dass hier ein großer Schatz verborgen liegt.

Wenn wir das ernst nehmen, was Mystiker wie zum Beispiel Bernhard von Clairvaux sagen, nämlich dass wir uns durch die Liebe im anderen erkennen und mit ihm eins werden können, dann ist es nur verständlich, warum so viele sich danach sehnen.

Doch oftmals wünschen wir uns die Verschmelzung mit dem anderen, weil dies die Auflösung der wahrgenommenen Persönlichkeit verspricht, die wir als begrenzt und einengend empfinden. Um uns innerhalb dieser Persönlichkeit gut zu

fühlen, versuchen wir positive Erfahrungen zu machen und negative zu vermeiden. Dabei müssen wir schon deshalb scheitern, weil wir aufgrund von *Avidya* an der falschen Stelle suchen. Alles, was wir für erstrebens- oder ablehnenswert halten, ist seiner Natur nach nicht real und bestenfalls vorübergehend und flüchtig. Trotzdem versuchen wir ständig, unsere Welt und unsere Umwelt zu kontrollieren, damit es uns gut geht.

## GEFÜHLE UND EMOTIONEN

Bevor wir zum nächsten Denkfehler kommen, hier ein kurzer Blick auf unsere Gefühlsregungen und das Zusammenspiel mit unserem Geist: Gefühle und Emotionen sind Teil unserer zwischenmenschlichen Kommunikation, sowohl auf verbaler als auch auf nonverbaler Ebene. Eine weit verbreitete Einteilung von Emotionen ist die in Freude, Trauer, Angst, Ekel und Wut.[6] Diese funktionieren, wenn wir gesund sind, ganz automatisch. Manche dieser Gemütsbewegungen sind uns angenehm, andere möchten wir eher vermeiden. Wir empfinden Freude, wenn wir mit Menschen zusammen sind, die uns guttun. Die emotionale Reaktion basiert darauf, dass wir in Kontakt mit dem sind, was uns lebendig hält. Entsprechend versuchen wir, das, was uns Freude bereitet, möglichst oft zu erfahren. Trauer stellt sich dann ein, wenn dieser Kontakt fehlt. Ursprünglich sollte uns die Trauer dazu antreiben, wieder die Verbindung mit wichtigen Menschen oder Dingen zu suchen. Angst erleben wir, wenn wir uns bedroht fühlen und möglicherweise sogar unser Leben in Gefahr sehen. Ekel warnt uns davor, in Kontakt zu bleiben mit etwas, das uns schadet. Und Wut drückt unsere Bereitschaft aus, gegen das, was uns bedroht, zu kämpfen oder es gar zu zerstören. Ohne diese Basisemotionen wäre unser Überleben bedroht. Sie sind ihrer Natur nach alle temporär, denn wenn eine gegebene Situation – zum Beispiel eine Gefahr – vorübergegangen ist, dann muss es weitergehen. Nach der Angst und der darauf folgenden Flucht- oder Kampfreaktion ist wieder Raum für die Freude. Und selbst Trauer ist natürlicherweise temporär, denn wir lernen, auch mit Verlusten umzugehen und bereit zu werden für Neues.

6 Siehe dazu u.a. M. Williams, J. Teasdale, T. Segal und J. Kabat-Zinn, Der achtsame Weg durch die Depression, 2007.

Warum sehnen wir uns nun so sehr nach guten Gefühlen? Und wie kann es passieren, dass zum Beispiel unsere Traurigkeit zunimmt, obwohl sie doch vom Grunde her etwas Vorübergehendes sein sollte? Liegt es tatsächlich daran, dass wir von unserem Partner oder von der Welt nicht das bekommen, was wir brauchen? Was unsere Emotionen problematisch macht, ist, dass wir auf eine Emotion wiederum emotional reagieren. Wir ärgern uns über Ärger, oder wir werden traurig darüber, dass wir traurig sind. Und so verstärken sich die Emotionen in einem Automatismus, den wir mit unserem Verstand nicht unterbrechen können. Im negativen Fall kommt dann zu dem Schmerz, den wir empfinden, noch das Leid über den Schmerz.

Unser kritischer Geist ist ein wunderbares Werkzeug, wenn wir ein Ziel erreichen oder wenn wir umgekehrt eher etwas vermeiden wollen. Dies funktioniert ungefähr so: Wir haben eine Vorstellung von unserem Ziel. Also kontrollieren wir regelmäßig, ob das, was wir tun, uns unserem Ziel näherbringt. Wenn ja, dann fahren wir mit unseren Bemühungen fort. Wenn nicht, korrigieren wir so lange unseren Kurs, bis wir unserem Ziel näherkommen. In umgekehrter Richtung verfahren wir, wenn wir etwas vermeiden wollen. Auf diese Weise bewältigen wir mit unserem Denkapparat viele alltägliche Herausforderungen. Aber wenn wir mit ihm auf unsere Emotionen reagieren, dann bringt er uns in Teufels Küche. Wir sehnen uns nach manchen Emotionen, während wir andere vermeiden wollen – doch häufig löst eine Situation widerstrebende Emotionen aus, z. B. dass wir uns nach jemandem sehnen und uns aber gleichzeitig davor fürchten, zurückgewiesen zu werden. Derselbe Mechanismus, der uns als Menschen in Depressionen stürzt, wird dann auch in Partnerschaften aktiv, wenn wir versuchen, im Hin und Her zwischen Begierde und Angst zurechtzukommen.

## DENKFEHLER NR. 3: *RAGA – „ICH WILL DAS SO."*

Wenn das „Ich", das sich durch *Avidya* und *Asmita* gebildet hat, die Kontrolle über unsere Entscheidungen übernimmt, dann beginnt das Spiel von Verlangen und Ablehnung. Und hier kommt der dritte Denkfehler zum Zuge: *Raga*, die Begierde, die Sehnsucht. Wir sind stets auf der Suche nach dem Glück. Dabei sehnen wir uns im besten Fall nach den Dingen, die uns guttun. Wir suchen den Kontakt mit Dingen oder Menschen, die Freude in unser Leben bringen. Manchmal kann dieses Verlangen aber auch nach hinten losgehen. Es kann nämlich sein, dass wir gelernt haben, Erfahrungen, die uns kurzfristig guttun, aber langfristig zu Schmerzen führen, in unserem Gehirn mit der Funktion des Belohnungssystems zu koppeln. Dann sehnen wir uns und suchen sogar nach Dingen, Situationen oder Menschen, die uns eher schaden als stärken. Wir suchen unser Leben lang immer wieder den Reiz, der in unserem Gehirn schon einmal positive Zeichen ausgelöst hat. Aber *Raga*, die Begierde, ist in allen Fällen letztendlich ein Fass ohne Boden. Denn dieses Glück ist nie von Dauer. Auch Dinge, die uns für eine Weile zum Glück führen, lösen letztendlich auch nur Leid aus, weil sie nicht von Dauer sind. Wir leiden, solange wir das Erwünschte nicht haben. Wir leiden, wenn wir es wieder verlieren. Und wir leiden sogar oft, während wir es eigentlich genießen könnten, weil wir schon genau wissen, dass wir es wieder verlieren werden. Nach einigen Jahren der Lebenserfahrung wissen wir das als erwachsene Menschen natürlich, doch hält uns das meist nicht davon ab, immer wieder nach dem zu suchen, was zumindest temporäre Freude oder gar Erlösung verspricht.

## DENKFEHLER NR. 4: *DVESHA – „ICH WILL DAS SO NICHT."*

*Dvesha* bedeutet „Ablehnung". Es ist das genaue Gegenteil von *Raga* und hat genauso viele Gesichter wie die Anhaftung. *Dvesha* kann sich als Ablehnung von etwas ganz Bestimmten äußern oder auch als eine eher unbestimmte Angst. Wenn wir mit etwas negative Erfahrungen gemacht haben, dann werden wir in Zukunft versuchen, den Kontakt damit zu beschränken oder ihn ganz zu vermeiden. Wir ziehen Mauern um uns herum, aus gutem Grund, denn Angst haben wir als Basisemotion, um unser Leben zu schützen. Damit beschützen wir uns allerdings nicht nur, sondern wir beschränken uns auch und nehmen uns schon vorweg die Möglichkeit, neue, andere und bessere Erfahrungen zu machen.

Das Problem bei „Ich will das so" und „Ich will das so nicht" in einer Partnerschaft ist, dass beide aufgrund der vorangegangenen Denkfehler „Ich weiß Bescheid" und „Es geht um mich" meist auf einem Irrtum basieren, nämlich auf dem Gefühl von Mangel. Und Handlungen und Entscheidungen, die auf Leid – hier auf dem Leid am Mangel – basieren, führen langfristig wieder nicht zu dem, was wir eigentlich suchen. Es ist schwer, diesen Kreislauf zu durchbrechen, denn wenn er einmal in Schwung gekommen ist, dann kommen wir irgendwann zu der logischen Konsequenz, dass wir nicht länger so weitermachen können. Dann heißt es: „Damit muss jetzt Schluss sein!" Die hinter der Ablehnung stehende Angst um das eigene

Überleben lässt uns vielleicht sogar aktiv kämpferisch und zerstörerisch werden und führt uns zum letzten und größten Denkfehler.

## DENKFEHLER NR. 5: *ABHINIVESHA – „ICH WILL HIER RAUS."*

Im Yoga-Sutra des Patanjali wird dieser letzte Denkfehler meist als „Angst vor dem Tod" interpretiert. Genau genommen ist *Abhinivesha* die Wurzel aller Ängste, denn wenn man weiterdenkt, beruhen alle Ängste, die wir haben, auf der Angst, ausgelöscht zu werden. Auch falls es auf dem ersten Blick übertrieben klingt, so erklärt es doch, warum manche Menschen so extrem reagieren, wenn sie sich unwohl fühlen. Sie fühlen sich in ihrer Existenz bedroht. Dieses Grundgefühl kann daher auch schon auftreten, wenn es eigentlich nur um leichte Veränderungen geht und um kleine Schritte, die man machen müsste.

Da es in Beziehungen nicht nur gute Gefühle gibt, sondern auch viele Momente, in denen wir unsicher sind oder uns vor den Kopf gestoßen fühlen, kann die Annahme, nun einen „Fehler fürs Leben" zu machen, wenn man weiter mit dem unangenehmen Partner zusammenbleibt, hier ziemlich gut gedeihen. Und um nicht das Gefühl zu haben, selbst „sterben" zu müssen, ziehen wir es vor, die Beziehung sterben zu lassen.

Das Tragische dabei ist, dass wir damit oft auch nicht erreichen, was wir uns wünschen. Der von uns empfundenen Einschränkung der Freiheit haben wir zwar durch Trennung getrotzt, doch danach sind wir oft in manchen Punkten unfreier als vorher. Nun müssen wir auf anderen Wegen nach Verbundenheit suchen, wenn wir dieses Grundbedürfnis nicht ganz aus unserem Leben ausklammern wollen.

Und eigentlich meinen wir tatsächlich oft gar nicht unseren Partner selbst. Weshalb wir überhaupt die Idee zum völligen Abbruch bekommen, ist eher der Gedanke: „*So* geht es auf keinen Fall mehr weiter" als „*Mit ihm* geht es auf keinen Fall mehr weiter". Meistens ist mit Trennung nicht unbedingt die Trennung vom Partner gemeint, sondern vielmehr der Wunsch nach einer Trennung von einem unhaltbaren Zustand.

Es leuchtet ein, dass dieser Denkfehler – der sich aus den vorhergehenden ergibt – eine große Brisanz hat. Unsere Unterscheidungskraft wird auf eine große Probe gestellt. Der Wunsch nach Trennung, der auf der „Angst vor dem Tod" basiert, kann durchaus auch durch die „Angst vor dem Leben" ausgelöst werden. Das ist dann der Fall, wenn in unserer Partnerschaft von unserer Seite Bewegung und Offenheit

notwendig wäre, die Komfortzone aber viel bequemer und sicherer erscheint. Dann verpassen wir, wenn wir dieser Angst nachgeben, den Ruf des Lebens an uns, das uns eigentlich – mit dem Partner – auf eine neue Stufe heben wollte.

## DIE FÜNF DENKFEHLER IN DER PRAXIS: ANKE UND SVEN

Wie weiter oben beschrieben, erkannte der Buddha, während er unter dem Baum saß, die Gründe dafür, dass wir im Leben Leid erleben müssen. Mit der Erkenntnis hatte er allerdings auch den Ausweg aus dem Dilemma gefunden. Wir können frei werden, wenn wir unsere Denkfehler korrigieren; und das gilt nicht nur für Mönche. Der Buddha hat sozusagen eine Möglichkeit aufgedeckt, unsere Gewohnheiten genau unter die Lupe zu nehmen. Auf diese Weise müssen wir nicht mehr in den alten Mustern gefangen sein, sondern können auch etwas anderes ausprobieren. Dann können wir nicht nur die Freiheit von alten Gewohnheiten erleben, sondern auch eine neue, tiefere Verbindung zu unserem Partner aufbauen.

Eigentlich könnten wir schon mit einem einzigen Satz viel Licht in die dunkelste Sicht auf unsere Beziehung bringen, nämlich mit: „Ich kann mir nicht sicher sein, dass ..." Mit dieser Aussage können wir unsere inneren Kritiker und Richter immer wieder infrage stellen. Denn während wir unseren Partner tatsächlich meist ganz gut kennen, kann unsere Selbstwahrnehmung oft sehr danebenliegen. Mit den fünf Denkfehlern haben wir nun eine Art „Schablone", mit der wir die gängigen Themen anschauen können, denen wir in unserer Partnerschaft begegnen.

In der folgenden, vielen vielleicht nicht gänzlich unbekannten Gesprächssituation finden sich die fünf Denkfehler auf kleinem Raum mit großer Auswirkung:

**Anke:** „Ich bin seit einiger Zeit nicht mehr glücklich, und das liegt an unserer Beziehung."

**Sven:** „Okay ..."

**A:** „Ich sehe dich kaum, kümmere mich um alles zuhause alleine, und du machst einfach dein Ding und interessierst dich überhaupt nicht mehr für mich und schon gar nicht für unser Leben – ein Leben, für das ich alles tue, damit es funktioniert und wir es schön haben."

S: „Ich mach doch alles, was du willst. Was willst du denn noch?"

A: „Ich will, dass du dich kümmerst, so wie am Anfang. Ich möchte, dass du mich überraschst, Pläne mit mir machst und mir das Gefühl gibst, der tollste Mensch auf der Welt zu sein."

S: „Das mache ich doch!"

A: „Nein, das machst du überhaupt nicht. Ich will keinen Mann, der nie da ist, der am Computer spielt und mich beim Essen anschweigt."

S: „Jeder Mensch braucht auch mal Zeit für sich."

A: „Ach, ehrlich? Glaubst du, das weiß ich nicht? Du hörst mir nicht zu! Das hat so echt keinen Sinn mehr. Wir kommen hier einfach nicht weiter. Ich denke, es wäre das Beste, wenn wir uns trennen."

Betrachten wir die „Denkfehler" in diesem Gespräch: Wir erkennen zum einen, dass jeder Denkfehler dazu führt, dass die Beziehung leidet; der andere leidet und auch man selbst. Zum anderen zeigt uns dieser Dialog die Dramaturgie der Denkfehler, denn diese bauen geschickt auf einander auf. Diese Dramaturgie liegt vielen Gesprächen zugrunde, vor allem wenn die Gespräche von Anfang an, ob bewusst oder unbewusst, dazu gedacht sind, im Desaster zu enden.

Anke setzt die Initialzündung. Das hätte auch genauso gut von Svens Seite kommen können. Wir gehen hier in der Regel davon aus, dass es nicht ein Partner ist, der das Leiden konstruiert, sondern meist beide.

**Denkfehler Nr. 1: „Ich weiß Bescheid."**

Man geht davon aus, dass die eigene Wahrnehmung die einzig richtige ist, und ist sich völlig sicher, dass man weiß, warum man gerade in seinem Leben unglücklich ist.

Anke: „Ich bin seit einiger Zeit nicht mehr glücklich, und das liegt an unserer Beziehung."

Anke beginnt das Gespräch mit der festen Annahme, dass sie unglücklich ist, und damit, dass ihr Unglücklichsein an der Beziehung liegt. Doch wie kann Anke sicher sein, dass sie nicht ein momentanes Gefühl für einen Zustand hält? Oder das sie das Gefühl für real hält, obwohl es das gar nicht ist? Und woran kann sie mit Gewissheit festmachen, dass die Beziehung die Ursache ist? Die meiste Zeit wissen wir tatsächlich recht wenig über die Realität, weil wir zu sehr damit beschäftigt sind, alles schon zu wissen, und gar nicht genau hinschauen.

**Denkfehler Nr. 2: „Es geht um mich."**
Man denkt, dass das Glück/Unglück sich in bestimmten Bereichen zeigen muss/wird, und zwar in den Bereichen, mit denen man sich maßgeblich identifiziert.

> Anke: „Ich sehe dich kaum, kümmere mich um alles zuhause alleine, und du machst einfach dein Ding und interessierst dich überhaupt nicht mehr für mich und schon gar nicht für unser Leben. Ein Leben, für das ich alles tue, damit es funktioniert und wir es schön haben."

Anke wird nun konkreter und beschreibt, wie sehr sie darunter leidet, dass Sven sich nicht für sie und ihr Leben interessiert. Damit zeigt Anke, wie sehr sie denkt, dass ihr Glück davon abhängt, dass die Bereiche ihres Lebens, mit denen sie sich identifiziert, von Sven gesehen und erfüllt werden. Anke hat feste Vorstellungen von sich, und weil sie in ihren Vorstellungen so fest ist, ist die Enttäuschung über ein Nicht-gesehen-Werden vorprogrammiert. Dieser Denkfehler folgt meist unmittelbar aus dem ersten. Er ist quasi die wahrgewordene Manifestierung im Konkreten, aus der sich beziehungsdynamisch die Vorwürfe ergeben. Auf der anderen Seite sinkt damit jegliche Bereitschaft für einen Dialog. Während Denkfehler Nr. 1 die „Bombe" baut, wird sie durch den Denkfehler Nr. 2 gezündet. Damit kommt die Lawine ins Rollen.

**Denkfehler Nr. 3: „Ich will das so."**
Man geht von den folgenden festen Annahmen aus: Leben bedeutet, glücklich zu sein. Und so will man das. Leben ist dazu da, erfüllt zu sein.

> Anke: „Ich will, dass du dich kümmerst, so wie am Anfang. Ich möchte, dass du mich überraschst, Pläne mit mir machst und mir das Gefühl gibst, der tollste Mensch auf der Welt zu sein."

Angestachelt durch die eigene Dramaturgie, wird es nun auf der einen Seite immer konkreter und auf der anderen Seite immer pauschaler. Anke sagt, was sie will. Doch wenn man genau liest und hört, dann sagt sie eben nicht, was sie will, sondern argumentiert aus den Denkfehlern Nr. 1 und 2 heraus. Sie begibt sich damit in eine Position, in der ihr niemand je erfüllen kann, was sie sich wünscht, weil sich die Grundlage dafür komplett in Ankes Wahrnehmung der Welt und ihrer selbst befindet. Oder ist es Sven tatsächlich möglich, so zu sein wie am Anfang? Und ist Sven dazu da, Anke das Gefühl zu geben, der tollste Mensch zu sein? Dieser Denkfehler ist gar nicht dazu gedacht, erfüllt zu werden, sondern einzig dazu, eine kurze Befriedigung zu erlangen, indem er die eigene falsche Wahrnehmung untermauert.

**Denkfehler Nr. 4: „Ich will das so nicht."**
Leben bedeutet, glücklich zu sein. So und nicht anders will man das.

> Anke: „Nein, das machst du überhaupt nicht. Ich will keinen Mann, der nie da ist, der am Computer spielt und mich beim Essen anschweigt."

Anke wird von Sven nicht bestätigt, also erfolgt der nächste Schritt zur Zündung der Bombe: Abwertung. Was scheinbar so aussieht, als wolle Anke noch einmal durch eine Negativaussage bekräftigen, was sie eigentlich will, zielt dieser Satz lediglich darauf ab, Sven zu bestrafen, dass er sich nicht in Denkfehler Nr. 3 hat verstricken lassen.

**Denkfehler Nr. 5: „Ich will hier raus."**
Und wenn das Leben sich nicht glücklich anfühlt, dann steigt man aus dem Spiel aus. Man verweigert sich. Man lässt sich in gewisser Weise sterben.

> Anke: „Ach, ehrlich? Glaubst du, das weiß ich nicht? Du hörst mir nicht zu. Das hat so echt keinen Sinn mehr. Wir kommen hier einfach nicht weiter. Ich denke, es wäre das Beste, wenn wir uns trennen."

Was kann nach der Abwertung noch kommen? Nur das Ende. Und das leitet Anke hier auch ein. Die ganze Munition ist verschossen, Anke hat ihr Ziel verfehlt und nun steigt sie aus. Getarnt unter einem konstruktiven Gespräch, war Anke zu keiner Zeit bereit, etwas für das Weiterbestehen der Beziehung zu tun. Sie hatte zu Beginn des Gesprächs gehofft, dass Sven sich aufmacht, um ihr zu zeigen, dass er alles tun wird, damit die Beziehung wieder funktioniert, so wie Anke das möchte. Als er das nicht tat (und wir lassen hier außen vor, wie er es tat und was seine Intention wohl gewesen sein mag), wählte Anke den Weg in Richtung Beendigung der Beziehung und damit vermutlich eine Bestätigung gelernter Muster.

In der Yogaphilosophie wird mit dem Denkfehler Nr. 5 die Angst vor dem Ende beschrieben. Es ist die Angst vor dem Tod, in der die Angst vor dem Leben mitschwingt. Und in diesem Fall geht die Angst vor dem Ende der Beziehung einher mit der Angst vor einer wirklichen Beziehung.

## WARUM FALLEN WIR IMMER WIEDER AUF DIE DENKFEHLER HEREIN?

Warum scheinen die Zweifel am Partner oft so schwerwiegend? Warum drängen sich immer wieder Gedanken auf, dass es uns in der Beziehung nicht gut geht? Liegt es wirklich am Verhalten oder an der Person des Partners?

Es können verschiedene Gründe sein, warum es uns in einer Beziehung nicht gut geht. Und natürlich gibt es intolerable Dinge. Es gibt einige Verhaltensweisen des Partners (oder von uns selbst), die wir auf keinen Fall hinnehmen dürfen, wenn wir nicht ihm oder uns oder vielleicht sogar einer ganzen Familie schaden wollen. Einige Dinge sind nicht diskutierbar (siehe dazu auch „Wann ist es Zeit, sich zu trennen?" auf Seite 192). Trotzdem muss dann nicht sofort eine vollständige Trennung folgen. Man kann den Punkt, an dem es nicht mehr weitergeht, klar benennen, und zumindest einer der Partner muss sofort mit dem problematischen Verhalten aufhören und sich Hilfe suchen, um weiteres verletzendes Verhalten zu vermeiden. In der Regel besteht dann auch für den anderen Partner Handlungsbedarf, denn bei genauerem Hinsehen wird oft klar, dass nicht nur ein „Täter" im Raum ist. Es sind eigentlich immer zwei. Oft fällt es gerade dem Partner, der sich eher in der Opferrolle befindet, besonders schwer, aus toxischen Beziehungen herauszukommen. Wir müssen also zunächst ganz klar sagen: „So geht es nicht weiter." Und dies gibt zunächst Raum dafür, sich Hilfe zu holen, und wenn jeder der beiden durch seine Mauern hindurchbricht, dann hat jede Partnerschaft eine Chance, in der beide bereit sind, alte Muster aufzugeben.

Es gibt auch weniger explosive, aber trotzdem wichtige Gründe für Unzufriedenheit und Zweifel an der Beziehung. Diese können und müssen wir genauso mitteilen. Wenn unser Partner etwas tut, das uns stört, sagen wir ihm das. Es ist dann seine Sache, wie er darauf reagiert, und unsere Sache, wie wir darauf reagieren. Es kann sein, dass uns manches so sehr am Herzen liegt, dass wir dafür sogar die Beziehung beenden würden. Wenn wir allerdings schließlich vor der Alternative stehen, einen bestimmten Zustand oder ein bestimmtes Verhalten anzunehmen oder deswegen die Partnerschaft zu verlassen, dann relativiert sich oft das Gewicht, das wir auf bestimmte Dinge gelegt haben.

Ein einfaches Beispiel: Wenn mein Partner raucht und mich das stört, dann muss ich es ihm sagen. Ich kann sagen: „Ich möchte grundsätzlich nicht, dass du rauchst." Wenn er darauf antwortet, dass er weiterhin rauchen möchte, dann ist das seine Entscheidung. Jetzt bin ich wieder an der Reihe. Wenn ich grundsätzlich nicht mit jemandem zusammen sein möchte, der raucht, dann muss ich die Konsequenzen ziehen und die Beziehung verlassen, sonst würde ich mir selbst gegenüber nicht treu sein. Ich möchte nun einmal einen nichtrauchenden Partner, habe aber einen rauchenden. Ich kann mich andererseits natürlich auch dafür entscheiden, dass mir die Partnerschaft wichtiger ist als das Rauchen oder Nichtrauchen meines Partners. Wenn ich diese Entscheidung einmal getroffen habe, dann muss ich sie nicht immer wieder neu aufrollen. Das bringt meinem Partner Freiheit und mir auch. Genauso kann mein Partner sich wiederum entscheiden, mit dem Rauchen aufzuhören, weil er weiß, dass ich sonst die Partnerschaft beenden werde. Wenn es ihm wichtiger ist, mit mir zusammen zu sein, als die Freiheit zu rauchen zu haben, dann trifft er seine Entscheidung entsprechend und sorgt selbst dafür, mit dieser Gewohnheit aufzuhören. In all diesen Fällen gibt es nachher keine weiteren Vorwürfe, weil es freie eigene Entscheidungen waren, zu gehen oder zu bleiben.

Theoretisch müssten also nach einer gewissen Phase des Zusammenlebens in einem relativ überschaubaren Rahmen alle Dinge geklärt sein. Praktisch sieht es jedoch anders aus. Es gibt immer wieder Kleinigkeiten, die uns weiterhin stören, oder wir haben bestimmte Dinge doch nie wirklich anerkannt. Und diese „Kleinigkeiten" können sich nach und nach ansammeln und manchmal ganz plötzlich zu einer reißenden Flut werden, die alle Dämme bricht. Was passiert da?

In Zeiten, in denen wir zweifeln und in denen wir unseren Denkfehlern nachgehen, werden auch unsere Gefühle durch diese Gedanken beeinträchtigt. Wenn das länger andauert, sinkt unsere Stimmung, und unsere Sicht auf die Partnerschaft wird zunehmend negativ („So will ich das nicht mehr" = „Ich will das so nicht" + „Ich will hier raus"). Das muss nicht lange anhalten, aber unser Gehirn merkt sich diese Gedanken, die während der negativen Stimmung präsent waren. Das geht in der Regel vorbei, und wir fühlen uns wieder gut mit dem Partner. Die Stimmung steigt wieder, und die Trennungsgedanken verschwinden ebenfalls. Wir sehen die Partnerschaft wieder positiv.

Die Verbindung zwischen unseren Gedanken und der negativen Stimmung lauert jedoch trotzdem weiterhin unbemerkt im Hintergrund. Wenn nun aus irgendwelchen Gründen wieder Unzufriedenheit aufkommt, dann werden auch die bereits gemachten Denkfehler wieder vom Gehirn aktiviert. Die Auslöser selbst können minimal sein. Im Rückblick sind sich beide Partner oft einig, dass es sich bei den Auslösern nicht um Kritikpunkte handelte, die wirklich relevant waren oder gar eine Trennung rechtfertigen würden. Aber weil die Grundstimmung schon gesunken war, holte das Gehirn die zu der Stimmung passenden Muster an Denkfehlern aus dem Keller. Die Spirale begann nun von Neuem: Die Zweifel an der Beziehung kommen auf. Unser kritischer Geist, der uns in vielen Situationen ein unschätzbar wertvoller Ratgeber ist, meldet sich zu Wort und produziert Denkfehler Nr. 1: „Ich weiß Bescheid". Schlechte Gefühle sind ein Zeichen von drohender Gefahr. Also rollt Denkfehler Nr. 2 heran: „Es geht um mich". Wir beginnen zu überlegen, was wir brauchen, um wieder glücklich zu werden. Das machen wir meist mit dem eingefahrenen Denkfehler Nr. 3: „Ich will das so". Wir untersuchen mit unserem kritischen Geist auch, was wir nicht wollen. Hierbei hat sich Denkfehler Nr. 4 bestens bewährt: „Ich will das so nicht". Wenn jetzt der Partner nicht vollständig einknickt und zur Puppe wird, die alle unsere Wünsche befriedigt, dann endet die Spirale schließlich in Denkfehler Nr. 5: „Ich will hier raus!".

Wenn wir bemerken, dass wir an unserer Partnerschaft zweifeln, dann kann es also sein, dass wir in Wirklichkeit gar nicht unseren Partner meinen, sondern dass unsere Gedanken sich aus einer Stimmung heraus verdunkelt haben, die vielleicht – aber nicht unbedingt – etwas mit der Beziehung zu tun hat. Aus diesem Grund ist die Erkenntnis, dass in unserem Gehirn die Verbindung zwischen negativen Gefühlen und den Denkfehlern ständig erhalten bleibt – selbst in Zeiten, in denen wir uns gut und sicher fühlen –, so wichtig. Wenn wir uns über diesen Kreislauf, der jederzeit neu beginnen kann, im Klaren sind, dann können wir das Gegenmittel zu den Denkfehlern benutzen. Es bedeutet, dass wir kleine Auseinandersetzungen und milde Streitereien ernst nehmen müssen. Wir müssen lernen, in diesen Phasen wieder aktiv Wege zueinander hin zu nehmen. So wie ein Baum viele Wurzeln hat, gibt es auch in einer Partnerschaft viele Bereiche, in denen wir etwas für uns – und den Weg zum anderen – tun können.

## HINEIN INS VERGNÜGEN

Der Ausweg beginnt damit, dass wir lernen, uns selbst wirklich zu erforschen. Der Grund, warum nicht nur unsere Beziehungen uns manchmal unerfüllt erscheinen, sondern oft auch viele andere Bereiche unseres Lebens, liegt meist darin, dass wir uns selbst einfach zu nah sind, um uns wirklich zu erkennen. Wir maskieren uns nicht nur vor anderen. Wir verstecken uns auch oft genug vor unserem eigenen Schmerz. Und deshalb können wir uns manchmal gar nicht mehr als Experten für uns selbst bezeichnen. Wir können das erst wieder werden, wenn wir aufhören, uns durch die Denkfehler, die Besitz von uns ergreifen, selbst im Weg zu stehen.

Die erste Strategie, die wir meistens anwenden, wenn wir mit etwas unzufrieden sind, ist, nach einer Lösung zu suchen. Wir überlegen, wie wir wieder näher an den Zustand herankommen, in dem wir sein wollen. In einer Partnerschaft kann das aber ein katastrophaler Kreislauf werden. Wenn wir bemerken, dass wir unzufrieden sind, dann ist es damit noch nicht vorbei, dass wir es bemerkt haben. Wir denken auch, dass das nicht so sein sollte, und machen dann einen Schuldigen aus. Egal, ob wir uns selbst oder dem anderen die Schuld geben: Es führt zu noch größerer Frustration. Wir mögen uns dann zwar noch an unseren Wunsch erinnern, glücklich zu sein, aber was passiert in unserem Kopf, wenn wir denken: „Ich müsste glücklicher sein"? Wir werden noch unzufriedener und sehen eine noch größere Kluft zwischen unserer Beziehung, wie wir sie wahrnehmen, und unserer Vorstellung davon, wie sie sein sollte.

Statt durch unseren kritischen Geist weiter in diese Spirale zu geraten, können wir uns im Kontakt mit den Menschen, mit denen wir leben, und auch mit den Menschen, mit denen wir arbeiten, für eine andere Strategie entscheiden. Wir widmen uns dafür einem oder mehreren der „Spielfelder" unserer Persönlichkeit. Wir begeben uns in die Rolle des Beobachters – und schauen uns von da aus unser Denken, unser Fühlen und unser Handeln an.

# DIE SPIELPLÄTZE DER LIEBE

Wir haben gesehen, wie kraftvoll Denkfehler sich in der Beziehung festsetzen können und wie diese das Beziehungsgeschehen dann prägen, ob als einzelnes Phänomen oder gleich als ganzer „Zerstörungsreigen".

Um sich bereit für die Liebe zu machen oder bereit für die Liebe zu sein, brauchen wir einen Nährboden, der uns helfen kann, Denkfehlern eigenverantwortlich und selbstbewusst zu begegnen. Denn wir sind mehr als unsere Denkfehler. Wir verfügen über Fähigkeiten jenseits des Denkens, die uns helfen, uns auf uns zu besinnen. Das sind unsere Stärken und Qualitäten, mit denen wir rechnen können, und das sind unsere Schwächen, die uns zeigen, wo wir wachsen können. Deswegen sind die „Spielplätze der Liebe" nicht nur die Themenbereiche unserer Beziehungen, in denen wir Denkfehler ausleben, sondern auch unsere Persönlichkeitsfelder.

Und sich bereit für die Liebe zu machen, bedeutet in den meisten Fällen, auf seinen eigenen Spielplätzen zu schauen. Denn in dieser Fähigkeit zur Selbsterforschung liegt ein wichtiger Teil der Kunst und auch der Chance einer partnerschaftlichen Liebesbeziehung, die uns nährt und wachsen lässt.

## DU BIST SCHULD!

Stößt man in der Partnerschaft auf ein Problem, kann man sich in den meisten Fällen ziemlich sicher sein, dass dieses Problem weniger mit der Partnerschaft zu tun hat als mit einem selbst. Doch meistens entscheiden wir uns in Konfliktsituationen in der Liebe zunächst für eine der beiden folgenden Perspektiven: Entweder gehen wir davon aus, dass der Partner die Ursache des Konfliktes ist (Variante A), oder wir entscheiden uns dafür, dass es die Partnerschaft selbst ist, die zum Unglück führt (Variante B). Auch wenn der zweite Weg auf den ersten Blick danach aussieht, als übernähme man zumindest teilweise Verantwortung, so ist es doch eher ein geschickter Versuch, von sich abzulenken, indem man proklamiert, dass die Verantwortung im Außen liege. Denn zögen wir die Möglichkeit in Betracht, dass der Konflikt auf einen Prozess hindeutet, den wir in erster Linie mit uns selbst ausmachen müssen, würden wir uns ja tatsächlich verändern müssen. Und damit das nicht passiert, hat der Geist viele Strategien entwickelt, dieses Szenario zu unterbinden. Zum Beispiel redet man sich ein, dass man klein beigäbe oder sich dominieren ließe, wenn man anerkennte, dass der andere oder die Beziehung nicht das Übel sind, sondern vielleicht eher unsere Sicht auf die Dinge (Denkfehler Nr. 1). Denn den eigenen Standpunkt aufzugeben ist wie ein kleiner Tod – kann man sich doch nicht sicher sein, dass sich hinter dem Standpunkt nicht noch etwas anderes verbirgt (Denkfehler Nr. 5). Dem liegt die Annahme zugrunde, dass wir die Summe unserer Standpunkte seien. Diese Annahme lässt keinen Raum für andere Möglichkeiten und macht uns deshalb klein und drängt uns in die Ecke. Seinen Standpunkt aufzugeben kann aber auch Erinnerungen wachrufen, in denen man das bereits getan hat und es sich dann nicht so entwickelt hat, wie man es wünschte, sondern man stattdessen ausgenutzt oder enttäuscht wurde. Das heißt, wir haben damals mit dem Standpunkt auch uns selbst aufgegeben. Es können sich als Gegenwehr Gedanken auftun wie „Es kann ja wohl nicht nur an mir liegen. Ich lasse mich nicht unterkriegen" oder „Das habe ich mir schon zu oft zugemutet".

Diese Sätze haben auch ihre Relevanz und sind in sich vermutlich auch richtig, nur werden sie meistens zum falschen Zeitpunkt aus den falschen Gründen aktiv. Nämlich nicht deshalb, weil man sich behaupten und schützen möchte, sondern weil man alles tut, um zu vermeiden, durch den Verlust der eigenen Standpunkte zu „sterben". Diese Unterscheidung ist auf dem Weg, sich für die Liebe bereit zu machen, elementar. Sie basiert auf den Fragen: Gebe ich nur einen Standpunkt auf und weiß, dass ich mehr bin als das, was ich zu vertreten glaube? Oder gebe ich mich mit dem Standpunkt gleich mit auf, weil ich denke, nur aus Standpunkten zu bestehen? Im letzteren Fall ist es leicht nachzuvollziehen, warum wir damit Probleme haben anzuerkennen, dass wir uns irren – weil es sich anfühlt wie ein kleiner Tod.

Denkfehler Nr. 5 ist einer der stärksten Antriebe, sich vor diesem freien Fall ins Ungewisse zu schützen. Durch *Abhinivesha* halten wir fest, nicht nur an unserem Leben, an Besitz oder an Menschen, sondern vor allem auch an Glaubenssätzen, besonders an solchen, von denen wir annehmen, dass sie uns als Mensch ausmachen.

Gehen wir zurück zu der Konfliktsituation und den Entscheidungsmöglichkeiten. Wählen wir Variante A, bei der der Partner verantwortlich ist, müssen nicht wir uns ändern, sondern der Partner. Es droht keine Gefahr für unser Überleben, für den Erhalt des von uns aufgebauten Ichs; vorausgesetzt der Partner ändert sich gemäß unseren Wünschen. Die Situation sieht dann natürlich anders aus, wenn der Partner im Konflikt äußert, dass er seine Schwäche sehe und nun auf eine bestimmte Weise damit umgehen wolle, die uns aber nicht behagt. In diesem Fall hätte Variante A nur kurzzeitig für einen Zwischensieg gesorgt, und die in der Pipeline befindlichen Denkfehler machten sich bereit für die nächste Runde.

Bei Variante B ist es ähnlich: Indem wir die Partnerschaft oder die äußeren Umstände (Stress, Lebenssituation etc.) verantwortlich machen, geben wir die Verantwortung ebenso ab. Denn selbst wenn wir sagen, dass wir einen Anteil daran haben, dass wir in diese oder jene Situation geraten sind, ist und bleibt es immer noch die Situation, die verantwortlich ist. So können wir in unserer Komfortzone bleiben, und dies sogar mit einer sehr viel weißeren Weste, als wenn wir Variante A gewählt hätten. Gerade deshalb wählen wir so oft diese Möglichkeit. Viele Paartherapien scheitern genau daran, dass sich einer oder sogar beide Partner in dieser Zone eingerichtet haben, sich augenscheinlich bewegen, aber eigentlich stillstehen und ein wenig Effekthascherei betreiben, indem hier oder da ein Kompromiss geschlossen wird.

Haben sich beide Partner dort eingerichtet, wird eine Therapie nur dann helfen, wenn der Therapeut mutig genug ist, diese Allianz rund um den Denkfehler Nr. 5 – *Abhinivesha* – zu durchbrechen. Denn wenn wir uns fragen, was sich mehr nach Ende anfühlt – ein Aufgeben des eigenen Standpunktes oder eine Beziehung, die sich in Kompromissen und Bewegungslosigkeit eingerichtet hat –, werden wir die Antwort schnell wissen. Und falls wir nicht selbst darauf kommen, wird uns entweder der Partner oder werden wir uns selbst zeigen, wo wir stehen. Es ist dann meist so, dass im Namen der Lebendigkeit Affären begonnen werden, sobald sich im Außen die Gelegenheit dazu bietet, oder Trennungen zugunsten eines passenderen Partners erfolgen, der uns „wieder lebendig macht". Es lässt sich festhalten, dass der Denkfehler der falsch verstandenen Selbsterhaltung, indem man an falschen Glaubenssätzen hängt, zwangsläufig zum Ende führt, statt davor zu bewahren, wie eigentlich intendiert.

## BEI SICH SELBST ANFANGEN

Worum geht es also? Zunächst darum, vor seiner eigenen Tür zu kehren und den Mut zu haben, sich in seinem falschen Ego (*Asmita*, Denkfehler Nr. 2) komplett demontieren zu lassen. Und dies möglicherweise sogar vom eigenen Partner, also der Person, der man in einer Konfliktsituation alles wünscht, nur nicht die Position, einen zu dekonstruieren. Es sei an dieser Stelle betont, dass wir nicht die Selbstaufgabe damit meinen. Ganz im Gegenteil entsteht plötzlich Raum, wenn wir unser falsches Ich bröckeln sehen, Raum dafür, dass etwas anderes in uns aufsteht. Und das, was da aufsteht, kommt aus dem Besten in uns und ist das, was wir Selbst nennen können.

Es ist erstaunlich zu sehen, wenn man sich auf dieses Experiment einlassen möchte, mit welcher Kraft dieses Selbst dann in uns aufsteht und wie viel Leben wir dann spüren können. Es erwartet uns also genau das Gegenteil dessen, was wir erwartet haben. Wir erwarten, dass wir uns leer fühlen, gedemütigt vielleicht, am Boden. Was wir aber erleben können, ist etwas ganz anderes: Wenn wir den Mut haben, uns an der richtigen Stelle mit den richtigen Motiven komplett infrage stellen zu lassen, dann eröffnet sich die Möglichkeit, uns selbst in einer Art und Weise zu begegnen, die wir bisher noch nicht kannten.

Sie mögen sich fragen: Kann man das nicht mit sich selbst abmachen? Braucht es dazu den Partner? Und braucht es dazu einen Konflikt? Sich selbst zu konfrontieren ist eine gute, aber leider auch eine eingeschränkte Sache, weil wir unsere blinden Flecken nicht sehen können. Und häufig ist der Mechanismus der Vermeidung schon so weit vorangeschritten, dass wir uns gerade da ganz sicher sind, eine bestimmte Situation ganz richtig einzuschätzen, wo das komplette Gegenteil zutrifft. Bei unserem Partner oder unseren Freunden können wir die blinden Flecke meist sehr viel leichter erkennen, wenn diese neben sich stehen und dennoch behaupten, es sei alles in Ordnung. Bei uns selbst brauchen wir den anderen. Auch Meditation kann hier nur bedingt weiterhelfen. Sie öffnet unsere Bereitschaft zur Selbsterforschung und zeigt uns, dass es unter dem falschen Ich eine ganz andere Instanz gibt, aber sie kann uns nicht zeigen, wo wir uns verstecken. Meditation und auch Yoga bezeichnen wir deshalb als Wege, um zu lernen, uns zu beobachten, uns selbst anzuschauen, klarer zu sehen und uns dadurch bereit zu machen, uns von dem anderen sehen zu lassen (mehr dazu ab Seite 205).

Doch wo fangen wir an? Wo können wir uns selbst beobachten, und wo können wir uns von anderen sehen lassen? Unsere Persönlichkeit scheint, geprägt durch unsere Herkunft, unsere Erziehung, unsere Erfahrungen, unendlich viele Facetten zu haben. Weil es scheinbar ein nicht greifbares Unterfangen ist, halten wir uns oft an einzelnen Handlungen auf, die wir analysieren. Wir schauen dann, warum wir etwas Bestimmtes so und nicht anders gemacht haben. Wir ziehen Erklärungen hinzu, um dies zu beantworten, oder behandeln einzelne Symptome dessen, was wir herausgefunden haben. Das ist mit Selbstbeobachtung nicht gemeint, denn die Fragen danach, warum und wie wir etwas konkret ändern können, führen von dem entscheidenden Gefühl der Ohnmacht weg in Welten der Erklärungsmodelle und Veränderungsmaßnahmen. Diese sorgen jedoch meistens dafür, dass sich nichts

Grundlegendes ändert, weil die Erklärung einer Situation und die Maßnahme zu deren Veränderung dabei vor die Erkenntnis gesetzt werden.

Mit Erkenntnis ist hier der Prozess gemeint, der sich einstellt, wenn man in der reinen Beobachtung bleibt und die Stille darin aushält, bis sich ein Raum öffnen kann, der spürbar im Körper etwas aufbricht und uns den Zugang zu uns selbst bahnt. Diese Form des Beobachtens kann man lernen.[7] Es geht im Großen und Ganzen darum, sich neben sich zu stellen und ganz neutral und ohne Bewertung oder Hypothesen zu beschreiben, was man sieht. Dass dies vielen Menschen so schwerfällt, liegt unter anderem daran, dass wir verlernt haben, uns anderen und uns selbst zuzumuten. Wir wollen lieber schnelle Erklärungen und schnelle Lösungen finden, damit wir nicht aushalten müssen, dass wir uns unzulänglich fühlen. In gewisser Weise ist dies ein Teufelskreis, der immer am Kern der Sache vorbeizieht. Würden wir in dieser Haltung des Beobachters die Stille einfach einmal aushalten, dann würden wir uns gar nicht mehr unzulänglich fühlen müssen. Denn in der Akzeptanz, dem völligen Annehmen unserer selbst, liegt unsere Schönheit und paradoxerweise auch das eigentliche Wachstum.

Nun kann man sich vielleicht schon vorstellen, wie wunderschön das sein kann, wenn nicht nur wir uns selbst erlauben, uns zu sehen, sondern auch unser Partner uns sehen darf und wir unseren Partner sehen. Doch der Weg führt zunächst über uns. Wenn wir von unserem Partner verlangen, dass er sich „nackt macht", ohne dass wir das Gleiche tun, und gleichzeitig von ihm erwarten, dass er uns sieht, ohne dass wir uns selbst „nackt gemacht" haben und uns gesehen haben, haben wir nicht viel gelernt. Dann ist es so, als erwarteten wir, dass jemand anders für uns eine Aufgabe erfüllt, die wir nur selbst erfüllen können.

7 Techniken dafür finden Sie im Anhang, u.a. unter „Denkfehler-Meditation".

## SIEBEN AUF EINEN STREICH

In der Yogapsychologie wird die Persönlichkeit in sieben Bereiche unterteilt. Diese Bereiche lassen sich den sieben Chakras, die auch als Energiezentren bezeichnet werden, zuordnen und machen es uns möglich, die Felder unserer Beobachtung einzugrenzen und in einen sinnvollen Kontext zu setzen – einen Kontext von Stärken und Chancen. Wir können anhand dieser Bereiche üben, uns selbst infrage zu stellen und uns selbst zu beleuchten. Gleichzeitig schulen wir die Fähigkeit, unseren Blick bewusst zu lenken – weg vom Vorwurf hin zum Phänomen. Auf diese Weise erlangen wir Kenntnis über uns selbst, soweit dies mit unseren blinden Flecken möglich ist, und erlernen eine Sichtweise, die es möglich macht, den Partner so zu spiegeln, dass er seine blinden Flecke sehen kann. Das Wichtigste hierbei ist vermutlich, dass wir üben, Selbstanklage und Fremdvorwürfe aus unserem System weitgehend zu eliminieren. Dies ist neben der Erforschung selbst ein wichtiger Schritt, sich für die Liebe bereit zu machen.

In der Weisheitslehre des Yoga geht man davon aus, dass alle Menschen über die gleichen Felder der Persönlichkeit verfügen. Es sind uns also alle hier aufgeführten Spielfelder mehr oder weniger vertraut. Doch einige davon werden mehr in uns auslösen als andere. In den klassischen Yogaschriften wird gesagt, dass es meist zwei dieser sieben Felder sind, mit denen wir uns gut aufgestellt fühlen und wo wir die meisten Ressourcen haben. Es sind Felder, auf die wir immer wieder zurückgreifen können. Und es heißt, dass jeder Mensch in jedem Feld zu tun hat. Die Felder der Stärken sind also nicht diejenigen, die wir uns nicht anschauen müssten, meistens sogar eher im Gegenteil. Es bleibt also in gewisser Weise für alle das gleiche Spiel, und für alle gelten die gleichen Regeln. Und auch in einer Paarbeziehung ist es selten so, dass einer der Partner besser aufgestellt ist als der andere, auch wenn wir das meistens anders sehen.

## DIE SIEBEN SPIELFELDER IM ÜBERBLICK

### SPIELFELD NR. 1: VERTRAUEN

*Besitz, Familie, Geld, Gesundheit, Job*

THEMA: Hier steht die Sorge um Sicherheit im Vordergrund. Die Gedanken und Themen kreisen um die persönliche oder familiäre Absicherung. Es geht darum, Besitz und Geld zu vermehren und „den Standard zu halten". Vieles dreht sich um die Planung der Zukunft bis ins kleinste Detail.

FRAGEN ZU DEN PERSÖNLICHKEITSANTEILEN: Strahlen wir Sicherheit aus und sind für uns und andere der Fels in der Brandung? Oder sind wir verschreckt und ängstlich auf der Suche nach dem verlorengegangen Urvertrauen? Treten wir in Konfliktsituationen gelassen auf? Ergreifen wir, wenn es brenzlig wird, ängstlich und verstört die Flucht oder greifen wir gar aggressiv an, um zu bewahren, was noch zu bewahren ist?

POLE: Stabilität/Geborgenheit <—> Angst/Aggression

## SPIELFELD NR. 2: SINNLICHKEIT

*Sexualität, Gefühle, Humor, Freizeit, Ernährung*

THEMA: Dieses Spielfeld hat mit den Sicherheiten des Lebens wenig zu tun. Hier dreht sich alles um den Genuss und darum, es sich gut gehen zu lassen. Freude an der Sexualität und/oder an anderen Vergnügungen prägt diesen Lebensbereich. Der Grat zwischen Untertreiben und Übertreiben ist auf diesem Feld besonders schmal.

FRAGEN ZU DEN PERSÖNLICHKEITSANTEILEN: Genießen wir das Leben oder verbieten wir es uns, das Leben zu genießen? Sind wir in unserem Genuss weitsichtig genug, uns nicht davon ablenken und dahintreiben zu lassen, oder stürzen wir uns immer wieder Hals über Kopf hinein? Wie ist es um unsere Fähigkeit bestellt, in Freude und Stille zu genießen?

POLE: Genuss/Freude <—> Sucht/Schuld

## SPIELFELD NR. 3: DYNAMIK

*Karriere, Politik, Sport, Partnerschaftsstrukturen, Lebensplanung*

THEMA: Das Hauptaugenmerk in diesem Spielfeld liegt auf dem Initiieren und Umsetzen von Projekten, Aufgaben und Ideen. Es geht darum, Dinge erfolgreich durchzuführen und zu Ende zu bringen, um das Selbstbewusstsein zu stärken und die eigene Position zu stärken.

FRAGEN ZU DEN PERSÖNLICHKEITSANTEILEN: Nehmen wir die Dinge tatkräftig und geplant in die Hand? Oder schießen wir enthusiastisch und ohne Rücksicht auf Verluste nach vorne? Agieren wir aus einer stabilen Mitte heraus? Oder wollen wir unsere Mitte durch Aktionen im Außen stabilisieren?

POLE: Vitalität/Tatkraft <—> Lethargie/Macht

## SPIELFELD NR. 4: MITGEFÜHL

*Freundschaft, Gemeinschaft, Ethik, soziales Engagement, Kinder*

THEMA: Im Zentrum dieses Bereichs steht, sich um andere zu bemühen. Man möchte, dafür zu sorgen, dass jeder das hat, was er zum Leben braucht, dass Mitgefühl in der Welt den höchstmöglichen Stellenwert einnimmt. Die Tatsache, dass viele Menschen, einschließlich man selbst, oft nicht mitfühlend behandelt werden, macht dieses Spielfeld auch zu einem Platz von Enttäuschung und Überforderung.

FRAGEN ZU DEN PERSÖNLICHKEITSANTEILEN: Haben wir gelernt, für uns selbst zu sorgen? Oder stehen eher die Bedürfnisse anderer im Vordergrund? Stehen sie im Vordergrund, weil wir uns dahinter verstecken können oder weil wir uns selbst wertlos fühlen? Oder sorgen wir vielleicht für andere, weil wir dadurch Macht über sie aufbauen und sie an uns binden können?

POLE: Zuwendung/Verbundenheit <—> Abgrenzung/Selbstaufgabe

## SPIELFELD NR. 5: KOMMUNIKATION

*Freundschaftliche und geschäftliche Beziehungen, Medien, Kultur, Alltagsabwicklung, Netzwerke*

THEMA: Der Austausch mit anderen steht im Vordergrund – Informationen sammeln, weitergeben und die Kommunikation als Wert behandeln, der zum einen zwischenmenschliche Verbindungen schafft, aber auch die globale Vernetzung fördert. Große Bekanntenkreise und Geschäftsbeziehungen sind prägende Bestandteile dieses Spielfeldes.

FRAGEN ZU DEN PERSÖNLICHKEITSANTEILEN: Können wir uns klar ausdrücken, ohne dabei jemanden zu verletzen? Verstummen wir aus Angst, uns zeigen zu müssen? Oder nutzen wir unsere Eloquenz, um durch unsere Worte Realitäten zu schaffen, die unseren Interessen dienen?

POLE: Klarheit/Präsenz <—> Rückzug/Rigidität

## SPIELFELD NR. 6: VISION

*Lebensplanung, Wissenschaft, Bildung, Weltgeschehen, Spiritualität*

THEMA: Intellekt und Intuition gehen hier Hand in Hand. Antizipation und logisches Denken gestalten dieses Spielfeld. Das Denken ist einerseits vorherrschendes Prinzip, anderseits besteht aber auch die Gewissheit, dass nicht alles unserem Denken obliegt. Die innere Führung und größere Zusammenhänge erhalten hier eine besondere Bedeutung.

FRAGEN ZU DEN PERSÖNLICHKEITSANTEILEN: Haben wir die Fähigkeit zu antizipieren und Dinge zu erahnen? Oder haben wir nur wenig Zugang zu unserer Inspiration und Intuition? Und wenn wir die Fähigkeit haben: Wie setzen wir sie ein? Um uns zu „verflüchtigen" oder um uns durch weise Voraussicht eine Sicherheit zu kreieren, die wir an anderer Stelle vielleicht nicht spüren?

POLE: Intuition / Weisheit <—> Ignoranz / Größenwahn

## SPIELFELD NR. 7: TRANSZENDENZ

*Philosophie, Weltanschauung, Spiritualität, Menschenbild, Religion*

THEMA: Auf diesem Spielfeld verlässt man die materielle Ebene. Ziel ist es, das Unveränderliche in allem zu sehen. Man kann sich eines größeren Potenzials bewusst werden und über sich hinauswachsen. Allerdings besteht hier auch die Gefahr der Entfremdung von der Welt.

FRAGEN ZU DEN PERSÖNLICHKEITSANTEILEN: Stehen wir über den Dingen, um nichts mehr mit ihnen zu tun haben zu müssen? Oder verfügen wir über eine Weitsicht in Bezug auf Zusammenhänge des Lebens, die uns frei und friedlich leben lässt?

POLE: Über-sich-Hinauswachsen / Einheit <—> Flucht / Auflösung

## DIE DYNAMIK

Jedes Spielfeld hat grundsätzlich zwei Pole: einen Pol, der sich in einem Feld der Stärken bewegt, und einen Pol, der das Feld der Gefahren integriert. Diese beiden Pole, die sich nicht selten durch ihre Komplexität wiederum in vielschichtige Bedeutungsfelder aufteilen, äußern sich nicht nur in Stimmen und Dialoge, die wir in uns selbst wahrnehmen, sondern sie treten nicht selten auch in Dialogen zutage, die wir mit unserem Partner führen. In Konfliktsituationen verhält es sich meist so, dass der eine Partner mehr an dem einen Pol und der andere näher an dem anderen Pol steht. Auch wenn es sicher persönlichkeitsbezogen jeweils bestimmte Ausprägungen gibt, die sich charakteristisch wiederholen und die wir dann als Rollen in der Beziehung definieren, ist es uns an dieser Stelle doch ganz besonders wichtig, darauf hinzuweisen, dass diese Ausprägungen wechseln, sowohl in Bezug auf die unterschiedlichen Spielfelder als auch innerhalb eines Spielfelds.

Es wäre an dieser Stelle nicht in unserem Sinne zu behaupten, dass ein Partner immer Variante A einnimmt und der andere Partner Variante B. Das Spannende ist nämlich – und deswegen nennen wir diese Bereiche der Persönlichkeit auch Spielfelder –, dass sich die Positionen ändern und wechseln können. Wären sie statisch, dann könnten wir fast auf die Technik der Denkfehler verzichten, da wir dann immer wüssten, was wir zu erwarten haben. Doch unsere Systeme verändern sich und sind dadurch so schwer zu durchdringen, dass man manchmal gar nicht mehr weiß, wer eigentlich gerade wo steht.

Sie sehen das möglicherweise aus Ihrer Erfahrung genau andersherum: Die meisten Konflikte entstehen gerade wegen der festgefahrenen Positionen. Wir wissen, wie der andere „tickt", und sind frustriert darüber, dass es sich wohl nie ändern wird. Doch wie wir im Kapitel zu den fünf Denkfehlern oben schon beschrieben haben, liegt hier der größte Denkfehler und auch die Stelle, die in unserer komplexen Konfliktkultur am meisten unterschätzt wird. Beobachtet man ein Paar von außen beim Streiten und lässt sich für einige Sekunden einmal nicht blenden von den scheinbar festgefahrenen Mustern, die beide an den Tag legen, können wir zusehen, wie zwei äußerst geschickte Spieler immer wieder, sobald es brenzlig wird, ihre Position verändern und, sobald einer merkt, dass der andere seine Position verändert, darauf reagieren. Das Argument, dass sich die Fronten aufgrund der Unterschiedlichkeit verhärtet haben, verliert damit seine Dramatik und seine Relevanz. Es ist ein Tanz der Positionen, der zeigt, wie wandlungsfähig wir eigentlich sind. Im Konflikt zeigen wir uns in Höchstform in Bezug auf unsere

Wandelbarkeit. Und wenn wir an diesem Punkt beginnen, etwas dafür zu tun, dass wir uns begegnen, anstatt uns einander weiter zu entfremden, dann haben wir sehr gute Karten.

## SICH SELBST BERUHIGEN

Wie oben schon kurz beschrieben, gibt es neben den Themen eines Spielfeldes, wie zum Beispiel Sicherheit, Sexualität oder Lebensplanung, auch bestimmte Persönlichkeitsanteile, die darin eine Rolle spielen. Wir nennen diese hier „Persönlichkeitsfelder". Diese Persönlichkeitsfelder sind in sich vielschichtig und bauen außerdem aufeinander auf, wenn es darum geht, sich selbst zu beruhigen. Die Geschichte ist rasch erzählt:

Wie soll ich mich hingeben, sinnlich sein und loslassen (Spielfeld Nr. 2), wenn ich Angst habe und nicht vertrauen kann (Spielfeld Nr. 1)?

Und wie kann ich erleben, dass meine Vitalität und Dynamik genährt wird (Spielfeld Nr. 3), wenn ich Angst und Scham empfinde? Da liegt es nahe, dass ich in einem Konflikt, in dem es um das Umsetzen eines Projekts geht, ungehalten werde und aus Unsicherheit und wegen mangelnder sinnlicher Erlebnisse Machtgebaren zeige.

Und wie kann man sich mitfühlend zeigen (Spielfeld Nr. 4) und für sich und andere sorgen, wenn man in seiner Dynamik darauf geeicht ist, nur sein unzureichend gestärktes Ich wahrzunehmen (Spielfeld Nr. 3)? In einer solchen Konstellation entwickelt sich dann entweder kein Mitgefühl oder nur eine falsche oder übertriebene Sorge um sich und andere.

Wenn man kein Mitgefühl empfinden kann, das sich aus den unteren Bereichen (= Spielfelder Nr. 1 bis 4) heraus aufgebaut hat, hilft auch die schönste Technik der Kommunikation (Spielfeld Nr. 5) nichts. Denn selbst wenn man zum Beispiel die Technik der gewaltfreien Kommunikation anzuwenden gelernt hat, bleibt doch noch der Ton, der die Musik macht, und die darunterliegende Haltung, die ausschlaggebend ist. Und wenn diese Haltung aus einem Defizit entstanden ist, wird man im Bereich der Kommunikation bei Striktheit und Manipulation enden statt bei sanfter Klarheit.

Folgen wir dieser Logik, können wir jetzt erkennen, dass die Intuition (Spielfeld Nr. 6) nicht unverfälscht sein kann, wenn sie getrieben ist von dem Wunsch, sich selbst auf- oder abzuwerten, statt sich anzuerkennen und bei sich zu bleiben. Größenwahn und Entfremdung sind die Resultate.

Und das Bemühen um Transzendenz (Spielfeld Nr. 7) ist in diesem Falle eher eine Rechtfertigungsstrategie für vorhergehende Unzulänglichkeiten, als dass es uns dazu bringt, über uns selbst hinauszuwachsen.

Diese Vorstellung des dramaturgischen Aufbaus der einzelnen Felder wird besonders dann wichtig, wenn es darum geht, dass wir uns in Konfliktsituationen mit unserem Partner selbst beruhigen müssen, statt vom anderen zu erwarten, dass er das für uns übernimmt. Dafür ist es ratsam, zunächst zu schauen, in welchem Bereich unserer Persönlichkeit wir in Stress geraten.

Haben wir zum Beispiel das Gefühl, nicht genügend Zuwendung und Empathie vom Partner zu erhalten (Spielfeld Nr. 4), ist es wenig sinnvoll, ihm das um die Ohren zu hauen, ohne vorher dafür gesorgt zu haben, dass wir von einer sicheren Basis aus agieren. Und eine sichere Basis zu haben bedeutet in diesem Fall, die vorangegangen Felder anzuerkennen und ihnen Beachtung zu schenken. Man schaut also zunächst, ob man mit beiden Füßen auf dem Boden steht (Spielfeld Nr. 1), und das ist ganz wörtlich gemeint. Wir handeln dann nicht aus unserer Angst heraus, sondern sorgen für einen soliden Boden, der uns nährt und in unserer Existenz bestätigt.

Auf diesem Fundament wird es dann möglich, loszulassen und lockerer zu werden, um sich den wechselnden Situationen des Lebens anpassen und sie vielleicht sogar genießen zu können (Spielfeld Nr. 2).

Aus dieser entspannteren Haltung heraus können wir wahrnehmen, wie die durch die Traurigkeit oder Wut über die fehlende Empathie des Partners entstandene Starre sich auflöst und unsere Vitalität zunimmt (Spielfeld Nr. 3). Wir können wieder das Leben fühlen, das durch unsere Adern fließt und uns Selbstbewusstsein vermittelt.

Von da ist es auf dem Weg zum Herzen nur noch ein kleiner Schritt, und es wird sehr viel leichter, Mitgefühl für uns selbst zu empfinden, weil wir in der Beziehung Defizite haben, und auch Mitgefühl für den Partner zu spüren (Spielfeld Nr. 4), der auch seine Gründe hat, sich nicht genau so zu verhalten, wie wir uns das wünschen.

Und plötzlich sind wir nicht mehr so festgefahren in unserer Erwartungshaltung, und die Worte kommen uns leichter und klarer über die Lippen (Spielfeld Nr. 5). In diesem Verlauf haben wir uns selbst beruhigt, sozusagen von unten nach oben aufgebaut, und können nun das Wichtige vom Unwichtigen unterscheiden. Wenn wir nun unserem Partner aus dieser Haltung heraus sagen, was wir uns wünschen, stehen die Chancen nicht schlecht, dass wir das Gewünschte im Laufe der

Zeit auch immer mehr finden werden, denn der Partner wird nun zwei Möglichkeiten haben: a) die neue Vorgehensweise anzugreifen oder zu boykottieren oder b) diesen friedvollen und fokussierten Weg mitzugehen.

Egal wie der Partner sich dann langfristig entscheidet: Wenn wir auf diesem Weg bleiben, werden wir mit der Zeit immer mehr unserer Intuition (Spielfeld Nr. 6) vertrauen und sie als innere Führung wahrnehmen können, die uns durch die Stürme des Alltags und der Beziehung begleitet. Im Neokortex unseres Gehirns wissen wir dann, dass es wieder an der Zeit ist, uns zu beruhigen, statt vom Hirnstamm, unserem sogenannten Reptiliengehirn, aus zu reagieren und zu explodieren. Und so wird dieses Spielfeld zum eigentlichen Startpunkt der Reise werden, weil wir hier die Information erhalten, ob wir uns selbst gerade verlassen. Sobald sich diese Fähigkeit zu automatisieren beginnt, wird es spürbar, warum wir diese Felder Spielfelder genannt haben. Denn dann nehmen wir wahr, wie vorhersehbar diese Spiele sind und dass wir die Fäden dafür selbst in der Hand haben. Wir sind es, die die Spielregeln festlegen, sie werden uns nicht vom Spiel vorgegeben.

An dieser Stelle können wir über uns hinauswachsen und beginnen zu verstehen, was Transzendenz meint (Spielfeld Nr. 7), um dann diese Erfahrungen immer wieder mit hineinzunehmen, wenn das nächste Spiel ruft und wir wieder gefragt sind, die Persönlichkeitsleiter hinaufzusteigen.

## DIE SPIELREGELN, DIE ES ZU BEACHTEN GILT:

- Wir verfügen alle über die gleichen Qualitäten und Schattenseiten, die sich innerhalb eines Spielfeldes in den unterschiedlichsten Abstufungen zeigen. Diese sind die ganze Zeit aktiv, bei dem einen mehr, bei dem anderen weniger.
- Es ist zu beobachten, dass jeder Partner bestimmte Thematiken (in der Regel ein bis zwei) besonders bespielt und dass es innerhalb dieser Thematiken sehr individuelle Ausprägungen der Persönlichkeitsanteile gibt.
- In unserem Alltag bewegen wir uns innerhalb dieser Spielfelder, mit unseren sich entwickelnden Qualitäten, Schwächen und Potenzialen, wobei jeder Mensch über eine stabile, gesunde Grundausrichtung verfügt.
- Je weiter sich diese Grundausrichtung entwickelt und wächst, desto stabiler fühlen wir uns, und desto sicherer werden wir in der Bewegung innerhalb der Spielfelder und der Spielfelder untereinander.

- Es ist hilfreich in der Partnerschaft, sich der Charakteristika und der Eigendynamiken der unterschiedlichen Spielfelder bewusst zu sein und gleichzeitig zu schauen, in welcher Ecke des Spielfeldes man sich generell aufhält und wo der Partner steht (im Konflikt meistens auf der anderen Seite). In der jeweiligen Konstellation kann man sich dann bewusst werden, dass sich hier zwei Figuren gegenüberstehen, deren Positionen veränderbar sind.
- Betrachtet man die verschiedenen Anforderungen der Spielfelder, die unser Leben prägen, und dazu die Unterschiedlichkeit der Persönlichkeitsfelder, wird deutlich, warum es manchmal so schwer ist, sich und den anderen zu verstehen.
- Das Spannende an den Spielfeldern ist ihre dreifache Bedeutung: 1) Einteilung in Themen, die wir in Beziehungen berühren; 2) Persönlichkeitsanteile, die in uns liegen und uns ausmachen; 3) Dynamiken und mobile Gefüge, die sich aus den jeweiligen Standpunkten der Partner selbst erschaffen. Es geht also nicht nur um zwei konträre Standpunkte, sondern die Themen, die Persönlichkeiten und auch die Strukturen sind in sich mobil und meistens durch unsere Denkfehler gelenkt.
- Neben „Dynamik“ ist „Balance“ ein weiterer Schlüsselbegriff. Alle Spielfelder werden früher oder später in der Beziehung zum Thema werden, und das ist für das Gelingen der meisten Beziehungen auch wichtig, da sich zum Beispiel eine Beziehung, die ausschließlich auf der Gemeinsamkeit in Spielfeld Nr. 1 (Vertrauen) basiert, schnell zu einer Bruder-Schwester-Beziehung entwickeln kann. Zentriert sich die Thematik der Beziehung in einem Feld und beide sind zufrieden, ist das prima. Wird ein Partner jedoch unzufrieden, kann man versuchen, die Situation zunächst innerhalb des Feldes zu klären, oder man kann andere Felder dazu einzuladen.
- Die Spielfelder haben auch untereinander eine Dramaturgie. Während die ersten drei Spielfelder eine recht greifbare Thematik haben, dringen wir mit den letzten vier Feldern immer weiter in subtilere Beziehungsbereiche vor, die immer weniger fassbar werden. Deshalb sind dies auch die Bereiche, in denen sich die tiefer liegenden Beziehungskonflikte zeigen.

Spielfeld
Nr. 1:

# BEREIT FÜR VERTRAUEN

Den Nährboden der Liebe bereiten

# SPIELFELD NR. 1: BEREIT FÜR VERTRAUEN

*Themenbereiche:*
*Besitz, Familie, Geld, Gesundheit, Job*

| **STABILITÄT / GEBORGENHEIT** | **ANGST / AGGRESSION** |
| --- | --- |
| Urvertrauen<br>*„Das geht schon gut."* | Was-wäre-wenn-Szenarien<br>*„Was wäre wenn ..."* |
| Ruhe und Kraft<br>*„Ich vertraue auf meine Kraft."* | Anhäufen und Festhalten<br>*„Ich muss mich schützen."* |
| Versorgermentalität<br>*„Es ist genug für alle da."* | Defizitäres Erleben<br>*„Das reicht alles nicht."* |
| Beschützerinstinkte<br>*„Ich passe auf dich auf."* | Opferrolle oder Wegstoßen<br>*„Rette mich!" / „Geh weg!"* |
| Großzügigkeit<br>*„Ich sorge auch für dich."* | Verlustgedanken oder Geiz<br>*„Das gebe ich nicht her."* |

Das Grundelement dieses Spielfeldes ist die Erde. Sie symbolisiert – wenn wir in diesem Spielfeld gut aufgestellt sind – unsere Sicherheit und unsere Stabilität, denn in der Erde liegen unsere Wurzeln. Fehlt uns auf diesem Spielfeld etwas, dann fühlen wir uns unsicher und führen unser Leben mit einem Gefühl der Angst. Für die Liebe bedeutet dies, dass auch unsere partnerschaftlichen Bemühungen in erster Linie von Unsicherheit und Angst geprägt sind. Schauen wir uns das genauer an:

Auf der körperlichen Ebene zeigt sich die Kraft unserer Wurzeln in unserer Gesundheit. Damit ist zunächst die Gesundheit unseres Organismus gemeint, das heißt, dass wir frei sind von Krankheiten, die uns beschweren. Es beinhaltet auch den Zustand unseres Nervensystems: Wie cool können wir in heißen Zeiten bleiben? Wie entspannt können wir Spannungen begegnen? Und es geht um die Wurzeln unserer seelischen Gesundheit: Wie gut aufgehoben, wie sicher fühlen wir uns in der Welt?

## BERUF UND BEZIEHUNG

Es ist kein Zufall, dass im Zuge der Veränderungen unserer beruflichen Lebensentwürfe auch ein Anstieg der Trennungs- und Scheidungsraten zu beobachten ist. Je mehr Stress unser Körper im Berufsalltag ausgesetzt ist, desto verletzlicher und angriffsbereiter sind wir im Beziehungsalltag.

Unsere Arbeit steht nicht nur in Bezug auf die Zeit, die wir an unserem Arbeitsplatz verbringen, in „Konkurrenz" zur Beziehung. Es ist klar, dass wir in einer 40-bis-50-Stunden-Woche nicht sehr viel Zeit für Partnerschaft und Familie haben. Wer viel Zeit im Job verbringt, muss seinem Partner aber auch zeigen, dass er ihn nicht für weniger wichtig hält. Der Krisenmelder im Gehirn unterscheidet nämlich nicht, ob unser Partner die Zeit mit einer Außenbeziehung oder im Büro verbringt. Er bemerkt nur, dass gemeinsame Zeit fehlt. Das reicht ihm schon, um Alarm auszulösen. Deshalb kann man genauso eifersüchtig auf den Beruf oder die Hobbys des anderen werden wie auf einen anderen Menschen.

Was wenige sich bewusst machen, ist, wie sehr unregelmäßige Arbeitszeiten nicht nur dem eigenen Körper, sondern auch dem ganzen „Beziehungswesen"[8] schaden. Wenn wir keinen regelmäßigen Schlaf haben, werden wir im Laufe der Zeit immer dünnhäutiger. Und da sich in einer Beziehung nicht nur zwei erwachsene Menschen begegnen, sondern immer auch jede Menge unterschiedlicher Persönlichkeitsanteile, treffen sich eben auch unsere inneren Kinder in der Beziehung, die – genau wie jedes andere Kind auch – Verlässlichkeit und Regelmäßigkeit brauchen. Wenn es keine gemeinsamen Rituale und „Häfen" gibt, dann kann es zwar spannend bleiben in der Beziehung, aber auf Dauer wird es anstrengend.

## DIE WURZELN STÄRKEN

Für die Partnerschaft ergibt sich aus der Kraft der Wurzeln beider Partner, wie stabil die Wurzeln der Beziehung sind. Wenn wir für uns selbst gut mit Schwierigkeiten umgehen können und unser Partner das auch kann, dann bekommt das Wesen unserer ganzen Beziehung auch ein stärkeres Fundament. Wenn wir uns selbst

8 Wir verstehen unter „Beziehungswesen" die spezifische Dynamik, die in einer Beziehung zwischen zwei Menschen entsteht.

annehmen können, wie wir sind, dann stellen wir auch nicht so schnell unsere ganze Beziehung infrage.

Es zeigt sich also auch hier wieder, wie sich die Arbeit an der eigenen Persönlichkeit und die „Beziehungsarbeit" wechselseitig beeinflussen. Wer lernt, gut mit sich selbst umzugehen, der ist auch ein Partner, den wir gerne in unserer Nähe haben. Und wer sich nicht wohlfühlt in seiner Haut, der wird es auch schwerer haben, sich langfristig mit jemand anderem wohlzufühlen. Je besser wir unser eigenes Boot steuern können, desto leichter fällt auch die Navigation eines Schiffes für zwei Personen oder gar eines ganzen Familiendampfers.

Es scheint in einer Partnerschaft manchmal so, als ob einer der beiden Partner einen höheren Entwicklungsgrad hätte als der andere. Wer zum Beispiel beruflich und finanziell besser gestellt ist, hat innerhalb der Beziehung meist zunächst die starke Position des „Felsens in der Brandung". Aber auch dem „Starken" in der Beziehung kann es passieren, dass äußere oder innere Faktoren sich ändern und er plötzlich mit seinen eigenen Ängsten konfrontiert wird. Vielleicht spürt er eine bevorstehende berufliche Veränderung und fürchtet nun in Konsequenz auch um seine Beziehung. Wenn er nun meint, etwas verteidigen zu müssen, kann der Partner, der immer als Ruhepol galt, plötzlich auch aggressiv und kämpferisch werden. Dann kann wiederum der andere besonnener erscheinen. Letztlich hatte der „Fels in der Brandung" in dieser Konstellation oft nur die in ihm ruhenden Ängste mit dem Aufbau einer scheinbaren Sicherheit überdeckt.

Wir können in der Regel davon ausgehen, dass sich in einer Beziehung immer zwei Leute treffen, die ähnliche Themen zu bearbeiten haben. Es ist dann wie auf einer Wippe: Mal ist der eine etwas höher oben, mal der andere. Wenn man das einmal erkennt, dann können einen Beziehungen sehr bescheiden machen, denn wir wissen: Wir haben niemandem etwas voraus, was jener nicht auch an anderer Stelle uns voraushat. Und meist ist das schon auf dem gleichen Spielfeld der Fall. Wenn wir uns selbst an bestimmten Stellen ambivalent fühlen, dann versuchen wir häufig, eher unsere Stärke zu zeigen. Unsere gleichzeitig vorhandene Schwäche versuchen wir hingegen dem Partner zuzuschieben, indem wir bei ihm den Finger in die Wunde legen. Das, was uns beim Partner stört, schlummert aber auch in uns selbst.

## EIN GESPRÄCH ZUM THEMA „VERTRAUEN“[9]

Katharina: „Wir sind gefragt worden: ‚Was bedeutet für euch Vertrauen in der Partnerschaft?‘ Was würdest du sagen? Was bedeutet für dich Vertrauen?“

Ralf: „Eine schöne Antwort wäre: Das, was ich gebe. Aber wenn ich ehrlich bin, erwarte ich von dir, dass ich dir vertrauen kann, auch wenn ich weiß, dass ich Vertrauen nur selbst geben kann. Es ist etwas, das ich mir wünsche, und es bedeutet für mich in erster Linie Sicherheit, also dass ich eine Art ‚Hafen‘ habe, dass ich zu dir kommen kann, wenn es mir nicht gut geht, wenn ich unsicher bin. Es ist auch eine etwas kindliche Vorstellung von Geborgenheit dabei. Du hältst mich aus, auch in Zeiten, in denen ich das selbst kaum mehr tue.“

K: „Was passiert mit dir, wenn ich dir nicht das Vertrauen schenken kann, das du gerade brauchst? Spürst du dann Angst?“

R: „Ja, dann habe ich sogar große Angst. Dann fühle ich mich in meinen Zweifeln bestätigt. Denn dann gibt es außer mir ja auch noch eine zweite Person, die nicht an mich glaubt. Wer mag mich denn dann noch? Das mag absurd klingen, aber das spielt sich in meinem Kopf ab.“

K: „Gehst du dann in den Angriff oder willst du eher fliehen?“

R: „Das hängt von der Situation ab. Wenn ich wenig Energie habe, dann ziehe ich mich von dir zurück. Aber wenn ich noch ein bisschen Kampfenergie aufbringen kann, dann werde ich unter Umständen versuchen, dich zu entwerten. Dadurch glaube ich, mich selbst wieder ein bisschen aufwerten zu können. Wenn du an mir zweifelst, ich dir aber weniger Wert gebe als mir, dann ist dein negatives Urteil über mich auch nicht so aussagekräftig.

Im Idealfall kümmert sich jeder selbst um sein Gefühl der Sicherheit. Aber wir sind als Menschen alle auch an irgendeiner Stelle verletzte Wesen, und mein

9 Dieses und auch die folgenden Gespräche zu den weiteren Spielfeld-Themen entstammen Auseinandersetzungen und Fragen von Menschen, die zu uns zur Beratung kommen.

‚Ich' hat manchmal einfach nicht die Kraft, sich gegen mein ‚Es'[10] durchzusetzen. Dann ‚will ich einfach wollen'."

K: „Siehst du Vertrauen als die Basis einer funktionierenden Beziehung?"

R: „Ja, denn wie sollen wir denn zu den nächsten Spielfeldern weitergehen, wenn wir uns nicht vertrauen? Wie soll ich mit dir schlafen, wenn ich dir nicht vertraue?"

K: „Dann ist man unter Umständen den ganzen Tag damit beschäftigt, dem anderen zu zeigen, dass er einem vertrauen kann. Ist das Arbeit oder ist das der ganz normale Beziehungsalltag?"

R: „Im besten Fall wächst das Vertrauen des anderen in uns, und zwar durch unsere eigene einmalige Entscheidung, uns der Partnerschaft, auf die wir uns eingelassen haben, mit unserem ganzen Wesen zu widmen. Das ist das Ja-Wort, das man sich am Anfang der Beziehung in irgendeiner Form gegeben hat. Wenn man anfängt, daran zu zweifeln, aber in der Beziehung bleiben möchte, muss man dieses Ja-Wort für sich selbst wieder erneuern. Dann ist der Aufbau von Vertrauen nicht etwas, woran man ‚arbeiten' muss, sondern das Vertrauen erwächst dann aus der Identität, die man für sich selbst gewählt hat: Ich bin jemand, der nicht sofort wegrennt. Wenn ich vom Kurs abgekommen bin, korrigiere ich mich automatisch, weil ich zu meiner getroffenen Entscheidung stehe."

K: „Mir fallen dazu drei Arten von Vertrauen ein. Erstens das Vertrauen in mich selbst und dass ich einer Beziehung gewachsen bin und in mir Halt habe, wenn ich in dem anderen keinen Halt finden sollte. Zweitens das Vertrauen in den anderen, dass er da ist, wenn ich keinen Halt in mir finde. Und drittens das Vertrauen in das Leben, das unserer Beziehung Halt geben wird, wenn wir gerade keinen Halt in uns finden. Mit ‚Halt' meine ich hier auch Gewissheit, Trost, Sicherheit, Geborgenheit, Urvertrauen, Stabilität – das, was uns hilft, keine Angst zu haben, nicht wegzulaufen oder anzugreifen. Dieses tiefe Gefühl, dass alles gut ist."

10 Gemeint ist hier mit „Es" einer der drei Bereiche der menschlichen Psyche, wie sie in der Psychoanalyse Sigmund Freuds beschrieben sind; neben dem „Es", dem triebhaften Teil des Individuums, gibt es in diesem Konzept noch das „Ich" und das „Über-Ich".

R: „Kann denn in einer Beziehung überhaupt alles gut sein?"

K: „Es ist ein Grundgefühl, das die Beziehung trägt, auch wenn gerade einmal nicht alles gut ist. Das hat mit Offenheit zu tun und damit, sich dem anderen anzuvertrauen, auch wenn gerade nicht alles gut ist. Ich kann dir vertrauen, wenn du mir zeigst und sagst, was in dir vorgeht. Dann spüre ich Halt, auch wenn das, was du sagst, vielleicht kritisch ist. Wenn du aber nichts sagst, dann habe ich auch keinen Halt, weil ich spüre, dass du dich mir nicht zumutest."

R: „Das sehe ich auch so. Ich vertraue dir, wenn du dich mitteilst. Denn dann habe ich keinen Grund zum Misstrauen. Misstrauen entsteht da, wo keine Offenheit mehr ist. Man muss nicht über alles reden. Aber wenn man etwas versteckt, fängt Trennung an."

## DENKFEHLER IM SPIEL ZWISCHEN SICHERHEIT UND ANGST

Welchen Denkfehlern begegnen wir im Spielfeld Nr. 1? Wir schauen uns dafür ein Paar an, das auf diesem Spielfeld in einem Konflikt ist. Vielleicht kommt Ihnen beim Lesen hier – oder auf einem der nächsten Spielfelder – ja auch etwas bekannt vor. Es spielt in unseren Beispielen übrigens keine Rolle, welcher Satz von der Frau und welcher vom Mann gesagt wird.

**Fallbeispiel zum Spielfeld Nr. 1**

Sie ist Mitte dreißig, seit fünf Jahren mit dem Studium fertig und arbeitet seitdem erfolgreich freiberuflich als Designerin. Nebenbei, in ihrer Freizeit, trifft sie sich gern mit ihren Freundinnen. Sie sagt von sich, dass sie nicht der Heirats- oder Familientyp sei, sondern es ihr wichtiger sei, eine intensive Beziehung zu führen, mit vielen Reisen und spontanen Aktivitäten. In den Freundschaften wird es zunehmend schwer, das Freizeitpensum der letzten Jahre aufrechtzuerhalten, weil die meisten eine Familie gegründet haben und abends nicht mehr zum gemeinsamen Feierabenddrink kommen möchten. In der Beziehung ist es auch zunehmend schwerer möglich, weil ihr Partner in einer Werbeagentur arbeitet, abends spät nach Hause kommt und auch an Wochenenden eingespannt ist. Die Abende enden meistens vor dem Fernseher, und die Wochenenden beschränken sich auf einen Marktbesuch. Sie ist unzufrieden und möchte, dass er sich weniger seinem Job und mehr ihr widmet.

Er ist Anfang vierzig und arbeitet erfolgreich als Werber. Obwohl er mittlerweile die Abteilung leitet, kann er sich seine Arbeitszeiten nicht frei einteilen, sondern ist der Erste, der kommt, und der Letzte, der geht. Ihm macht sein Job Spaß, auch weil er weiß, dass es nur eine gewisse Phase ist, in der er so gefragt ist, und er genießt es, in seinem Job begehrt zu sein. Er vermisst die wilde Anfangszeit mit seiner Freundin, findet aber auch am jetzigen Leben Gefallen. Manchmal blickt er neidisch auf die Kollegen, deren Frauen mit den Kindern zuhause sind und am Abend mit dem Essen auf sie warten. Er hätte nichts gegen Heirat, Kinder und ein Haus im Grünen. Manchmal macht ihn seine Müdigkeit allerdings auch nachdenklich, und er erinnert sich an die Freiheiten vergangener Zeiten. Wenn er das mit seiner Partnerin bespricht, endet das jedoch meistens in Aussteigerfantasien ihrerseits, die ihm wiederum Angst machen. Er möchte in diesem Lebensabschnitt eine Basis schaffen, will seine Partnerin aber auch nicht verlieren. Er versteht nicht, dass sie es nicht zu schätzen weiß, dass er ein erfolgreicher Mann ist, der ihnen einen hohen Lebensstandard ermöglicht.

Unabhängig von der Dauer oder Intensität der Streitgespräche mündet das Thema fast immer in diesen zwei unterschiedlichen Grundpositionen (die so oder ähnlich in vielen Partnerschaften irgendwann vorkommen):

Sie: *„Du kümmerst dich gar nicht mehr um mich. Meine Bedürfnisse sind dir einfach egal."*

Er: *„Ach, was! Ich kann dir einfach nichts mehr recht machen."*

Solche allgemeinen Vorwürfe verschaffen einem zwar das kurze Gefühl von Erleichterung, weil sie sich so schön eindeutig anfühlen, aber sie werden keiner Partnerschaft gerecht. Beide Sätze enthalten den Wunsch „Es muss sich etwas ändern", aber beide enthalten noch den Vorwurf „Es liegt an dir".

**Denkfehler Nr. 1: „Ich weiß Bescheid."**
Wir täuschen uns über die Natur der Beziehung. Wir sind nicht in einer Partnerschaft, um unsere Bedürfnisse erfüllt zu bekommen. Entsprechend ist es auch nicht unsere Aufgabe, für den anderen zu sorgen. Hinter beiden Sätzen steckt der Glaubenssatz, dass der Partner dazu da sei, uns glücklich zu machen. Diese Annahme kann sich im anderen Extrem so zeigen, dass wir denken, wir müssten den Partner glücklich machen.

Wir müssen uns der Tatsache stellen, dass wir alle mit sehr naiven Vorstellungen von Liebe und Partnerschaft groß geworden sind. Wir hofften, dass uns jemand anders irgendwann „komplett" machen würde, und haben auf den Tag gewartet, an dem dieser andere kommen würde. Als er dann plötzlich da war, war die Freude groß. Doch was so aussah, als ob das fehlende Puzzlestück gefunden sei, war in Wirklichkeit erst einmal nur der Rausch der Hormone. Wenn dieser verflogen ist und der Blick wieder klarer wird, dann sehen wir auf einmal, dass wir doch noch nicht so „komplett" geworden sind, wie wir dachten – und dann fangen wir an, dem anderen Vorwürfe zu machen.

Sie erwartet etwas von ihm. Doch wessen Aufgabe ist es eigentlich, komplett zu werden? Er fühlt sich überfordert damit, ihre Erwartungen zu erfüllen. Aber warum denkt man überhaupt, man müsse das tun?

**Denkfehler Nr. 2: „Es geht um mich."**

Wir haben die Verantwortung, selbst für unsere Basis zu sorgen, das heißt, für unsere Sicherheit, aus der wir uns entwickeln können. Gleichzeitig haben wir in einer Partnerschaft natürlich auch eine Aufgabe für das gemeinsame Wesen der Beziehung. Diese Aufgabe besteht nicht darin, den anderen komplett zu machen, damit er sich dem Leben gewachsen fühlt, sondern eher darin, den anderen – durch unser eigenes Vorbild – darin zu stärken, immer mehr in die eigene Kraft zu kommen. Eine Beziehung kann unser Bedürfnis nach Sicherheit dadurch nähren helfen, dass sie verbindlich ist. Aber unser Partner ist nicht dazu da, alles für uns zu tun.

Genauso müssen wir aufpassen, uns selbst nicht zu verlieren. Vielleicht leben wir nämlich auch hier (wie schon bei Denkfehler Nr. 1) im anderen Extrem und denken, wir müssten den Partner glücklich machen. Dann stellen wir unsere eigenen Bedürfnisse aus falscher Rücksicht auf den anderen zu sehr zurück. Wir bemühen wir uns zu viel um den Partner und kümmern uns nicht genug um uns selbst. Wir rackern uns ab, und das, was wir geben wollten, kommt eventuell nicht einmal beim Partner an, weil wir innerlich schon voller Ressentiments sind. Es geht in einer Partnerschaft nicht darum, sich aufzuopfern, Denn das betrachten wir höchstens einige Zeit zähneknirschend, bis wir es schließlich mit voller Wucht dem Partner vorwerfen. Und dann ärgern wir uns sowohl über uns selbst als auch über den anderen.

**Denkfehler Nr. 3: „Ich will das so."**

Wir können in einer Partnerschaft versuchen, das zu bekommen, was unsere Bedürfnisse befriedigt. Aber was sind wirklich *meine* Bedürfnisse? Geht es darum, das zu bekommen, was ich für mich will? Oder kann ich mich auch dafür interessieren, was mein Partner will. Mit der Haltung der Liebe kann ich dann das, was ich für mich selbst will, neben das stellen, was ich für den Partner will. Dann kann es mich glücklich machen, wenn ich dem Partner geben kann, was er sich wünscht.

Wenn es um Grundbedürfnisse geht, dann widersprechen sich meine Bedürfnisse und die meines Partners tatsächlich nicht, auch wenn wir scheinbar unterschiedliche Wünsche haben. Der eine kann sich ein abwechslungsreiches Leben wünschen, der andere wünscht sich Sicherheit. Das müssen nicht zwangsläufig Gegensätze sein. Wenn beide lernen, ihre Wünsche nicht aus der Angst heraus, nicht genug zu bekommen, anzuschauen, sondern sich zunächst selbst beruhigen und anfangen, sich neugierig dafür zu interessieren, was der andere wirklich will, dann haben beide größere Chancen, Gemeinsamkeiten in den scheinbaren Unterschieden zu finden.

**Denkfehler Nr. 4: „Ich will das so nicht."**

Was wir in der Partnerschaft ablehnen, ist auf diesem Spielfeld vor allem das, wovor wir Angst haben. Der eine Partner möchte an einem liebgewordenen Lebensentwurf festhalten, weil er ihm das Gefühl einer eigenen Identität gibt. Der andere Partner hat Angst, im Leben etwas zu verpassen, weil er sonst – wenn sich nichts ändert – nicht so viel zählt wie die Menschen, mit denen er sich vergleicht. Auch hier gilt zu schauen, wovor man eigentlich Angst hat.

**Denkfehler Nr. 5: „Ich will hier raus."**

Wenn das Vertrauen zueinander enttäuscht ist, dann denkt man meist, dass die Grundlage der Beziehung fehlt. Dabei ist Vertrauen etwas, das man am Anfang der Beziehung nicht erwarten, sondern nur von sich aus dem anderen schenken kann. Wir neigen aber dazu, vom anderen zu erwarten, dass wir ihm vertrauen können. Wir wünschen uns Geborgenheit und möchten, dass der andere uns aushält, auch in Zeiten, in denen wir das selbst schon kaum mehr tun.

Wenn es scheint, dass unsere Bedürfnisse nicht mehr erfüllt werden, dann fehlt in unseren Augen die Grundlage für die Partnerschaft. Meist ist das aber nicht der Fall, sondern es geht eher darum, genau hinzuschauen, was uns eigentlich fehlt. Trennung muss nicht die physische Trennung der Partner bedeuten. Wer sich trennen möchte, der möchte sich meist vor allem von einem unhaltbaren Zustand trennen.

## DER WEG ZUEINANDER

Was kann da einem Paar helfen? Erinnern wir uns, in welchem Spielfeld wir uns bewegen. Wir befinden uns in dem Bereich, in dem das sogenannte Reptiliengehirn, also der älteste und tiefliegendste Teil unseres Gehirns, noch mehr zu sagen hat als unser Neokortex. Der Anfang sollte deshalb darin bestehen, dass sich jeder zunächst selbst beruhigt. Erst dann kann man gemeinsam weiterschauen. Die innere Ruhe, die wir in Situationen brauchen, in denen Unsicherheit und Angst auftauchen, können wir trainieren. Je mehr Achtsamkeit wir für unseren Körper, unsere Gefühle und unsere Gedanken entwickeln, desto eher bemerken wir, wenn wir uns innerlich zusammenziehen, weil wir der Meinung sind, dass uns Gefahr droht. Wir lernen, die körperlichen Reaktionen als Hinweise auf unsere Emotionen und unser Denken zu erkennen, und können schneller einen Gang herunterschalten, bevor wir auf eine Situation oder auf unseren Partner reagieren.

Ein Schlüssel zur Achtsamkeit ist das Üben von kleinen Meditationen, wie wir sie im Anhang dieses Buches zusammengestellt haben. Wenn wir uns regelmäßig ein wenig Zeit nehmen, um uns selbst besser kennenzulernen, dann haben wir in Stresssituationen einen echten Trumpf in der Hand, mit dem wir fast jedes Spiel meistern können. Das Geheimnis liegt darin, beizeiten für unsere Wurzeln zu sorgen.

Spielfeld
Nr. 2:

# BEREIT FÜR SINNLICHKEIT

Im Ozean der Gefühle schwimmen

# SPIELFELD NR. 2: BEREIT FÜR SINNLICHKEIT

*Themenbereiche:*
*Sexualität, Gefühle, Humor, Freizeit, Begegnungen*

| **GENUSS / FREUDE** | **SUCHT / SCHULD** |
|---|---|
| Humor<br>*„Das hat Spaß gemacht."* | Traurigkeit<br>*„Das hat alles keinen Sinn mehr."* |
| Potenzialentfaltung<br>*„Es ist alles möglich."* | Pessimismus<br>*„Das klappt auch wieder nicht."* |
| Charisma<br>*„Menschen sind gerne mit mir zusammen."* | Schuld<br>*„Es liegt an mir."* |
| Ekstase<br>*„Es ist so schön mit dir."* | Abhängigkeit<br>*„Ohne kann ich nicht."* |
| Intimität<br>*„Ich bin dir nah."* | Ausbeutung<br>*„Gib mir, was ich brauche."* |

Das Grundelement dieses Spielfeldes ist das Wasser. Hier geht es um all das, was in unserer Beziehung am Fließen ist, in den Fluss gebracht werden soll oder wieder zum Fließen kommen will. Auf uns selbst bezogen ist damit unsere Fähigkeit und unsere Bereitschaft zu fühlen gemeint. Wie aufmerksam gehen wir mit unserer eigenen Gefühlswelt um? Spüren wir, wenn wir uns freuen, traurig sind, wütend sind, Angst haben oder uns etwas anwidert? Wie viel Gefühl können wir zulassen, ohne Angst zu bekommen, überflutet zu werden und nicht mehr rational genug entscheiden zu können?

Auf die Partnerschaft bezogen geht es um die Gefühle, die zwischen uns entstehen. Das beinhaltet auch, wie nah wir uns kommen dürfen. Wie intim darf es zwischen uns sein? Wie sehr erlauben wir uns gegenseitig, einander zu lieben?

Man sieht sehr schnell, dass dieses zweite Spielfeld langfristig nur auf einem gesunden ersten Spielfeld, dem Feld des Vertrauens, aufbauen kann. Wenn ich mich selbst nicht annehmen kann, wie soll ich dann meinen Partner wirklich annehmen können? Wenn ich Angst habe, verlassen zu werden, wie soll ich mich ihm gegenüber dann offen und verletzlich zeigen? Wie kann ich meine Sehnsucht und meine Wildheit zeigen, wenn ich mich fürchte, als bedürftig oder unersättlich angesehen und deshalb abgewiesen zu werden?

Damit eine Beziehung gedeihen kann, müssen wir gegenseitig um unsere Ängste wissen. Es kann zwar auch zwischen zwei unsicheren Menschen eine Menge heißer Sex entstehen, weil Angst uns sehr wach macht. Aber es wird turbulent und anstrengend bleiben. Und ständige Ungewissheit hält kein Nervenkostüm auf die Dauer aus. Denn dann werden häufig absichtlich noch mehr Reibereien erzeugt, die dazu dienen sollen, den anderen auf die Probe zu stellen: „Liebst du auch mich wirklich? Bleibst du bei mir, auch wenn ich dir jetzt wehtue?" Wenn der Partner dann geht, haben wir zumindest den Beweis: Man konnte ihm tatsächlich nicht trauen. Oder wir glauben, dass man uns nicht trauen kann. Ob wir eher unseren Partner abwerten oder uns selbst, liegt an der Sicht auf unsere Umwelt, für die wir uns in der Vergangenheit entschieden haben (siehe dazu auch Seite 28 zu „Subjekt oder Objekt").

## SO NICHT!

Viele – nicht alle – Störungen der Lust sind nicht durch organische Ursachen bedingt. Häufig beruhen sie also nicht auf einem „Nicht-Können", sondern sie sind Ausdruck eines „Nicht-Wollens". Das bedeutet nicht, dass einer oder beide Partner überhaupt keine Lust mehr auf Sex haben. Es ist meist nicht ein „Gar nicht!" gemeint, sondern vielmehr ein „So nicht!". Der Partner meint nicht „Ich will nicht!", sondern „Ich will anders!".

Wenn man wach ist für die Denkfehler, dann klingt das schon sehr nach „Ich will das so" und „Ich will das so nicht". Deshalb kann es uns entscheidende Hinweise darauf liefern, was tatsächlich nicht in Ordnung ist, wenn wir uns die Denkfehler näher ansehen.

Dabei geht es meist nicht in erster Linie um die angewandte sexuelle „Technik". Vielmehr lohnt es sich hier zu fragen: „Worauf baut unsere Beziehung auf?" Wenn das Vertrauen aus Spielfeld Nr. 1 fehlt, wird es schwierig, auf Spielfeld Nr. 2 den Anpfiff für Sex zu geben. Wie soll man miteinander schlafen, wenn man sich der Zuneigung des anderen nicht sicher ist? Für die Frau stellt sich die Frage: Wie soll ich jemanden in meine Vagina hineinlassen, der mich fertigmachen will? Das gilt aber auch für den Mann. Wie kann ich meinen Penis in eine Frau hineinstecken, die mich „auffressen" will?

Vaginismus, Erektionsstörungen oder einfach „keine Lust": All das kann so viele Ursachen haben, wie es Menschen auf der Welt gibt. Oft ist es aber vor allem ein deutlicher Hinweis darauf, dass man sich das Miteinander genau anschauen muss, und zwar nicht nur die Beziehung zum Partner, sondern auch den Umgang mit sich selbst. Denn auf diesem Spielfeld wird auch gefragt: Wie viel Lust erlaube ich mir selbst?

## WIE VIEL LUST DARF SEIN?

Wenn wir als Kinder und Jugendliche in einer Umgebung aufgewachsen sind, in der wir abgewertet wurden, wenn wir unserer Lust gefolgt sind, oder sogar dafür bestraft wurden, dann können wir in zwei Extreme fallen:

Entweder wir verschließen uns der Lust und blenden sie weitgehend aus unserem Leben aus. Wir haben dann sozusagen eine „Wohlfühlgrenze", das heißt, es gibt da eine innere Stimme, die sagt: „Bis hierhin darfst du dich freuen, aber jedes weitere Genießen wäre unverschämt."

Oder wir wählen den Ausweg, dass wir die Befriedigung der eigenen Lust zur obersten Maxime unseres Lebens machen. Andere Ziele werden dann bedeutungslos oder zumindest untergeordnet. Im Extremfall treibt uns die empfundene innere Leerheit in die Sucht hinein. Wir werden abhängig von dem, was uns Lust schenkt, auch wenn es nur für kurze Zeit anhält. Für die Befriedigung dieser Bedürfnisse kann dann auf Dauer nicht mehr ein Partner allein sorgen – und soll es auch gar nicht.

In beiden Fällen – wenn wir uns der Lust verschließen oder wenn wir unersättlich sind – liegt ein Schlüssel zur Lösung in Spielfeld Nr. 2. Hier können wir in unserer Partnerschaft lernen, uns langfristig von alten Mustern zu befreien. Es geht in beiden Extremen darum, nicht mehr länger in Automatismen zu verfallen, weder in den der Ablehnung noch in den der Sucht.

In Momenten, in denen wir uns innerlich verschließen wollen, oder in den Augenblicken, in denen wir bemerken, dass wir „ein Fass ohne Boden" werden, müssen wir beginnen, uns zu fragen: „Was brauche ich wirklich?"

Wir haben bereits die zwei Grundbedürfnisse kennengelernt, auf die sich alle anderen Bedürfnisse und Wünsche zurückführen lassen: Verbindung und Autonomie (siehe dazu auch Seite 27 zu „Verbundenheit und Freiheit“). Beide können sich in den unterschiedlichsten Ausprägungen manifestieren.

## WENIG LUST

Ein Partner, der sagt, dass er keine Lust hat, sagt damit möglicherweise nur: „So nicht!“

Vielleicht steht dahinter sein Wunsch nach *Autonomie:* „Ich mache nicht alles mit!“ Er möchte im Bett auch etwas sagen oder zu sagen haben.

Vielleicht ist es aber auch sein Wunsch nach *Verbindung:* „Ich brauche dich auf andere Weise.“ Er will also mit dem Partner zusammen sein, aber es fehlt ihm etwas.

## VIEL LUST

Ein Partner, der nicht genug bekommen kann, sagt uns ebenfalls: „So nicht!“, auch wenn sich das zunächst nicht so anhört. Ihm fehlt möglicherweise etwas, genauso wie dem, der sich zurückzieht. Auch dahinter steht manchmal ein Wunsch nach *Autonomie.* „Ich ficke, wen ich will“ heißt nicht nur: Er möchte selbst bestimmen können, mit wem er ins Bett geht. Dahinter stecken auch Machtlosigkeit und der Wunsch, überhaupt irgendetwas im eigenen Leben bestimmen zu können.

Jemand, der sagt: „Ich spüre dich am meisten, wenn wir miteinander schlafen“, hat dahinter tatsächlich oft den Wunsch nach *Verbindung.* Eigentlich sagt er damit, dass er sonst gar nichts mehr spürt.

Wie kommen beide dazu, das zu kriegen, was sie eigentlich miteinander wollen könnten? Der Schlüssel heißt Intimität. Bei Intimität geht es weder um Abgrenzung noch um „Fusion“. Echte Intimität vereint Verbindung und Autonomie.

## WAS HEISST EIGENTLICH INTIMITÄT?

Wir haben gesagt, dass Lust Vertrauen braucht. Das war die Grundlage von Spielfeld Nr. 1. Mit diesem Vertrauen ist aber nicht vollkommene Sicherheit durch Ausschluss sämtlicher Unwägbarkeiten gemeint. Genauso wie die ersten Spielfelder die Basis für die „darüberliegenden" sind, erweitern diese auch den Raum nach oben hin. Das Element des Wassers bringt hier die Erde sozusagen in Bewegung. Für die Beziehung bedeutet das, dass nicht nur die Stabilität, sondern auch die Bewegung zum Spiel gehören sollte. Unsicherheit kann auch ein Aphrodisiakum sein. Wir sehen das, wenn wir uns die unterschiedlichen Formen von Intimität anschauen.

Wir meinen mit Intimität meist das Wohlgefühl, das wir haben, wenn wir unserem Partner seelisch und/oder körperlich nah sind und uns dabei ganz angenommen fühlen. Wir zeigen uns unserem Partner nackt, das heißt so unverstellt und ungeschminkt, wie wir uns anderen sonst nicht zeigen. Doch meist hören wir da auf, wo unsere eigene Unsicherheit beginnt. Wir zeigen dem anderen nur das, von dem wir wissen oder glauben, dass er uns damit annehmen wird. Wir zeigen ihm den Teil von uns, für den wir Bestätigung erwarten.

Wir werden vorsichtig, wenn wir etwas von uns offenbart haben und der andere das nicht akzeptieren kann oder möchte. Dann sind wir vor unserem eigenen Partner auf der Hut und werden diesen Teil von uns nicht mehr zeigen. Im Sex heißt das, dass wir nur das fordern oder anbieten, von dem wir wissen, dass unser Partner dort mitgeht. Wenn wir Wünsche oder Fantasien haben, die er einmal abgelehnt hat, dann holen wir die auch nicht mehr hervor, sondern vergraben sie lieber in uns.

Diese Form von antizipierter Rücksicht führt leider langfristig zu Langeweile im Bett. Denn auf diese Weise wird das, was darin geschieht, schließlich zur Sexualität des kleinsten gemeinsamen Nenners reduziert. Was für beide okay ist, findet weiterhin statt. Was einem nicht sofort behagte, bleibt fortan außen vor. Auf diese Weise sinkt die sexuelle Spannung, denn wenn die erotischen Grenzen abgesteckt sind, gibt es irgendwann nichts mehr, bei dem man sich unsicher ist, wie der Partner reagiert.

Es ist also nicht die Dauer einer Beziehung oder das Alter der Partner, was für das sinkende Interesse an der gemeinsamen Sexualität verantwortlich ist. Es ist die abnehmende erotische Spannung, wenn Intimität nur das bedeutet, was der Partner gefahrlos „abnickt".

Wir wachsen als Menschen und in der Partnerschaft dann, wenn wir in der Lage sind, uns selbst zu bestätigen, auch und gerade in unserer Sexualität. Wenn wir die Bereitschaft haben, uns dem Partner mit all unseren Wünschen und Leidenschaften zu zeigen, dann gehen wir das Risiko ein, abgelehnt zu werden. Wir haben natürlicherweise Angst, dem Partner zu viel zuzumuten. Vielleicht haben wir auch Angst davor, verlassen zu werden, wenn wir uns öffnen. Vielleicht fürchten wir uns, nicht begehrenswert oder nicht potent genug zu sein.

Wenn wir uns aber entscheiden, zu uns selbst zu stehen, egal wie der Partner darauf reagiert, dann machen wir eine völlig neue Erfahrung. Ob der Partner uns verlässt oder nicht: Wir hatten den Mut, uns zu zeigen, auch wenn es schmerzhaft gewesen sein mag. Wir haben unser Selbstbewusstsein gestärkt und haben uns mit unseren Wünschen auf unseren Partner bezogen, ohne durch ihn definiert zu sein. Auch unserer Angst haben wir uns gestellt, ohne vom Partner zu erwarten – oder ihn dahingehend zu manipulieren –, dass er uns unsere Angst abnimmt. In gleicher Weise haben wir uns auch nicht durch seine Angst manipulieren lassen, sondern haben zwar Rücksicht auf sie genommen, uns aber nicht mehr versteckt. Der US-amerikanische Autor David Schnarch nennt das „selbstvalidierte Intimität".

Wichtig ist, dass wir bei dieser Form selbstbestätigter Intimität trotzdem in Verbindung mit dem Partner bleiben. Wir sind dann nicht mehr im Zustand der Verschmelzung, in dem unser Partner uns bestätigen muss, aber sagen auch nicht: „Ich mache, was ich will, ohne Rücksicht auf dich." Wir bleiben auf den Partner bezogen, sind aber nicht von seiner Zustimmung abhängig.

## DEMNÄCHST IN DIESEM THEATER

Betrachten wir den bestmöglichen Start einer Beziehung: den Zustand der Verliebtheit. Wir unternehmen viel miteinander, lachen, haben jede Menge Sex, genießen viele kleine – und manche große – Momente miteinander und fühlen uns belebt. Wir sind großzügig, Planänderungen und Verspätungen machen uns nichts aus, wir sind flexibel und gleiten nur so durch den Tag. Wir vermissen den anderen, aber sind auch ohne ihn in dem gleichen Gefühl, weil wir noch den Geruch der gemeinsamen Nacht mit uns tragen oder die Freude auf das Wiedersehen uns beflügelt. Alles scheint machbar und greifbar. Und all das nehmen wir auch über den ganzen Körper wahr, als hätten wir eine Vitalkur erlebt. Diese Gefühle – und Gefühle bestimmen dieses Spielfeld – machen uns glücklich ... solange sie da sind. Doch wenn sie nachlassen oder ganz verschwinden, scheint alles zusammenzubrechen.

Dabei ist dies eigentlich erst der Moment, in dem die echte Beziehung beginnt. Das, was davor war, ist im Grunde nur eine Art „Trailer", wie die Werbung für einen in der Zukunft erst noch zu erlebenden Film. Dieser Vorfilm ist so etwas wie eine Grundeinstimmung, die uns im Laufe unseres weiteren Zusammenlebens immer wieder daran erinnern kann, dass wir diese Gefühle zusammen erleben konnten – und deshalb mit großer Sicherheit auch wieder zusammen erleben können.

Diese Phase, dieser Trailer, ist ein verheißungsvoller Start, der uns durch schwere Zeiten und durch Zeiten des Zweifelns tragen kann. Denn nach einer Weile kommt zwangsläufig fast jede Beziehung an den Punkt, an dem diese Gefühle sich verändern. Jetzt kommt die Enttäuschung, dass es nicht mehr so leicht und einfach ist wie am Anfang.

Das fühlt sich dann manchmal so an, als ob man auf einer wackligen Brücke stünde. Und weil uns das Angst macht, versuchen wir feste Mauern aufzubauen. Dabei können wir oft nicht sehen, dass man auch auf einer beweglichen Brücke gut und stabil stehen kann. Die Stabilität müssen wir in uns selbst, in unserem Kern, finden, dann können wir gemeinsam auf der Brücke tanzen, auch wenn sie über dem Fluss schwingt.

## MEHR LUST UND WENIGER LUST

Wenn die Sinnlichkeit und Lust der Verliebtheitsphase abklingt, stellt meist einer der beiden Partner als Erster fest, dass er nicht mehr ohne die Leidenschaft des Anfangs weitermachen möchte.

Ein Weg, den manche dann einschlagen, ist, sich Befriedigung an anderen Stellen zu holen. Die Liste der Möglichkeiten ist lang, und sie wird in Zeiten des Internets immer länger. Pornos und Einladungen zum Seitensprung sind mit einem Klick online zu finden, aber manchmal tun es auch „konventionelle" Ersatzbefriedigungen: shoppen, essen oder sich in die Arbeit stürzen. Man befriedigt seine Leidenschaften, und oft auch seine Sucht, in einer extremen Ecke des Spielfeldes.

Als anderes Extrem wählen andere die Scham. Leidenschaft wird dann zunächst vorsichtig ausgeklammert, später manchmal auch vehementer abgelehnt. Man sagt sich, man habe es sowieso nicht verdient, nimmt die Schuld dafür auf sich, dass es „nicht funktioniert", und fängt vielleicht sogar an, nach Erklärungen zu suchen, die besagen, dass es im Leben doch eigentlich um etwas anderes gehe als Lustbefriedigung. Wir werden im Kapitel zu Spiritualität und Transzendenz noch darüber sprechen, dass manche Menschen sich besonders stark diesem Bereich des Lebens widmen, während sie eigentlich auf dem Spielfeld der Leidenschaft etwas gar nicht gelebt haben. Sie klammern das aus, um ihre Traurigkeit darüber nicht spüren zu müssen. Denn wenn man sich selbst erzählt, dass etwas nicht erstrebenswert ist, dann findet man es auch nicht schlimm, wenn man es nicht hat.

Wenn die Lust abebbt, wird damit allerdings häufig eine wichtige Beziehungsgrundlage angegriffen. Die Freude an der Sinnlichkeit und der gemeinsam erlebbaren Sexualität ist oft einer der Hauptgründe dafür, dass wir die Beziehung eingegangen sind. Zudem hat Sex in der Partnerschaft auch immer eine symbolische Bedeutung, weil er – wie ein Ritual – die Kontinuität der Beziehung bestätigt. Man versichert einander nicht nur mit Worten seine Liebe, und die gemeinsame Zeit im Bett dient nicht nur der Triebbefriedigung, sondern sie zeigt uns auch: Es geht weiter. Liegt dieser Teil auf Eis, läuft die Partnerschaft auf Grund. Denn wenn wir eine monogame Beziehung leben möchten, dann haben wir nur innerhalb der Partnerschaft die Möglichkeit, unseren Bedürfnissen nach Intimität und Sexualität nachzukommen. Und weil das Nein immer stärker ist als das Ja, wird der Partner mit dem ausgeprägteren Bedürfnis nach Genuss, Sexualität und Leichtigkeit immer den Kürzeren ziehen, wenn der andere sich diesem Wunsch verweigert. Hier ist es wichtig zu prüfen, ob die Bedürfnisse tatsächlich auseinandergehen oder ob sich dahinter versteckte Glaubenssätze befinden. Dies können Glaubenssätze sein, die das Bedürfnis artifiziell erhöhen, wie: „Ich brauche davon ganz viel, sonst geht es mir nicht gut", oder aber Glaubenssätze, die das Bedürfnis artifiziell beschneiden, wie „Diese Dinge werden im Laufe der Zeit einfach weniger wichtig".

## PLÖTZLICH DOCH?

Die eben beschriebenen Rollen sind austauschbar. Wir erleben oft bei Paaren, dass der Partner mit dem weniger ausgeprägten Wunsch nach Sex durch „Zufall" eine Begegnung mit einem anderen Menschen hat, bei der es dann funkt; und plötzlich ist alles wieder da, wie einst in der Anfangsphase mit dem Partner.

Oder der Partner mit dem gesteigerten Bedürfnis kapituliert aus Bequemlichkeit und richtet sich in der Situation ein, in dem er sich zum Beispiel mehr auf seinen Job konzentriert. Seine Bedürfnisse scheinen zu verschwinden, und er möchte mit seinem plötzlich wieder aktiv gewordenen Partner das, was er jetzt haben könnte, nicht mehr haben.

Es bleibt also die Frage: Wie können wir wirklich zu uns selbst finden, ohne den anderen immer wieder zu verpassen?

Es geht einmal mehr darum, die eigene Position zu finden; und damit ist nicht gemeint: „Ich habe ein Recht darauf!“ oder: „Jetzt hat das wieder nicht geklappt! Irgendwie muss das an mir liegen.“ Es geht darum, bei uns zu schauen, was unser Antrieb ist und ob dieser Antrieb aus dem Wunsch heraus kommt, in unserer Persönlichkeit zu wachsen, oder eher aus dem Bestreben, alles dafür zu tun, dass man sich damit nicht weiter beschäftigen muss. Der Partner ist auch hier unser Schlüssel. Wenn der eine sagt: „Du nimmst Sex zu wichtig“, und der andere sagt: „Du schiebst deine Lustlosigkeit nur vor“, dann haben vielleicht beide auf ihre Weise recht, und jeder muss schauen, was wirklich gerade passiert. Oft liegen wir zu hundert Prozent richtig in Bezug auf unseren Partner und irren uns vollständig in Bezug auf uns selbst. Das Tolle ist: Beim Partner ist es genauso.

Wie schnell haben wir Gegenargumente zur Hand? Bei so klaren Sätzen wahrscheinlich zehn in einer Sekunde. Und genau das ist der Punkt, an dem wir merken können, dass hier etwas geschützt werden soll. Doch kann es für die Beziehung fatal sein, wenn wir meinen, uns gerade hier schützen zu müssen. Denn aus dem Denkfehler wird schnell ein Glaubenssatz, der dafür sorgt, dass wir in einem der wichtigsten Spielfelder der Partnerschaft überhaupt ins Stocken kommen und damit der Kapitulation zuspielen. Nehmen wir stattdessen eine neue Position ein und spielen wir wieder mit. Wie oben schon gesagt, geht es darum, unsere eigentlichen Wünsche zu finden und dazu zu stehen. Dann finden wir meistens heraus, dass die Bedürfnisse, die da aufeinandertreffen, gar nicht so unterschiedlich sind und dass aus dieser Offenheit etwas ganz anderes entsteht als ein fauler Kompromiss. Man begegnet sich stattdessen zum ersten Mal wirklich.

## EIN GESPRÄCH ÜBER SINNLICHKEIT UND LUST

Hierzu haben wir schon öfter die Frage gestellt bekommen: „Ist Sexualität wirklich so wichtig für die Partnerschaft?“

**Ralf:** „Sie sagt zumindest einiges darüber, wo wir miteinander stehen. Wenn wir jemanden weniger oder gar nicht mehr attraktiv finden, dann kann es sein, dass wir hier einen wichtigen Schlüssel zu tieferen Beziehungskonflikten haben. Selbst wenn der Alltag außerhalb der Sexualität zu funktionieren scheint, kann hier ein größeres Problem versteckt liegen, das auf der Ebene der Sinnlichkeit ausgetragen wird.

Mangel an „sexueller Appetenz", also an sexuellem Begehren, wurde früher meist eher Frauen als Männern unterstellt. Die Wahrheit ist, dass es nicht geschlechtsspezifisch ist. Die klassische Vorstellung war häufig, dass die Frau keine Lust mehr auf Sex hat, weil der Mann sich emotional nicht an ihr interessiert zeigt. In vielen Beziehungen ist es interessanterweise aber gerade der Mann, der sich vom Sex zurückgezogen hat."

Katharina: „In jedem Fall zeigt einer nicht mehr aktiv, dass er sich für den anderen interessiert. Der bekommt dann das Gefühl, dass der andere ihn nicht mehr begehrt. Es geht also nicht primär um die Lust an sich, sondern darum, wie die Lust gezeigt und erlebt wird.

Das Ende der Sinnlichkeit ist oft auch der Anfang vom Ende der Beziehung oder anders ausgedrückt: Wenn sich nicht beide auch um selbstbestimmte Intimität bemühen, dann führt ein emotionales Ende der Beziehung zum Ende der Sinnlichkeit. In der Beratung erzählen das Paare aus unterschiedlichen Perspektiven, und beides ist an dieser Stelle richtig. Deswegen beißt sich hier die Katze oft in den Schwanz. Häufig versucht man dann, durch kleine symbolische Handlungen, wie ein romantisches Essen bei Kerzenschein, etwas zu verändern. Doch diese Form von Romantik bewirkt oft nicht viel. Denn darum geht es hier ja nicht, sondern es geht um Intimität. Und die kann, muss aber nicht bei einem Candlelight-Dinner entstehen."

R: „Tatsächlich ist die Haltung das Entscheidende. Intimität ist eine Entscheidung. Ich mute mich dem anderen zu, und ich interessiere mich für den anderen, auch wenn ich dabei nicht alles toll finden muss – und meine Partnerin auch nicht. Intimität muss nicht bedeuten, dass du meinen Standpunkt oder meine Wünsche teilst. Wirkliche Intimität entsteht dadurch, dass ich dir mein Wesen und meine Wünsche zeige, ohne dass ich darauf angewiesen bin, dass du sie akzeptierst. Und dass du dich mir zeigen kannst, ohne zu fordern, dass ich dich in allem bestätigen muss.

Es kann ganz schön schockierend sein für einen selbst, sich dem Partner wirklich nackt zu zeigen. Und es ist zunächst nicht selbstverständlich, dass Intimität mit der Dauer der Beziehung zunimmt. Wir haben eben schon viele Jahre damit gelebt, Teile unserer Persönlichkeit vor anderen zu verbergen. Warum sollten wir diese nun ausgerechnet dem Partner zeigen, mit dem wir zusammenleben? Die

Angst, verlassen zu werden, wenn wir wirklich ‚erkannt' werden, ist oft viel zu groß. Also halten wir uns sicherheitshalber in manchen Bereichen der Beziehung lieber etwas bedeckt, anstatt unsere ganze Not oder unseren ganzen Reichtum zu zeigen."

K: „Dazu müssen allerdings tatsächlich beide bereit sein, sich nackt zu machen und Intimität zuzulassen. Meistens ist es ja eher so: Einer sagt, dass er keine Lust mehr hat, so weiterzumachen, und ist unter Umständen vermutlich sogar offen dafür, andere Wege auszuprobieren. Der andere aber hat sich in der Situation schon ganz gut eingerichtet, hat vielleicht auch schon eine Außenbeziehung und möchte das vielleicht gar nicht mehr aufgeben. Oder andersherum: Der eine möchte nicht mehr im Außen schauen, sondern Intimität in der Beziehung finden, und der andere blockt ab, weil er sich in seiner Lustlosigkeit eingerichtet hat."

R: „Wenn wir ein sexuell spannendes Leben haben wollen, dann ist es die Aufgabe von beiden, auch ein inneres Interesse am Partner entstehen zu lassen. Und es wäre interessant herauszufinden, warum es Männern wie Frauen überhaupt so geht, dass sie ab einem bestimmten Punkt einen anderen Partner anziehender finden als den eigenen. Denn es gab ja in den meisten Beziehungen zumindest am Anfang eine starke, manchmal fast magnetische Anziehung. Was ist dann mit der Lust passiert?"

K: „Vermutlich bekommt diese Lust auf Dauer nicht mehr die gleichen Anreize wie zu Beginn der Beziehung. Du sprachst eben schon von den Verliebtheitshormonen, und mit der Abnahme dieser automatischen Lustverstärker steigt der Frust darüber, dass nicht nur das Leben an sich schon Arbeit genug ist, sondern jetzt auch noch die Sinnlichkeit ‚bearbeitet' werden muss. Man wünscht sich dann, dass es zumindest einen Bereich im Leben geben möge, der einfach mal so funktioniert – so wie das ja auch am Anfang der Fall war. Wir warten also ab, dass dieser Selbstläufer-Effekt wieder aktiv wird. Und das wird er dann auch, aber auf diese Weise meistens eben nicht beim Partner, sondern bei einem anderen Menschen."

R: „Bildlich gesprochen haben die aufgesetzten Masken dann in der Regel die Lust zugedeckt. Wir haben uns entschieden, in der Partnerschaft lieber auf Nummer sicher zu gehen und von unserer Sinnlichkeit nur das zu zeigen, was am Anfang gereicht hat. Dabei haben wir alle meist ein viel größeres Potenzial zur Lust und auch zur Wildheit, als wir es uns selbst eingestehen wollen oder können. Die Popularität von Pornografie und BDSM-Fantasien macht da nur einen kleinen Ausschnitt aus. Wenn nicht tiefe seelische Verletzungen vorliegen, dann sehnen wir uns alle danach, zu nehmen und genommen zu werden. Ist es nicht auch bezeichnend, dass wir dieses Kapitel ‚Sinnlichkeit' genannt und damit auch etwas ‚verpackt' haben?"

K: „Wir haben das Kapitel mit dem Begriff ‚Sinnlichkeit' überschrieben, um die Themen Lust und Sex in einen übergeordneten Rahmen zu stellen, einen Rahmen, der eine bestimmte Haltung ausdrückt. Sinnlichkeit ist eine Haltung, die Lust und Sex erlaubt. Aber spannend, dass du das als ‚Verpackung' siehst. Aus meiner weiblichen Sicht steckt in Sinnlichkeit auch Wildheit und Üppigkeit und nicht nur ‚die feinen, schönen Künste'."

R: „Die tiefe Sehnsucht nach Sexualität, auch nach geradezu animalischen Formen der Sexualität, sublimieren wir heute oft dadurch, dass wir dieses ganze Spielfeld ‚Sinnlichkeit' nennen. Wir umgeben uns mit Schönheit – in der Musik, durch Tanz, die bildenden Künste und Literatur. Wir haben in diesem und dem vergangenen Jahrhundert gelernt, ganz neue kulinarische Genüsse zu kreieren, und nehmen viel Geld in die Hand, um diese an allen Orten der Welt zu kosten. Das ist alles wunderbar und macht unser Leben bunt und schön. Und doch ist es so, wie du gerade sagst: Manchmal verstecken wir unsere Lust hinter der Kunst. Wäre es nicht schön, auch die Kunst der Lust wieder mehr zu erforschen? Paare haben hier so viele Möglichkeiten!"

## DENKFEHLER IM SPIEL ZWISCHEN LUST UND SCHAM

**Fallbeispiel zum Spielfeld Nr. 2**

Er ist Ende vierzig und seit seinem Studium nie richtig im Beruf angekommen. Er hat wechselnde Jobs, die ihn über Wasser halten und ihm garantieren, dass er ein Dach über dem Kopf hat und seine Freiheit in Bezug auf eine eigene Zeiteinteilung nicht gefährdet ist. Er hat keine Kinder und über die Jahre immer wechselnde, länger dauernde Beziehungen, die dann aber meist aus dem gleichen Grund enden, nämlich dass er keine Lust mehr auf Sex hat. Er ist attraktiv, intelligent und philosophisch sehr bewandert. Er kann mit Kindern sehr gut umgehen, was er beruflich nutzt und was ihm in seinen wechselnden Beziehungen auch immer wieder hilft, die Beziehung länger aufrechtzuerhalten, trotz der wachsenden Unzufriedenheit der Partnerin. Er sagt von sich, dass er zufrieden sei in der aktuellen Partnerschaft, auch wenn es „sicherlich hier und da Streitigkeiten gibt", er sich aber im Großen und Ganzen eine Beziehung ohne Sexualität gut vorstellen kann. An der eventuell fehlenden Attraktivität der Partnerin, betont er, liege es nicht. Seine Gelassenheit „explodiert" jedoch bei Streitigkeiten in den Wunsch, endlich in Ruhe gelassen zu werden und keine weitere Kritik mehr hören zu wollen.

Sie ist Mutter von zwei erwachsenen Kindern und kennt ihn schon seit dem Studium. Vor zwei Jahren wurde dann aus der Freundschaft mehr, und die beiden begannen eine Beziehung. Sie ist Anfang fünfzig und eine sinnliche Frau, die sich auch beruflich mit Körperarbeit beschäftigt und Sinnlichkeit und Sexualität einen hohen Stellenwert einräumt. Sie genießt gerne, verliert dabei auch manchmal das Maß, was sich anschließend in Selbstabwertung äußert. Es ist ihr wichtig, nicht nur als Gesprächspartner, sondern auch als körperliches Wesen gespiegelt zu werden. Das macht sie zu einer wahren Meisterin im Flirten. Bislang hat sie keine Außenbeziehungen gesucht, erwähnt aber immer öfter, dass sie sich nicht mehr nur nach körperlicher Nähe sehnt, sondern auch dazu übergegangen ist, sich auch nach anderen Partnern umzuschauen. Ihren Partner findet sie zwar attraktiv, aber auch nur solange, wie er sie attraktiv findet. Durch die nachlassende sexuelle Bestätigung durch ihn merkt sie, wie auch ihr Interesse nachlässt, und sie beginnt ihn auch als Menschen abzuwerten und seinen Status als „Berufsjugendlicher" unattraktiv zu finden. Andere, erfolgreichere Männer rücken zunehmend in ihren Fokus, was er in einer Sitzung spitz kommentiert mit: „Und das war eigentlich von Anfang an so."

In Streitgesprächen fallen dann zwei klassische Sätze, die benutzt werden, um die Beziehung infrage zu stellen:

Er: *„Ich habe keine Lust mehr auf Sex."*
Sie: *„Ich finde andere Partner attraktiver."*

**Denkfehler Nr. 1: „Ich weiß Bescheid."**

Hat er wirklich kein Interesse mehr an Sex? Wir glauben oft, unsere eigene Lust zu kennen oder ihre Spielformen schon ausprobiert zu haben. Aber können wir sicher sein, dass wir keine Lust mehr auf unseren Partner haben? Haben wir generell keine Lust mehr? Manchmal ist man sehr überrascht darüber, was passieren kann, wenn ein neuer Partner auftaucht. Heißt das dann, dass es nur mit dem „Alten" nicht mehr ging? Der lustlose Partner bügelt Sinnlichkeit und Sexualität manchmal generell ab, ohne zu schauen, auf welche Weise er wieder zur Lust finden könnte im gemeinsamen Spiel der Lust.

Sie sagt, dass sie andere Männer attraktiver findet. Aber Anziehung ist nicht etwas, das aus Zufall geschieht. Anziehung ist zum einen eine Entscheidung auf der

Seite dessen, der sich attraktiv macht. Er verpasst die Sexualität mit ihr, weil er sich nicht um seine Ausstrahlung kümmert. Trauen wir uns, uns als attraktiv zu zeigen? Zum anderen – und hier verpasst sie ihn – liegt Anziehung aber auch darin, wie intensiv wir uns für den anderen interessieren. Trauen wir uns, unseren Partner in seiner Schönheit zu erkennen? Haben wir das Zeug dazu, der Sinnlichkeit in unserem Leben einen angemessenen Stellenwert einzuräumen?

**Denkfehler Nr. 2: „Es geht um mich."**

Hier kann es hilfreich sein zu fragen: Wer genau hat keine Lust mehr auf Sex? Kommt diese Entscheidung aus der stimmigen Selbstwahrnehmung oder aus der Vorstellung davon, wer man ist oder glaubt sein zu müssen? Will er Macht ausüben, vielleicht sogar verletzen, dadurch dass er sich der möglichen Verbindung in der Sexualität entzieht und dass er ihr ihre Attraktivität nicht spiegelt? Sind wir wirklich bei unserem Kern, wenn wir keine Lust mehr auf Sex haben?

Wie entsteht bei ihr – bzw. bei uns – Anziehung? Ist es wirklich so, dass es „unattraktive Partner" gibt? Wir können uns zu jeder Stunde des Tages entscheiden, ob wir unser Leben auf Autopilot geschehen lassen wollen und uns darauf beschränken, nur auf die Reize der Umwelt zu reagieren, oder ob wir die Kapitänsposition einnehmen und unseren Kurs selbst setzen wollen. Wollen wir bedient werden? Oder sind wir bereit, den anderen zu verführen?

**Denkfehler Nr. 3: „Ich will das so."**

Wonach sucht sie in der Möglichkeit einer Außenbeziehung? Sind es wirklich die physischen Merkmale anderer Menschen, die interessanter sind als die des eigenen Partners? Oder ist es etwas, das wir genauso bei unserem Partner finden können, wenn wir offen werden für die Möglichkeit, dies auch mit ihm zu erleben? Es geht meist nicht um straffere Haut oder ausgeprägtere Muskeln, die wir beim Partner vielleicht nicht mehr so finden. Es ist die Bestätigung, dass wir selbst attraktiv sind, dadurch dass wir Menschen, die wir für attraktiv halten, anziehen können. Eigentlich sagt sie: „Ich möchte verführt werden. Ich möchte gesehen werden. Ich möchte geliebt werden." Das könnte sie auch bei ihrem Partner finden.

**Denkfehler Nr. 4: „Ich will das so nicht."**

Warum wertet sie ihn sexuell ab? Welche Auslöser sind dafür verantwortlich? Sie möchte nicht um Sex mit ihm buhlen müssen. Dahinter kann stehen: „Ich will mich nicht mehr enttäuschen lassen. Ich will mich nicht mehr anstrengen müssen.

Ich will nicht mehr den ersten Schritt machen." Aber all das heißt nicht, dass es zwischen den beiden nicht doch wieder funken kann.

Wenn wir unseren Partner weniger oder gar nicht mehr attraktiv finden, dann kann es sein, dass wir hier einen großen Schlüssel zu wesentlich tieferen Beziehungskonflikten haben. Selbst wenn der Alltag außerhalb der Sexualität zu funktionieren scheint, kann hier ein größeres Problem versteckt liegen. Es wird nicht nur der Sex abgelehnt, sondern eigentlich auch der Partner. Aber eine Trennung wäre zu unbequem.

**Denkfehler Nr. 5: „Ich will hier raus."**

Eine langfristige, verbindliche partnerschaftliche Beziehung beruht für die meisten von uns auch auf dem sinnlichen Erfahrungsaustausch miteinander. Indem ausgesprochen wird, dass keine Lust mehr da sei, wird gewissermaßen das Ende eingeleitet. Man geht dann davon aus, dass Dinge unveränderlich sind, obwohl sie sich ja schon einmal verändert haben, wenn auch zum Negativen. In diesem Falle wird also eine negative Veränderung akzeptiert, aber eine positive Veränderung ausgeschlossen. Das ist der „Mechanismus" von Denkfehler Nr. 5: Das Ende herbeiführen, um frei zu werden. Dem gegenüber steht der Glaubenssatz: „Ich werde mit einem anderen Partner ein erfüllteres Leben haben" und damit der Traum, aus dem heraus viele Beziehungen beendet werden. Das Problem dabei ist, dass meistens das Kernthema der zugrunde liegenden Beziehung nicht bearbeitet wurde und deshalb mit der gleichen Wunde in eine neue Beziehung gesprungen wird.

## DER WEG ZURÜCK INS BETT

Es ist schon eine enorme Erleichterung und kann schon für Entspannung in der Beziehung sorgen, wenn man sich klarmacht, dass der erste automatische Liebestaumel nicht das ist, was wir wiederherstellen müssen. Das nimmt eine Menge Druck raus, und die wachsende Beziehung muss nicht länger den nicht haltbaren Vergleichen vom Anfang standhalten, nach dem Motto „Früher war alles anders". Zum Glück, könnte man fast sagen. Denn diese Extrovertiertheit des Inneren hält ja niemand auf Dauer durch, und sie verhindert zudem selbstvalidierte Intimität, die nicht nur die Gemeinsamkeiten feiert, sondern auch die Unterschiede.

Wir müssen der Anziehung vom Anfang nicht viele Tränen nachweinen, wenn sie nach und nach verschwindet. Wir können an ihrer Stelle vielmehr echte Verbindung wachsen lassen, indem wir zwei Entscheidungen treffen: Die erste ist, uns unserem Partner endlich ganz zu zeigen, und die zweite besteht darin, uns für den anderen zu interessieren, so wie er oder sie sich uns zeigt. Dann entsteht Intimität auf eine bisher den meisten von uns unbekannte Weise – nicht durch eine Einigung auf den kleinsten gemeinsamen Nenner, sondern durch unser Interesse und unsere Neugier darauf, wie der andere tickt und wie das mit dem eigenen „Ticken" zusammenpasst.

Und dann trägt dieses Kapitel zu Recht den Titel „Sinnlichkeit": Wir widmen uns dem anderen mit all unseren Sinnen, ohne von Sinnen zu sein. Wir beginnen, vielleicht zum ersten Mal, unseren Partner nicht nur nackt zu sehen, sondern auch seine Wünsche zu hören und ihn oder sie überall zu riechen, zu schmecken, zu fühlen. Statt der alten Begierde laden wir die Neugierde ein. Es ist spannend zu beobachten, wie unsere eigene Attraktivität und die unseres Partners auf einmal auf ein viel höheres Niveau als zu Beginn der Beziehung klettern kann. Denn wir sind nicht mehr „halbe" Personen, die den anderen brauchen, um sich ganz zu fühlen. Wir begegnen uns jetzt als ganze Persönlichkeiten. Das kann uns zunächst ein bisschen Angst machen, aber dadurch steigt tatsächlich auch das Lustniveau. Wir sehen unseren Partner mit neuen Augen. Dann muss sich mancher schon einmal die Frage stellen: Bin ich ihm / ihr gewachsen? Das Schöne ist: Ja, das sind wir, und zwar weil wir beide nicht die Bestätigung des anderen brauchen, sondern sie uns vorher selbst gegeben haben. Zu sich selbst zu stehen macht sexy.

Wir beginnen dann auch, unsere Entscheidung für einander aktiv zu leben und nicht als einmalig getroffenen Liebesvertrag verstauben zu lassen. Wir erneuern unser Versprechen Tag für Tag, ohne dabei unsere Beziehung auf die Probe zu stellen. Und dann ist Sex plötzlich keine Verpflichtung oder die reine Lustbefriedigung mehr, sondern der gemeinsame Tanz der Sinnlichkeit. Dann ist Sex plötzlich eine Verabredung, die man mit Freude trifft, weil man sich dort begegnen kann und zum Beispiel ein gemeinsames Essen mit Freunden ein Anlass sein kann, sich mal zwischendurch im Bad oder im Flur einen vielversprechenden Kuss zu geben – einen Kuss, der sagt: „Ich habe mich für dich entschieden. Damals. Und jetzt." Es kann bedeuten: Ich liebe und lebe diese Entscheidung jeden Tag. Ich möchte dir zeigen, wie viel mir das wert ist, indem ich mich um mich kümmere und dir Raum lasse, dich um dich zu kümmern, und ich immer wieder dafür sorge, dass Raum für uns beide entsteht. Und das ist ein guter Punkt, um zu beginnen: den gemeinsamen Raum zu schaffen anstatt genau an dieser Stelle zu „sparen".

Sinnlichkeit zu zweit kommt nicht von allein zu uns. Sie kann nur dann entstehen, wenn einer von beiden die Initiative dazu ergreift. Aber was ist, wenn einer von beiden das ständig tut und der andere blockiert? Dann braucht es Mut, die eigene Position zu halten. Denn wenn der Partner mit dem geringeren Verlangen durch Blockaden seine Position halten will, muss der Partner, der Lust auf die Lust hat, klar zeigen, dass er das für sein Leben braucht und sich in der Beziehung dahingehend etwas ändern sollte, weil die eigenen Bedürfnisse und auch die eigene Vorstellung von einer Beziehung auf diese Weise sonst nicht genährt und getragen werden. Dadurch wird sich der andere in irgendeine Richtung bewegen müssen, denn wem kann es schon egal sein, dass der Partner mit seinen Bedürfnissen im Regen steht? Hier Klarheit zu schaffen ist wichtig, egal in welche Richtung es von da aus geht.

Nur wer den Mut hat, für seine Bedürfnisse einzustehen, kann erwarten, dass diese gehört und erfüllt werden. Damit ist keine Drohung gemeint, und auch nicht, sich im erstbesten Fall, wenn es eine Zeitlang nicht läuft, woanders umzuschauen. Auch wenn etwas jahrelang brachlag und nun die süße Erlösung aus einer ganz anderen Ecke, von einem ganz anderen Partner winkt: Wir sollten unserem Partner erst die Chance lassen, mit uns zu gehen. Wir sollten uns immer zuerst an unseren Partner wenden, denn da gehören die Unzufriedenheiten hin. Und vielleicht hat auch der andere gute Gründe und sicher auch Bedürfnisse, die nicht gesehen werden.

## LÄSST SEXUELLE ANZIEHUNGSKRAFT WIRKLICH NACH?

Was oft passiert, ist, dass wir plötzlich bemerken, dass von irgendwo anders her in unserem Leben ein Mensch in den Mittelpunkt unserer Wahrnehmung rückt, mit dem Sexualität wieder interessant werden könnte. Weil es zwischen uns und dem Liebsten nicht mehr „funkt", konzentrieren wir uns mehr und mehr auf diesen neuen Bereich, wo auf einmal Energie fließt und Anziehung entsteht. Die Krux dabei ist: Die Anziehungskraft unseres Partners sinkt für uns auch dadurch, dass wir uns kaum mehr aktiv um romantische Begegnungen und sexuellen Austausch mit ihm kümmern. Wenn wir nun auch noch den Fokus auf jemand anderen legen, dann fühlen wir uns nicht nur stärker zu diesem anderen Menschen hingezogen, sondern es sinkt dabei auch automatisch weiter die Anziehung zu dem Partner, dem wir eigentlich unser Beziehungsversprechen gegeben haben. Und je weiter sich diese Schere öffnet, desto unvermeidlicher ist irgendwann der „Point of no

Return": Wir lieben unseren Partner, fraglos, aber wir können es uns wirklich nicht mehr vorstellen, noch sexuell aktiv mit ihm zu sein.

Und so werden wir immer weniger sichtbar für unseren Partner, weil wir uns ihm nicht mehr so zeigen, wie wir das früher getan haben. Wir sind dann auch weniger sichtbar für uns selbst, weil wir uns vor uns selbst verstecken. In unserem Kopf haben wir dann meist noch das Versprechen, das wir einmal gegeben haben, aber unser Verhalten passt nicht mehr so recht dazu. Und weil wir unterbewusst oft eine ziemlich starke moralische Instanz in uns haben – selbst wenn wir diese vernunftmäßig ablehnen –, nutzen wir jetzt einen inneren Persönlichkeitsanteil, der uns helfen soll, aus diesem Dilemma herauszukommen. Dieser Anteil sagt: „Sorge gut für dich! Nimm dir, was du brauchst! Du kannst ja trotzdem mit XYZ zusammenbleiben, aber fühl auch deine Lebendigkeit!"

Wenn wir sehr geschickt sind, dann schaffen wir es sogar, uns einzureden, dass unser Fremdgehen zum langfristigen Wohl der Beziehung oder der Familie beiträgt. Aber ein anderer Teil in uns weiß genau, was wir tun, und so sinkt nicht nur unser Selbstvertrauen, sondern es wächst auch unser Zynismus. Vielleicht gehört zu unserem Begründungssystem sogar das Argument, dass wir uns für die Liebe weiter öffnen wollen, indem wir uns auch einem anderen Menschen zeigen.

Letztlich bringt uns dann gerade der Wunsch nach Öffnung in eine engere Position als vorher. Denn weil wir wissen, dass wir jemanden verraten haben, sinkt unser Vertrauen in uns selbst, und damit auch unser Vertrauen in die Welt um uns herum.

Der Weg aufeinander zu erfordert ein aktives Bemühen. Wenn wir die Aufmerksamkeit auf unseren Partner lenken, dann steigt damit – und das können Sie leicht selbst ausprobieren – auch die sexuelle Anziehungskraft.

Spielfeld Nr. 3:

# BEREIT FÜR DYNAMIK

Mit Kopf, Herz und Hand handeln

# SPIELFELD NR. 3: BEREIT FÜR DYNAMIK

*Themenbereiche:*
*Karriere, Politik, Sport, Partnerschaftsstrukturen, Lebensplanung*

| **VITALITÄT / TATKRAFT** | **LETHARGIE / MACHT** |
| --- | --- |
| Selbstbewusstsein<br>*„Ich kann fast alles erreichen."* | Minderwertigkeitskomplex<br>*„Aus mir wird sowieso nichts."* |
| Dynamik<br>*„Lass uns loslegen."* | Abgestumpftheit<br>*„Ich habe keine Lust."* |
| Ausdauer<br>*„Gleich haben wir es geschafft."* | Inkonsequenz<br>*„Dann mach ich es eben morgen."* |
| Euphorie<br>*„Das müssen wir unbedingt wiederholen."* | Wut<br>*„Alles muss ich alleine machen."* |
| Durchsetzungskraft<br>*„Ich bleibe dran."* | Unterdrückung<br>*„Mach sofort, was ich sage."* |

Das diesem Themenfeld zugrundeliegende Element ist das Feuer, seit jeher ein Symbol für Transformation. Es kann für die Beziehung auf der einen Seite jede Menge Entwicklung und das Bündeln ungeahnter Kräfte bringen, aber es kann auch Unterdrückung, Machtkämpfe und ein Einander-Verpassen in hektischer Aktivität bedeuten. Feuer kann Wasser zum Verdampfen bringen, das heißt übertragen auf die Beziehung: Wenn es auf diesem Spielfeld zu turbulent zugeht, dann hat Sinnlichkeit keinen Platz mehr. Andererseits bringt die Dynamik dieses Spielfeldes auch eine wirkliche Mehrdimensionalität in die Beziehung. Es geht nicht nur mehr um Sicherheit und Sinnlichkeit zu zweit, sondern auch um ein gemeinsames Voranschreiten.

## WIR SCHAFFEN DAS!

Jede Beziehung durchläuft unterschiedliche Phasen, die Einfluss auf die Qualität der Dynamik haben. So kann zum einen ein Gefühl der Zuversichtlichkeit entstehen („Wir können alles schaffen"), und zum anderen aber auch eine Menge Druck („Wir müssen das alles schaffen"). Und das läuft zwischen den Partnern nicht immer parallel ab. Betrachten wir ein Paar beim Hausbau, das zeitgleich auch noch das erste Kind erwartet:

Zu Beginn, in der Planungsphase, sind beide entscheidungsstark, euphorisch und aktiv. Sie fühlen sich vital und auf einem guten Weg, sich mit eigenen Händen etwas aufzubauen. Sie haben das Gefühl, zusammen Berge versetzen zu können. Das gemeinsame Projekt und die gleiche tatkräftige Einstellung, mit der beide voranschreiten, sorgen für eine spürbare Verbindung. Nun wird sie im Beruf immer gefragter und kann deshalb weniger Zeit in das gemeinsame Projekt investieren. Er, der weiter vorrangig mit dem Hausbau beschäftigt ist, versucht ihre sich reduzierende Zugkraft zu kompensieren und gibt Vollgas. Das Gefüge beginnt sich zu verändern. Der im Projekt Aktivere verfällt zunehmend in Wut – Wut auf die Dienstleister, die nicht machen, was er sagt; Wut auf sie, da sie nicht mehr so involviert ist; Wut auf sich selbst, weil die Kraft nachlässt. Gefühle der Selbstüberschätzung, wie „Alleine geht es ohnehin besser, weil ich das am gründlichsten und besten mache" wechseln sich ab mit dem Gefühl, alles allein machen zu müssen. Direkt nebenan lauert der Wunsch, einfach alles hinzuschmeißen, zu verschieben oder abzuwerten. Gedanken wie „Ich habe einfach keine Lust mehr" oder das Gefühl, versagt zu haben, tauchen auf. Eine ganze Bandbreite an Positionen, die sich da auftun können.

Und ihr, die sich nicht mehr so einbringen kann, geht es ähnlich: Sie sieht ihren Partner immer direktiver werden, immer fordernder und immer negativer. Gleichzeitig sinken die sichtbaren Resultate. Zunächst will sie die bisherige Position auf dem Spielfeld halten und motiviert ihn, indem sie ihn an die anfängliche Energie erinnert, und versucht, so viel wie möglich aufzufangen. Bei ihm wird dadurch paradoxerweise die Wut noch genährt. Er fühlt sich nicht unterstützt, sondern abgewertet in seiner Schaffenskraft. Und schon sind wir mitten in einer verfahrenen Situation, die nicht wenigen Paaren an der Stelle, nach dem Bau des Hauses und der Geburt des Kindes, die Trennung beschert.

Eine andere Dynamik, die in dieses Themengebiet passt, besteht darin, dass beide Partner durchgängig gut am Projekt dranbleiben und sich dabei sehr verbunden fühlen. Die Partnerschaft ist geprägt davon, dass sich beide auf der gleichen Seite des Spielfeldes befinden. Kann es nur dann zu Konflikten kommen, wenn die Partner konträre Positionen haben? Nein, Konflikte, wenn auch stille, können auch dann entstehen, wenn beide Partner an einem Strang ziehen, sich aber in einer einseitigen Thematik verlieren. Das kann dann in unserem Beispiel so aussehen, dass sich beide Partner nach dem Hausbau und der Geburt des Kindes so leer fühlen, weil sie keine Themen mehr haben, dass sie sich ein neues Projekt suchen, indem sie wieder Partnerschaft spüren können. So wiederholt sich das, bis alle Träume und Visionen erfüllt sind, die Leere miteinander aber immer noch da ist. Spätestens dann werden sich die Partner nach Strategien umschauen müssen, die ihnen innerhalb aller Spielfelder neue Möglichkeiten aufzeigen oder aber innerhalb des Feldes für eine Annäherung sorgen.

## VOLLGAS ODER BREMSE

Die Dynamik, die diesem Spielfeld zugrunde liegt, sorgt nicht selten für Übersprunghandlungen. Entweder werden dann von heute auf morgen Dinge hingeworfen, oder man fängt unvermittelt etwas Neues an. Die Sehnsucht nach der Euphorie des Anfangs und oder nach der Genugtuung, etwas zu schaffen, kann dazu führen, dass neben den gemeinsamen Projekten neue Bereiche erschlossen werden wollen. Im günstigsten Fall sind das neue Hobbys, im vermutlich herausforderndsten Fall Affären. Es scheint dann im Außen so viel machbar, dass alles Mögliche angegangen wird. Dass dabei die Kraft nach außen statt nach innen – und damit auch in die Partnerschaft fließt, kann zu einem ernsten Problem heranwachsen. Dem Ganzen kann man den Namen Burn-out geben. Und das gibt es nicht nur für den Einzelnen, sondern auch für die Beziehung, ein Beziehungs-Burn-out. Da, wo es ein Burn-out gibt, ist meist die Depression nicht weit entfernt, oft noch gut versteckt unter dem Mantel der Geschäftigkeit.

Und wie so eine Beziehungsdepression aussieht, kann sich wahrscheinlich jeder ganz gut vorstellen. Man weiß im Grunde, was der Beziehung guttun würde, findet aber nicht den richtigen Antrieb dazu. Man hat zu kaum etwas Lust und verschiebt alles Mögliche auf morgen. Der Alltag läuft im gleichen Tempo weiter, aber bei der Beziehung wird der emotionale Aus-Knopf gedrückt.

Und hier ist ein guter Moment, sich zu fragen, was an der Situation im obigen Beispiel nicht stimmt. Kann es wirklich sein, dass das Führen einer Beziehung anstrengender ist als ein Hausbau? Dass ein Abschiedskuss lästig wird, nicht aber der Termin mit der Bauleitung? Immer wenn Dinge derart schiefliegen, ist das ein guter Indikator dafür, dass etwas grundlegend falsch läuft, und nicht etwa dafür, dass sich einfach die Prioritäten verschoben haben. Wir sehen hier die große Bandbreite an Spielzügen, die dieses Feld offeriert: von den zwei Machern bis zu den zwei Couch-Potatoes, von der Beziehungseuphorie bis zur Beziehungsdepression. Wir befinden uns auf einem Feld, auf dem man viel erreichen, wo aber auch viel kaputtgehen kann. Letzteres, besonders, wenn hier zwei gegenläufige Charaktere aufeinandertreffen, wie etwa eine Macherin und ein Verweigerer. Während sie am Machen ist, ruht er sich aus, mit der Einstellung, dass sie das alles besser erledigen kann und er da einfach weniger erreichen würde. Währenddessen beginnt sie, ihn, den Verweigerer, mehr und mehr zu dominieren und ihm zu sagen, was er tun soll, darf oder muss.

Bei einem Themenfeld mit solcher Durchschlagskraft ist es besonders wichtig, sich zu beruhigen und nicht den ersten Gedanken, den man hat, sofort auszusprechen. Denn das kann eine so heftige Wirkung haben, dass „kein Gras mehr wächst“. Unser Beispiel schildert eine herausfordernde Situation, die viel Nachsicht mit sich erfordert. Es geht weniger darum, den anderen mitzuziehen oder zu motivieren, sondern eher darum, die eigenen Grenzen anzuerkennen und dann womöglich im Außen für eine Verlangsamung zu sorgen. Denn ignoriert man seine natürlichen Bremsmechanismen, indem man sie mit noch mehr Power überdeckt, wird früher oder später, neben der Gesundheit, auch die Beziehung darunter leiden. Und auch der „Ich schaff das schon“-Schwindel wird dann aufgedeckt.

Möglicherweise bemerken wir in dem Verhalten und der Haltung gegenüber unserem Partner eher ein Ungleichgewicht als bei uns selbst. Wenn wir beginnen, unseren Partner herumzukommandieren, und stetig enttäuscht sind über seine mangelnde Initiative, ist es Zeit zu prüfen, ob es sich hier um einen Denkfehler handelt oder ob der andere „im eigenen blinden Fleck herumtanzt“ und wir es sind, die gerade ausgenutzt werden.

Aber Vorsicht: Erst nach guter Prüfung den Schluss der Schlüsse ziehen! Denn wie wir bereits wissen, ist ein Denkfehler nicht auf den ersten Blick entlarvt, sondern tarnt sich meist gut hinter einem nicht immer gesunden Selbsterhaltungstrieb. Der Konfrontation mit dem Partner sollte gerade in diesem Feld eine tief gehende und klare Selbsterforschung vorausgehen. Wir müssen unsere eigene Geschichte mit einbeziehen. Das heißt nicht, dass wir den Partner damit dann vollständig entlasten, denn zu einem Konflikt gehören immer zwei. Es ist aber eben wichtig, die eigenen Strukturen zu klären und dabei auch die Anschuldigungen des Partners ernst zu nehmen, um nach dem Gran Wahrheit zu suchen, dass diesen innewohnt. Auf diese Weise können wir uns gut aufgestellt dem eigenen Standpunkt nähern.

Um aus den Schwierigkeiten auf diesem Spielfeld herauszukommen, braucht jeder Partner meist das Gegenteil von dem, was er kennt. Der aktivere Partner muss lernen, sich zurückzuhalten, sich zu entspannen und einfach mal „gar nichts“ zu machen. Das ist für viele neu und ungewohnt. Erst dann kann aber der Raum für den anderen entstehen, um in die eigene Kraft zu kommen und diese Kraft auch zu zeigen. Dann kann der vorher passive Partner sich mit ganz neuen Seiten präsentieren. Zu Beginn ist es für ihn manchmal ganz hilfreich, bei seinen Hobbys von Entspannung auf Aktivität umzusatteln. Wenn man sein inneres Feuer aktivieren will, ist es zum Beispiel günstiger, sich im Kampfsport nach außen zu wenden statt im Yoga nach innen.

Unser Feuer sitzt im Bauch. Dieses Spielfeld spricht unsere eigene Mitte an, das Zentrum in uns, das uns lebensfähig, weil handlungsfähig, macht. Wir sind also dazu verpflichtet, wenn wir dieses Leben aktiv leben wollen, uns an die Hand zu nehmen und selbst für unsere Entwicklung zu sorgen – äußerlich wie innerlich. Dabei ist es unzuträglich, dem Partner dafür die Verantwortung zu überlassen oder der Vergangenheit an der mangelnden eigenen Antriebslosigkeit die Schuld zu geben. Auch den äußeren Umständen die eigene innere Verweigerungsdynamik vorzuwerfen, hilft nicht wirklich weiter. Neben den Entspannungstechniken, die in der anderen Spielfeldecke den Dampf rausnehmen können, können wir hier für unsere Lebenskraft gut sorgen, indem wir unsere Vitalkraft stärken und uns so durch den Tag und das Leben bewegen, als seien die Dinge, die uns widerfahren eine Chance statt eine Belastung. Bildlich gesprochen heißt dies, dass wir uns so einrichten, dass wir zukünftig innerlich und äußerlich nicht mehr die Rolltreppe nehmen, sondern beherzt die Treppen hoch- und runtersteigen.

## FEUER FÜR DIE SINNLICHKEIT

Widmen wir uns nun der positiven Wirkung des Feuers. Es kann zwar, wie wir gesehen haben, die Sinnlichkeit zum Verdampfen bringen, es kann sie aber auch in einen neuen Zustand heben. Sinnlichkeit kann sich wandeln und zu Liebe werden, mit der wir das nächste Spielfeld betreten können: das Spielfeld der Hingabe.

Im Bauch sitzt auch die Kraft, die unseren Selbstwert, unser Selbstvertrauen befeuert. Und diese Kraft brauchen wir, um das in Spielfeld Nr. 2 beschriebene „So nicht!" zu verhandeln. Denn wenn wir bemerkt haben, dass wir Lust haben und sie leben wollen, *aber* anders als bisher, dann können wir das nur ausdrücken, wenn wir auf dem dritten Spielfeld auch eine gute Figur machen. Die Spielfelder bauen also nicht nur aufeinander auf, sondern bedingen sich auch gegenseitig. Um auf Spielfeld Nr. 2 die Aufstellung zu wählen, müssen wir auch auf dem dritten Spielfeld am Ball sein und bleiben. Den Kompromiss der sexuellen Lustlosigkeit zu verlassen und den gemeinsamen möglichen Raum zu erweitern, ist ein mutiger Schritt. Dabei muss man sich seinen Ängsten stellen, erotisch abgelehnt zu werden oder den Partner ganz zu verlieren. Aber wenn wir uns entscheiden, unser Feuer aufleben zu lassen, und für unsere Wünsche eintreten, dann kann am Ende des Weges eine viel größere Intimität und Sinnlichkeit mit dem Partner auf uns warten, als wir sie uns vorher hätten träumen lassen.

Andererseits – wenn wir unseren Träumen auf „bequeme" Weise folgen, zum Beispiel mit der Suche nach größerer Lust in einer neuen Beziehung – bemerken wir oft spät oder im schlimmsten Fall überhaupt nicht, dass wir dabei auch an Selbstvertrauen verlieren.

Wenn wir uns für eine Beziehung entschieden haben, dann haben wir damit auch in der Regel den Wunsch nach sexueller Ausschließlichkeit ausgesprochen. Um diese brechen zu können, müssen wir unser inneres Wertesystem umschreiben. Das gelingt uns, wenn wir unseren Partner innerlich abwerten. Denn wenn jemand nicht mehr so viel für uns bedeutet, dann ist es auch nicht schlimm, wenn wir ihn betrügen. Wenn wir unseren Partner abwerten, dann werten wir damit auch den Teil von uns selbst ab, der sich für ihn entschieden hat. Entsprechend müssen wir in unserer inneren Buchhaltung auch unsere eigene Vertrauenswürdigkeit herabsetzen. Langfristig entwerten wir so uns selbst und entfernen uns von einer wirklichen inneren Stärke.

## EIN GESPRÄCH ÜBER DIE BALANCE VON KRAFT UND MACHT

Frage: Ist es nicht manchmal einfacher, allein zu sein als in einer Partnerschaft?

Ralf: „Wir sind ja unter anderem in einer Beziehung, um uns lebendig zu fühlen, um gemeinsam Dinge zu bewegen."

Katharina: „Ich finde es sehr wichtig, sich darüber klar zu werden, dass die Lebendigkeit ein wichtiger Bereich in der Beziehung ist. Sie macht das Leben zu zweit einfach schöner, ob das nun durch gemeinsame Kinder, eine gemeinsame Wohnung oder gemeinsame Interessen geprägt ist. Dynamik entsteht in uns selbst und durch das Leben, aber eben auch durch Beziehungen. Zu zweit sind wir oft kraftvoller, schneller und schlauer."

R: „Ein wichtiges Thema hier ist Dominanz. Wer nimmt die führende Rolle ein? Wer ordnet sich unter? Es geht nicht darum, immer gleichberechtigt nebeneinanderzustehen."

K: „Mit ‚Dominanz' steht aber auch oft unausgesprochen das Thema ‚Kampf' mit im Raum. Das hängt auch mit dem Selbsterhaltungstrieb zusammen, denn der Bereich der Dynamik ist der Bereich, in dem sich zeigt, ob und wie wir uns weiterentwickeln. Aus diesem Grunde kann hier auch ein großes Maß an Frustration in der Partnerschaft entstehen, wenn jeder stur auf seinen Standpunkt besteht."

R: „Es ist aber nicht nur ein Kampf möglich, sondern manchmal auch das Verstecken innerhalb der Partnerschaft. Das passiert zum Beispiel, wenn einer dem anderen passiv die Führungsrolle überlässt und dabei gar nicht seine eigene Kraft lebt. In der Regel fühlt sich der Passive damit aber langfristig selbst nicht wohl, sondern beginnt irgendwann seinen Ärger über die eigene Passivität als Wut auf den anderen zu projizieren, der ihm keinen Raum lässt, oder – und dann geht man wieder ein oder zwei Spielfelder nach unten – ‚nie für ihn da' ist."

K: „Diese Passivität ist ebenfalls ein Kampf, nur leise. Das ist passiv-aggressives Verhalten, das sich aus der eigenen Schwäche ergibt. Und das ist sehr verbreitet, denn aktiv und sichtbar ausgetragene Konflikte sind nicht so gesellschaftsfähig. Man zeigt sich lieber als friedliches Paar und versteckt sich immer mehr hinter Vorwürfen und ‚verkopften' Diskussionen. Mir ist dieser Punkt sehr wichtig, weil ich immer häufiger erlebe, wie sich Menschen in ihrer passiv-aggressiven Haltung darstellen, als hätten sie kein Problem mit dem Partner oder als wären nur sie es, die unter dem Partner leiden. Auf diese Weise fliegen sie unter dem Radar des Therapeuten oder auch wohlmeinender Freunde hindurch."

R: „Und im Freundeskreis wird dann oft nur allzu gerne bestätigt, was der passive Partner sagt. Denn es sieht ja tatsächlich so aus, als ob er derjenige sei, der mehr auf der Seite des Friedens steht. Dabei kann er den anderen ebenfalls sehr gut dadurch verletzen, indem er sich entzieht und den anderen auflaufen lässt. Man lässt dann eine entstehende Dynamik im Sande verlaufen. Damit verletzt man den anderen zum einen damit, dass dieser sich nicht ernst genommen fühlt in seinem Empfinden, dass hier etwas fundamental nicht stimmt. Und zum anderen geschieht die Verletzung dadurch, dass der Passive die Situation kontrolliert, indem er so tut, als sei alles in Ordnung. Doch zum Spielen braucht man immer zwei, und das weiß der andere, der nun vermutlich noch wütender wird, weil er mit seinem Ball auf dem Spielfeld steht und einen gemeinsamen Konflikt nun allein klären soll."

K: „Wir wollen kein Loblied auf laut ausgetragene Konflikte singen, doch scheint es ungeheuer wichtig, sich vor Augen zu führen, dass wir in einer Gesellschaft leben, die sich immer weniger traut, Dynamik als etwas Lebendiges zu begreifen, das hier und da auch zu Reibung führt. Und die Reibung ist letztendlich nicht mehr als das Feuer der Dynamik, die es an der einen oder anderen Stelle braucht. Gerade bei Menschen, die sich auf die Fahne geschrieben haben, gewaltfrei und sanft zu sein, findet sich oft die Tendenz zu versteckten Angriffen, denen man sich als Gegenüber dann im Endeffekt kaum stellen kann, weil diese auf so kleiner Flamme kochen. Auf die Dauer kann aber auch die kleine Flamme in der Beziehung einen Flächenbrand auslösen."

## DENKFEHLER IM SPIEL ZWISCHEN TATKRAFT UND MACHTKAMPF

**Fallbeispiel zum Spielfeld Nr. 3**

Sie ist Anfang vierzig und erfolgreiche Anwältin, die ihr Studium mit Bravour gemeistert hat und jetzt in einer großen Kanzlei arbeitet. Neben dem Studium hat sie zwei Kinder zur Welt gebracht und mit Unterstützung des Mannes und der in der Nähe wohnenden Mutter ihr Studium zu Ende führen können. Ihr Arbeitstags beginnt um 8 Uhr morgens und endet um 19 Uhr, sodass sie die Kinder während der Woche nur beim Frühstück und beim Abendessen sieht. Da sie eine klare Vorstellung davon hat, wie sie gerne die Wochenenden und den Urlaub mit der Familie verbringen möchte, übernimmt sie auch hier die Planung und die Organisation. Ihr Bildungsanspruch ist sehr hoch, sodass es ihr wichtig ist, dass die Kinder Tennis spielen, Geige lernen und zweisprachig aufwachsen. Die Nachmittagsveranstaltungen koordiniert sie vom Büro aus, in dem sie über Handy oder Mail den Bring- und Abholdienst regelt. Sie fühlt sich ständig erschöpft, ist aber nie krank und beschwert sich, dass ihr Mann zu wenig Eigeninitiative ergreife und ihr alles überlasse. Sie fühlt sich allein gelassen und nicht unterstützt, was sie nach anfänglicher Traurigkeit immer aggressiver macht.

Er ist fünfzig und Architekt. Während der Schwangerschaft und zur Babyzeit hat er seinen Job so reduziert, dass seine Frau ihr Studium und die ersten Kanzleijahre bewerkstelligen konnte. Die Rolle als Hausmann hat ihm gut gefallen, da er auf diese Weise auch Zeit für seine Hobbys hatte: Segeln, Tennis, Joggen. Für ihn waren diese Jahre eine wichtige Auszeit, in der er die Rolle des Hausmanns in seinen Augen gut erfüllt hat und nebenbei noch Zeit hatte, sich um sich zu kümmern. Die anfänglichen Spitzen seiner Frau, dass er nur das Nötigste tue und ihr alles überlasse, hat er nicht so ernst genommen. Doch mit der Zeit, auch nachdem er seinen alten Job wieder aufgenommen hatte, in dem er jetzt wieder viel arbeitet, wurden die Vorwürfe stärker und in seinen Augen völlig unverständlich. Mittlerweile nimmt er sich oft Auszeiten von Zuhause, da sonst die Fetzen fliegen und er sein aufflammendes Temperament nicht im Zaum halten kann. Es kommt bei beiden nicht selten zu starken Beschimpfungen und manchmal auch zu Handgreiflichkeiten.

Hier läuft es meist auf diese beiden unterschiedlichen Grundpositionen hinaus:

Sie: *„Immer muss ich alles alleine machen."*

Er: *„Du lässt mir keine Ruhe. Mich machen deine Ansprüche krank."*

**Denkfehler Nr. 1: „Ich weiß Bescheid."**

Sie sieht ihren Partner als jemanden, der seine Arbeit innerhalb des gemeinsamen „Projektes", der Familie, nicht erledigt.

Er denkt, er tue genug, und fühlt sich nahe am Burn-out. Die Situation ist ähnlich wie in Spielfeld Nr. 1, nur geht es dieses Mal um die von außen kommenden Anforderungen, die in einer Partnerschaft zu meistern sind. Dabei fällt der Blick jedoch nicht auf die Beziehung an sich, sondern nur auf die Aktivität, die im Raum zwischen den beiden entsteht. Die „Arbeit", die an einer Beziehung zu tun ist, bezieht sich aber nicht nur auf äußere Aktivität in den gemeinsamen Projekten, sondern darauf, wie intensiv man sich seiner eigenen Entwicklung und der seines Partners widmet, sodass das ganze Wesen der Beziehung wachsen kann. Egal ob wir Paare oder Singles betrachten: Der Level an empfundenem Stress hat meist nichts mit dem Beziehungs- oder Familienstatus zu tun. Vielmehr kommen wir oft durch unsere Ansprüche an uns selbst oder den Partner in Situationen der Überforderung, in denen wir dann verbal wild um uns schlagen.

**Denkfehler Nr. 2: „Es geht um mich."**
Hier herrscht die Vorstellung, dass ohne uns überhaupt nichts läuft. Damit nehmen wir die Position der Alleinherrschaft ein, denn in dem Satz steckt neben dem Vorwurf „Du machst es nicht" auch die Überzeugung „Ich kann es eigentlich besser". Und damit hat der Partner von vornherein keine Chance, weil die Situation so scheinbar keine Veränderung zulässt. Vielmehr wird hier zur Stärkung des Ego bzw. des falschen Ichs beigetragen, das sich gerne entweder in der Rolle als genialer Allrounder sieht, der alles schafft, oder aber in der Position des ständig Überforderten, der sich stets anstrengt und den Anforderungen nie genügt. Er nimmt diese Rolle gerne an, und so gehen beide auf dem Spielfeld in extreme Randpositionen.

**Denkfehler Nr. 3: „Ich will das so."**
Er möchte mehr Ruhe haben; sie möchte, dass er mehr Arbeit übernimmt. Beide sehen nicht, welche Botschaft der andere auch an sie sendet: „Ich will, dass du dich kümmerst und ich auch mal Pause machen kann." Oder: „Ich will, dass du siehst wie viel ich tue." Wenn die Wut groß wird, dann schlagen beide Positionen um in den Wunsch: „Ich will, dass du dich klein fühlst, damit ich mich groß fühlen kann."

An dieser Stelle ist es für eine Klärung und Annäherung unabdingbar, ganz ehrlich zu sich selbst zu sein. Denn wenn man zum Beispiel sagt, dass man sich einfach mal fallen lassen möchte, der andere aber in dem Satz deutlich eine Abwertung heraushört, kann es sein, dass beide recht haben. Dann ist es elementar, dass man bereit wird, dem anderen zu glauben und die eigene Härte zu sehen.

**Denkfehler Nr. 4: „Ich will das so nicht."**
Der eine hat das Gefühl, immer alles allein machen zu müssen, der andere fühlt sich genauso überfordert und kommt an die Grenze des für ihn Erträglichen. Aber was genau wollen beide nicht mehr? Nicht mehr so viel zu tun haben? Nicht mehr vierundzwanzig Stunden am Tag im Einsatz sein? Keine Verantwortung mehr haben? Wenn wir hier tiefer schauen, merken wir, dass die Frustration meist viel

tiefer geht und die erlebte Überforderung bei beiden Partnern oft viel älter ist als die Beziehung. Um davon Erlösung zu finden, hilft es nicht, dem Partner Vorwürfe zu machen. Beide müssen die eigene Geschichte anschauen, die sie dahin geführt hat, dasselbe immer wieder zu erleben.

**Denkfehler Nr. 5: „Ich will hier raus."**

Beide stellen sich in Drohgebärden auf, und bei beiden scheint durch: „Wenn du nichts änderst, dann verlasse ich dich."

Wir fühlen uns stark, wenn wir sagen: „Ich brauche diese Beziehung nicht" und gehen können, wann immer wir wollen. Aber oft äußern wir Derartiges nicht aus wirklicher Autonomie, sondern es ist ein Fluchtverhalten. Wollen wir uns trennen, weil wir tatsächlich übervorteilt werden in der Beziehung? Und wenn ja, was hindert uns daran, für uns und unsere Bedürfnisse einzustehen, statt wegzugehen? Vielleicht sind wir tatsächlich mit einer dissozialen[11] Persönlichkeit zusammen. Dann tun wir gut daran, eine giftige Beziehung zu beenden. Andere „Macken" unseres Partners können aber unter Umständen durchaus hilfreiche Anlässe sein, unsere eigenen Defizite anzupacken. Was ist, wenn wir zum Beispiel selbst einfach wieder verpasst haben, aufzustehen und klar eine Forderung zu stellen?

Oft ruft uns das Leben dazu auf, uns nicht aus der Beziehung zu stehlen und zur nächsten Oase weiterzuziehen, sondern an Ort und Stelle einen Brunnen zu graben und dauerhaft versorgt zu sein. Erst wenn wir für unsere Bedürfnisse mit Wünschen – und nicht mit Forderungen – einstehen, bekommt der Partner eine Chance, sie uns zu erfüllen.

11 Verantwortungsloses Verhalten, geringes Einfühlungsvermögen und fehlendes Schuldbewusstsein sind hier typisch.

## DER WEG AUS DEM MACHTKAMPF

Immerhin kann man, wenn ein Paar im Machtkampf ist, von etwas Positivem ausgehen: Es ist eine Menge Power da, ein großes, ungenutztes Potenzial. Wenn man es nur hinkommen könnte, diese Kraft, die bis dahin noch im Streit gebunden ist, auf etwas Kreatives zu verwenden.

Um hier die Kurve zu kriegen, kann es zunächst ratsam sein, uns Zeit für uns selbst zu nehmen und dies dem anderen ohne Vorwurf mitzuteilen. Schon hier kann das Liebesbarometer deutlich steigen, wenn wir es hinbekommen, uns dem anderen auf eine Weise mitzuteilen, die Verbindung zulässt. Dazu sollten wir auf dem ersten Spielfeld gut für uns gesorgt und auf dem zweiten Spielfeld gelernt haben, unsere Bedürfnisse wirklich zu kennen. Dann kann die Blüte von Spielfeld Nr. 3 sich zeigen: Wir beginnen, uns selbst anzunehmen, so wie wir sind. Und das kann unglaublich sexy sein. Unser Partner spürt dann unsere Präsenz. Und Sie erinnern sich sicher noch aus den Anfangszeiten Ihrer Liebe, wie gut sich das anfühlt. Auf diese Weise kommt Oxytocin, das sogenannte Bindungshormon, auch noch nach Jahren ins Fließen. So bekommen wir schließlich doch das, wonach wir uns gesehnt haben. Wir können es aber meist erst vom anderen bekommen, wenn wir bereit geworden sind, es zunächst in uns selbst entstehen zu lassen. Das Wunder der Liebe ist gar nicht so kompliziert.

Spielfeld
Nr. 4:

# BEREIT FÜR MITGEFÜHL

Dem Rhythmus des Herzens folgen

# SPIELFELD NR. 4: BEREIT FÜR MITGEFÜHL

*Themenbereiche:*
*Freundschaft, Gemeinschaft, Ethik, soziales Engagement, Kinder*

| ZUWENDUNG / VERBUNDENHEIT | ABGRENZUNG / SELBSTAUFGABE |
|---|---|
| Gemeinschaft<br>*„Zusammen ist es schöner."* | Beziehungslosigkeit<br>*„Ich liebe nur mich."* |
| Mitgefühl<br>*„Ich sehe dich."* | Gleichgültigkeit<br>*„Andere sind mir egal."* |
| Altruismus<br>*„Ich möchte, dass es dir gut geht."* | Ausbeutung<br>*„Ich will Nähe haben, aber nicht geben."* |
| Wünsche<br>*„Ich möchte, dass du dich mir zeigst."* | Forderungen<br>*„Lieb nur mich und niemand anderen."* |
| Liebe<br>*„Liebe ist in mir, in dir, überall."* | Selbstaufgabe<br>*„Du bist wichtiger als ich."* |

Je tiefer wir in die Spielfelder eintauchen und je weiter wir in der Dramaturgie fortschreiten, desto „filigraner" sind die Themen, die hier sichtbar werden. Wir kommen jetzt beim Element Luft an. Während es im ersten Spielfeld noch um handfeste Anforderungen ging, ist das Spielfeld rund um das Mitgefühl schon deutlich weniger greifbar und beschreibt den Bereich von Einstellungen, Haltungen und Zwischentönen. Hier ist kaum mehr etwas „beweisbar", und manche Unzufriedenheit lässt sich nicht wirklich konkret benennen. So kommen hier zum Beispiel Sätze vor wie „Ich möchte, dass du dich mehr für mich interessierst!", die dann beantwortet werden mit „Tu ich doch. Das bildest du dir nur ein." Damit enden Konflikte in diesem Bereich meist nicht explosiv in einem Eklat, sondern eher enttäuscht, resigniert und schweigend mit einem schalen Gefühl. Es ist der Bereich, in dem man – fast unbemerkt – am meisten mauern und sich zurückziehen kann. Ging es bei der Sinnlichkeit noch mehr darum, wie man den anderen auch körperlich zu sich vordringen lässt, steht hier die gefühlsmäßige Berührung im Vordergrund.

Das Fehlen emotionaler Verbindung ist oft ein Grund dafür, dass Paare auch im Bett das Interesse aneinander verlieren. Das wird dann gerne mit dem „Lauf der Zeit" erklärt. Aber sexuelle Leidenschaft kann ganz im Gegensatz zu dieser verbreiteten Idee mit der Dauer einer Beziehung und mit dem Wachsen von selbstvalidierter Intimität zunehmen. Wir haben die Voraussetzungen dafür bereits in Spielfeld Nr. 2 und Nr. 3 kennengelernt. Intimität nimmt zu, wenn man seinen eigenen Standpunkt findet und sich damit zeigen kann. Wir lassen uns ohne Angst, abgelehnt zu werden, in unser Innerstes schauen. Man könnte es so formulieren: „Ich bleibe bei mir und wende mich in dieser Klarheit dir zu." Wer das schon einmal erlebt hat, weiß, wie unglaublich erfüllend sich das anfühlt, wenn man einander auf diese Art und Weise begegnet. Aber das ist nicht die Regel, sondern vielmehr ein Weg, auf den wir uns – mit dem Wissen und Spüren aus den vorherigen Spielfeldern im Gepäck – machen können. Lieben ist eine Haltung, für die man sich entscheiden kann.

Das Schöne ist, dass es zunächst nur einen braucht, der sich dafür entscheidet. Der andere zieht dann nach – oder auch nicht. Zieht der andere nach, können wir mit unserem Liebsten weiter die verschiedenen Spielfelder der Liebe unsicher machen. Zieht der Partner nicht nach, obwohl man seine Position, dass man sich im Leben nicht um diese Form der Intimität bringen möchte, klargemacht und gehalten hat, dann hat man zwei Möglichkeiten: Man bleibt in der Beziehung, wissend, dass man nie das bekommen wird, was man möchte. Oder man wird „bereit für die Liebe", indem man nicht mehr toleriert, dass man nicht geliebt wird. Das ist – wenn es aus dem Herzen kommt – ein mutiger Schritt, ein Schritt, der einen darüber hinaus zu einem sehr attraktiven Partner macht. Und es kann sein, dass die Bereitschaft, die Beziehung aufzugeben, tatsächlich dazu führt, dass der andere wach wird und sich ebenfalls auf den Weg macht, um uns ein genauso attraktiver Partner zu werden und zu bleiben.

## NICHT VOREILIG TRENNEN

Wichtig ist, dass ein solcher Entschluss aus dem Herzen kommt und nicht aus einem der drei vorherigen Spielfelder. Denn Angst, Sucht und Macht – die negativen Pole auf diesen Spielfeldern – sind keine guten Ratgeber, wenn es um das Eingehen oder Auflösen einer Beziehung geht. Tatsächlich ist es aber in vielen Situationen so, dass wir unser Herz als Grund vorschieben, wenn wir uns in einer Beziehung nicht mehr wohlfühlen, während wir eigentlich mehr auf Sicherheit, Lust oder eine Eroberung aus sind.

Zwischen der Idee, uns zu trennen, und dem Entschluss, es tatsächlich zu tun, sollten wir uns viel Zeit geben zu prüfen, ob wir gerade eher unserem kritischen Geist folgen, der auf seine Weise gut für uns sorgen will, oder unserem Herzen. Manche der Beziehungen, die wir beobachtet haben, sind daran gescheitert, dass Denkfehler für die innere Stimme des Herzens gehalten wurden. Es gibt gute Gründe, eine Beziehung aufzulösen; wenn aber der nächste Partner auf dem Fuße folgt, dann hat man meist eine Wiederholung des gleichen Spiels vor sich – nur in einem anderen Team. Richtige Argumente wurden aus den falschen Motiven verwendet. Die Denkfehler begleiten uns durch alle Spielfelder, aber nirgendwo sonst werden sie so geschickt versteckt wie dort, wo es um das Herz geht.

## DIE KRAFT DES HERZENS

Die Hingabe an den anderen und die Tiefe der Verbindung, die dadurch im Herzen entstehen kann, haben auf diesem Spielfeld zwei Seiten. In ihrer positiven Ausprägung entsteht Nähe und Zugewandtheit. Wir teilen unser Innerstes mit dem anderen und interessieren uns aktiv für ihn. Wenn es uns aber an Kraft des Herzens mangelt, dann enden wir auf diesem Spielfeld eher in Selbstaufgabe. Wir nehmen nur noch Bezug auf die Sehnsüchte des anderen, und dieser wird zum Zentrum unseres Lebens. Über die Aufopferung für den anderen schaffen wir es besonders gut, uns selbst aus dem Weg zu gehen. Dann müssen wir uns nicht mit unseren eigenen Schwächen beschäftigen.

Ein starkes Herz ruht auf dem Fundament von Sicherheit, der Fähigkeit zur Sinnlichkeit und einem gesunden Selbstwert, wie wir auf den Spielfeldern Nr. 1 bis Nr. 3 gesehen haben. Wer keine Wurzeln hat, dem wird es schwerfallen, in der Liebe nicht wie ein Blatt im Wind hin und her zu wehen. Sinnlichkeit kann Erotik mit einschließen, muss das aber nicht zwangsläufig tun. Wenn Erotik allerdings ausgeschlossen wird, ist auf Spielfeld Nr. 2 zu klären, warum das so ist. Sind wir trotzdem mit der Fülle unserer Gefühle in Kontakt, oder blockieren wir Sexualität, weil sie uns noch irgendwo ängstigt? In diesem Fall müssten wir sozusagen „zurück auf Spielfeld Nr. 1", bis wir uns mit dieser Angst auseinandergesetzt haben. Wenn wir uns all unseren Gefühlen stellen können, auch den dunklen Seiten und unserer

Wildheit, und mit der Kraft eines gesunden Ich aus Spielfeld Nr. 3 ausgestattet sind, dann werden wir tatsächlich bereit für Mitgefühl.

## DIE ENTDECKUNG DES MITGEFÜHLS

Wir kennen Mitgefühl in zwei Ausprägungen: Mitgefühl für andere und Mitgefühl für uns selbst. Beide Komponenten sind wichtig, und beide möchten erfüllt werden. Interessant dabei ist die Dynamik zwischen den beiden. Manchmal heißt es, dass man erst für sich selbst sorgen müsse, bevor man für andere Sorge tragen könne. Wenn es zum Beispiel im Flugzeug einen Druckabfall gibt, müssen sich die Erwachsenen zuerst die Sauerstoffmasken aufsetzen, um dann anschließend den Kindern helfen zu können.

In manchen Konflikten kann es aber durchaus eine interessante Technik sein, sich zuerst um den anderen zu kümmern, um über diese Entscheidung, die ja letztendlich doch die eigene war, der Tendenz zu einer möglichen egozentrischen Verweigerung ein Schnippchen zu schlagen. Ich sorge für mich, indem ich mich für den anderen entscheide. Dieser Trick kann besonders dann hilfreich sein, wenn man gerade felsenfest davon überzeugt ist, dass es nun reicht und man sich definitiv jetzt mal um sich selbst kümmern müsste.

Und genauso gilt andersherum: Es kann vorkommen, dass man das Wohl des anderen gewohnheitsmäßig eher über das eigene stellt, weil dies einem leichtfällt, oder weil man einen Konflikt auf diese Weisen schnell beenden möchte. In dieser Situation steht einem dann auch die Möglichkeit offen, sich auf den eigenen Standpunkt zu besinnen und zunächst für sich selbst zu sorgen.

Die Anwendung der paradoxen Verhaltensweisen liegt in der Idee der Denkfehler begründet. Wenn man sie in ihr Gegenteil verkehrt, wird schnell sichtbar, ob man sich damit vielleicht einfach nur bequem eingerichtet hat. So lassen sie sich gut entlarven. Prüfen Sie also Ihre Motivation ganz genau, indem Sie nicht nur schauen, in welcher Ecke des Spielfeldes Sie sich gerade befinden, sondern auch, warum Sie da sind. Nutzen Sie zum Beispiel Ihre Fähigkeit zum Mitgefühl, das fast an Aufopferung grenzen mag, nicht vielleicht auch zum Rückzug, indem Sie verhindern, etwas von sich preiszugeben? Dann landen Sie an dem gleichen Punkt wie derjenige, der sich offensichtlich abgrenzt und alles, was Nähe bedeutet, sichtbar von sich weist. Das ist eine besondere Eigenart dieses speziellen Spielfeldes: Alles, was wir hier tun, kann von Herzen kommen; genauso können aber auch geschickte Mittel dahinterstecken, unserem Herzen, und dem des anderen, aus dem Weg zu gehen und weder uns selbst noch dem anderen wirklich tief und ohne Maske zu begegnen.

## EIN GESPRÄCH ÜBER EMPATHIE UND ABGRENZUNG

Unser Gespräch zu diesem Themenbereich wurde angeregt durch die Äußerung einer Klientin, die meinte: „Frauen haben eben oft eine größere emotionale Intelligenz als Männer."

Katharina: „Dieses Spielfeld ist für Frauen sehr interessant, weil wir hier in einer Arena auftreten, in der wir oft meinen, überlegen zu sein."

Ralf: „Eigentlich ist es verrückt, dass man denken kann, man sei mit dem Herzen ‚überlegen'. So als ob es da eine Rangordnung gäbe. Aber natürlich denken wir in einer Beziehung immer wieder, dem Partner schon etwas vorauszuhaben."

K: „Ich höre oft von Frauen, dass ihre Partner im Herzen nicht offen genug seien und daher Intimität nicht möglich sei."

R: „Das ist der klassische Vorwurfe an die Männer, dass sie nicht empathisch genug seien. Aber was meinen diese Frauen mit ‚im Herzen offen sein'?"

K: „Viele Menschen – auch Männer – wünschen sich einen Partner oder eine Partnerin, der oder die ihnen ihre Wünsche von den Augen abliest. Eigentlich sehnen sie sich nach symbiotischen Erlebnissen. Und dennoch liegt in der Aussage ‚Wir leben in zwei verschiedenen Welten' auch viel echter Schmerz. Es geht den Partnern, die sich auf diesem Spielfeld in dieser Weise äußern, um eine Sehnsucht, die der andere nicht erfüllt. Der andere wird als kühl und distanziert erlebt."

R: „Und wenn sich die unerfüllten Forderungen aus den vorherigen Spielfeldern bis hierhin aufaddiert haben, werden sie nun als noch unerfüllbarer angesehen, weil hier noch der Wunsch nach Emotionalität hinzukommt. Der Tanz zwischen Nähe und Distanz in einer Partnerschaft basiert ja darauf, dass es immer einen gibt, der etwas mehr Distanz einfordert, woraufhin der andere dann ein wachsendes Bedürfnis nach Nähe verspürt und beginnt, den anderen zu ‚verfolgen'. Wir kennen das Szenario so, dass daraufhin der Partner mit dem niedrigeren Nähebedürfnis sich noch weiter entfernt, woraufhin der andere die Verfolgung fortsetzt usw., bis schließlich einer von beiden die Nerven verliert. Was allerdings auch passieren kann – und das ist gar nicht so selten – ist, dass sich das Verhältnis irgendwann umdreht, meistens dann, wenn der Verfolger ermüdet aufgegeben hat."

K: „Auf diesem Spielfeld geht es neben dem Wunsch nach Nähe und dem daraus resultierenden Mechanismus der Distanz auch um Empathie. Dazu gehört, über das eigene Bedürfnis hinaus, das Bedürfnis des anderen zu sehen. Wenn also der eine Partner das Bedürfnis nach Nähe hat, könnte er auch, statt auf seinem Bedürfnis zu bestehen, anerkennen, dass der andere gerade etwas Distanz braucht. Dadurch fällt es dann dem distanzierten Partner leichter, sich wieder anzunähern. Also die Empathie nicht nur einfordern, sondern auch schenken!"

R: „Warum erkennen die Vermeider nicht, was der Verfolger eigentlich will?"

K: „Und warum erkennt der Verfolger nicht, was der Vermeider will? Ist es überhaupt wichtig zu wissen, warum es geschieht? Reicht nicht das Wissen um die Dynamik, um etwas zu verändern und endlich weiter nach vorne gehen zu können?"

R: „Das stimmt! Es geht uns irgendwann nicht mehr um Ursachenforschung, sondern darum, mit der Liebe zu beginnen. Bis hierhin ging es darum, die Voraussetzungen zu schaffen. Die ersten drei Spielfelder waren sozusagen die ‚Pflicht'. Mit dem Herzen beginnt die ‚Kür'. Und da haben Männer und Frauen tatsächlich gleich gute Karten. Kein Geschlecht ist dem anderen von Natur aus darin überlegen zu lieben."

## DENKFEHLER IM SPIEL ZWISCHEN EMPATHIE UND SELBSTAUFGABE

**Fallbeispiel zum Spielfeld Nr. 4**

Sie ist Anfang dreißig, junge Mutter von zwei Kindern und von Beruf Hebamme. Sie hat diesen Beruf gewählt, weil die Geburt ihrer Kinder ein solch transformierendes Erlebnis für sie war, dass es sie seitdem in ihrem ganzen Wesen und Wirken prägt. Begrüßt sie Menschen, geschieht das meist mit einer stürmischen und innigen Umarmung. Sie lacht viel und wirkt immer fröhlich. Sie ist ein geselliger Mensch, der gerne Gäste zu sich einlädt und diese bekocht und verwöhnt. Man kann leicht ein Gespräch mit ihr anfangen und vertraut sich ihr gerne an. Sie sagt von sich, dass sie ein leidenschaftlicher und gefühlvoller Mensch sei, der neugierig und mit den Augen eines Kindes durchs Leben gehe. Sie möchte mit anderen verschmelzen, auch mit ihrem Partner. Der innige Kontakt mit anderen Menschen gebe ihr Energie und lasse sie ihre Lebendigkeit spüren. Sie ist seit zehn Jahren mit ihrem Partner zusammen, mit dem sie regelmäßig Sex hat, wobei sie aber in letzter Zeit immer mehr die Intensität vermisst. Sie möchte sich verlieren im anderen – und dann von ihm gehalten werden. Und sie möchte, dass der andere sich in ihr verliert, und ihn dann halten. Je älter sie wird, desto stärker manifestiert sich der Wunsch nach Intimität in ihr, den sie immer weniger in der Beziehung und in den gemeinsamen Gesprächen darüber erfüllt sieht.

Er ist Anfang vierzig und Arzt mit eigener Praxis. Er ist ein sehr strukturierter Mensch, der gerne diskutiert und analysiert. Er ist ein herzlicher, aber strenger Vater. Ihm ist Ordnung wichtig, und er verlangt diese auch von seiner Umgebung. So hat er zum Beispiel feste Vorstellungen, wie die Spülmaschine eingeräumt werden soll, und sieht es als Provokation seiner Frau, wenn sie diese anders einräumt. Er fährt in seiner Freizeit gerne Motorrad und ist viel im Freien, wo er, nach eigener Aussage, die Einfachheit des Lebens und auch die Einsamkeit genießt. Die Gespräche mit seiner Frau führt er bis zum bitteren Ende, weil er der festen Überzeugung ist, dass ihre Gedanken keine Logik haben und sie die Dinge nur von einem anderen Standpunkt aus sehen müsste. Dabei spielt er gerne auf den Altersunterschied an. Auch er findet die Gespräche zunehmend anstrengend, weil er meint, dass seine Frau sich aus purer Provokation oder aus Unvermögen seinem logischen Standpunkt widersetzt. Die Gespräche enden meistens mit einem müden, resignierten Abschluss auf beiden Seiten.

Unabhängig von der Länge, Dauer oder Intensität der Streitgespräche mündet das Gespräch über das Thema immer in diesen zwei unterschiedlichen Grundpositionen:

> Sie: *„Mir geht es um Gefühle, dir nur um Argumente. Wir sind in zwei verschiedenen Welten."*
>
> Er: *„Du bist mir zu irrational."*

**Denkfehler Nr. 1: „Ich weiß Bescheid."**

Wir haben bereits darüber gesprochen, wie schwer es ist, zwischen Gefühlen und Gedanken zu unterscheiden, zum einen, weil sie in gegenseitiger Wechselwirkung stehen, zum anderen, weil viele Menschen üblicherweise annehmen, dass Gefühle den Gedanken an Wahrheitsgehalt überlegen seien. Das ist zwar manchmal zutreffend, denn wir haben auch besprochen, dass Gedanken zu Gefühlen führen können, die nichts mehr mit den tatsächlichen Möglichkeiten der Partnerschaft zu tun haben. Es ist aber gefährlich, sich seinem Partner gegenüber emotional überlegen zu fühlen, so wie sie das tut. Und genauso ist man auf dem Holzweg, wenn man sich für intellektuell überlegen hält, so wie er das glaubt. Dann folgt Denkfehler Nr. 5 meist umgehend: Wir meinen, wir müssten uns einen anderen Partner suchen. Mit diesem Denkfehler setzt man sich also sozusagen an den Kontrollschalter. Aber meist ist man einander doch näher und ähnlicher, als man denkt.

**Denkfehler Nr. 2: „Es geht um mich."**

Bei diesem Denkfehler weiß ich nicht nur, worum es mir geht, sondern auch, worum es dem anderen geht. Ich bin also nicht nur der Erschaffer meiner Welt, sondern sage dem anderen auch, wie seine aussieht. Sie behauptet zu wissen, was in ihm vorgeht, und er urteilt über sie. Der Psychotherapeut Michael Lukas Moeller nannte das den anderen ‚kolonialisieren' oder auch ‚Paar-Rassismus'.

**Denkfehler Nr. 3: „Ich will das so."**

Man könnte diesen Denkfehler hier auch so formulieren: „Ich will so bleiben, und der andere soll sich ändern oder gehen." Sie wünscht sich, dass er ihr nicht so rational begegnet. Er wiederum möchte, dass sie rationaler ist. Dieses Wollen schreit nach Erfüllung durch den anderen und sieht nicht die Möglichkeit der eigenen Entwicklung. Beide könnten ihren Horizont erweitern, wenn sie sich die Mühe machten, die Sprache des anderen zu verstehen. Wir sind aber oft nicht wirklich daran interessiert, den anderen anzunehmen, so wie er ist, sondern wollen eine Partnerschaft ohne weitere „Störungen".

**Denkfehler Nr. 4: „Ich will das so nicht."**

Der andere wird hier eigentlich in seiner ganzen Persönlichkeit abgewertet und abgelehnt, und genauso wird sein Recht abgelehnt, seine eigenen Wege der Öffnung zu wählen. Im Grunde werden alle realen Möglichkeiten zurückgewiesen, sich aufeinander zuzubewegen und sich auf Subjekt-Subjekt-Ebene zu begegnen. Denn dafür müsste man sich selbst infrage stellen und bereit sein, dem Partner zuzuhören. Aber dazu hat keiner von beiden mehr Lust.

**Denkfehler Nr. 5: „Ich will hier raus."**

Eine Zeitlang kann man den Tanz von Nähe und Distanz aushalten, aber auf Dauer wird es anstrengend. Kein Mensch möchte sich immer wieder anhören, dass er nicht „offen" genug sei. Wir haben schon genug Stress im Alltag; in der Beziehung wollen wir dann nicht auch noch Vorwürfe hören, und schon gar nicht nicht solche, die das Herz betreffen. Etwas, worüber man eigentlich gar nicht diskutieren kann. Wenn hier diskutiert wird, dann nimmt der Verfolger meist die übertrumpfende Position ein, weil der Vermeider ja schon im Rückzug ist. Meist macht das der Vermeider nur eine begrenzte Zeit mit und „beißt" dann irgendwann zurück. Und der Biss geht meist in die Kehle, weil es eng geworden ist.

Wenn das Herz traurig ist, dann meint man, dass diese Beziehung keine Erfüllung mehr bringe. Aber muss eine Beziehung für uns Erfüllung dadurch bringen, dass wir das bekommen, was wir zu brauchen glauben? Oder könnte Erfüllung auch darin liegen, in der Andersartigkeit des anderen mit ihm zu wachsen?

## ZWEI HERZEN SIND BESSER ALS EINS[12]

Es ist auf jeden Fall ein großes Abenteuer, wenn man beginnt, sich auf die Ebene des Herzens zu begeben. Sobald man seine Aufmerksamkeit dorthin lenkt, passiert nämlich bereits etwas im Körper. Er wird in der Regel ein kleines bisschen weicher und entspannter, und das Gleiche geschieht dann auch mit unserem Geist. Wenn wir unsere Achtsamkeit auf den Brustraum, den Sitz unseres Herzens, lenken, dann können wir bemerken, wie unsere Gedanken oft friedvoller werden und unsere Bereitschaft steigt, uns anderen zu öffnen. Wenn wir es also schaffen, sozusagen an den inneren Wächtern vorbei, die uns gerne in der Vorwurfshaltung lassen möchten, mit der Wahrnehmung den Weg zum Herzen zu gehen, dann nehmen die Gedanken an „Schuld" ab, und zwar sowohl die Annahme, dass man selbst schuld sei an seiner Misere, als auch die Vorwürfe an den anderen.

Und genauso, wie zwei Menschen zusammen mehr „Hirn" haben als einer (was einer der Gründe dafür ist, dass Teams – auch wenn die einzelnen Mitglieder eventuell nicht über die gleiche intellektuelle Kapazität verfügen – bei vielen Aufgaben besser abschneiden als gescheite Einzelkämpfer), haben zwei Menschen auch mehr „Herz" als einer. Die Fähigkeit, bereit für die Liebe zu werden, kann man besser zu zweit trainieren als allein. Denn wenn – aus welchen Gründen auch immer – einer der beiden Partner einmal weniger „Herzenskraft" hat als der andere, dann kann

12 Für alle Musikkenner sei hier erwähnt, dass diese Überschrift sich auf einen Song von Bruce Springsteen bezieht: „Two Hearts" vom Album „The River" (1980).

der andere sich entscheiden, in seiner Liebe zu bleiben. Dann kann das Wunder geschehen, dass der andere wieder den Weg zurückfindet.

## WENN ICH ZURÜCKFALLE: WARTE AUF MICH![13]

Liebe ist wie gesagt eine Haltung, eine Entscheidung. Aber jeder wird auch einmal müde, und dann haben die Denkfehler leichtes Spiel. In solchen Momenten können wir von unserem Partner lernen, der auch in schwachen Momenten noch unsere Stärke sieht und uns sagt und zeigt, dass er uns liebt. Genauso können und dürfen wir für den anderen da sein, wenn der sich gerade mal nicht daran erinnert, wie viel Liebe in ihm steckt. Auf Spielfeld Nr. 4 tragen wir uns gegenseitig ein Stück des Weges, falls einer von uns für eine Zeitlang zurückbleibt. Deshalb sagen wir gerne: „Einer reicht." Wenn beide aufgeben, ist die Beziehung beendet, aber wenn einer in der Liebe bleibt, kann das Herz des anderen im besten Fall in Dankbarkeit aufgehen.

Dabei erinnern wir uns an die Gefahr der Selbstaufgabe. Wenn wir manchmal keine Kraft haben, unseren Partner zu „tragen" – denn wir haben in den vorangegangenen Spielfeldern gelernt, dass auch jeder für sich selbst verantwortlich ist –, dann können wir zumindest so lange auf ihn warten, bis er sich wieder aufgerappelt hat. Und dabei hilft es meist schon, wenn er merkt, dass wir ihn nicht aufgeben. Wenn er versteht, dass wir ihn nicht abschreiben, und sieht, dass wir auf ihn warten, dann weiß er: „Ich bin nicht allein. Die Liebe ist da." Und dann kann er sich wieder auf den Weg machen, mit uns weiterzugehen.

13 Und hier noch einmal eine kleine Anleihe bei Bruce Springsteen, dieses Mal der Song „If I Should Fall Behind" vom Album „Lucky Town" (1992).

Spielfeld
Nr. 5:

# BEREIT FÜR KOMMUNIKATION

Aufrichtig miteinander sprechen

# SPIELFELD NR. 5: BEREIT FÜR KOMMUNIKATION

*Themenbereiche:*
*freundschaftliche und geschäftliche Beziehungen, Medien, Kultur, Alltagsabwicklung, Netzwerke*

| KLARHEIT / PRÄSENZ | RÜCKZUG / RIGIDITÄT |
|---|---|
| Omnipräsenz<br>*„Kommunikation erlebe ich als verbindend."* | Abkapselung<br>*„Ich möchte nicht sprechen."* |
| Eloquenz<br>*„Es fällt mir leicht zu kommunizieren."* | Schüchternheit<br>*„Andere können besser reden als ich."* |
| Zuhören<br>*„Es ist interessant, was du sagst."* | Krittelei<br>*„Da ist ein Haar in der Suppe."* |
| Einfachheit<br>*„Das bedeutet auf den Punkt gebracht ..."* | Unterwürfigkeit<br>*„Ja, das ist genau wie du sagst."* |
| Klarheit<br>*„Es gibt drei Optionen."* | Striktheit<br>*„Das ist so und nicht anders."* |

Das fünfte Spielfeld wird durch das Element Äther charakterisiert. Da das für manche etwas esoterisch klingen kann, nennt man dieses Element auch „Raum". Raum entsteht zwischen etwas. In der Beziehung entstehen alle Spielfelder im ganzen Raum der Partnerschaft. Dabei ist sozusagen jedes Spielfeld eine Ebene dieses großen Raumes, den beide Liebenden durch ihre Persönlichkeit, durch ihr Wesen entstehen lassen. Auf diesem Spielfeld wird nun zum ersten Mal „dreidimensional" gespielt. Die zugrundeliegenden Ebenen bestimmen, welche Möglichkeiten des Ausdrucks und der Begegnung wir in der Partnerschaft haben. Alles, was wir bis hierhin erarbeitet oder „erliebt" haben, kennzeichnet jetzt den Raum der Möglichkeiten unserer Partnerschaft. Und daraus wird sich auf den nächsten Ebenen zeigen, ob und wie wir gemeinsame Visionen empfangen, verfolgen und durchsetzen können – und wo uns die Liebe hinführt.

Im Äther wird der Klang übertragen, und im Raum sind wir durch unsere Sprache verbunden. Deshalb schauen wir uns hier die Art und Weise an, wie wir miteinander kommunizieren. Dabei geht es nicht nur um die Worte oder die „Grammatik", die wir benutzen. In diesem Spielfeld geht es nicht um Manipulation durch Rhetorik, sondern darum, wie wir die Haltung der Empathie und des Mitgefühls aus dem vorangegangenen Spielfeld in der Begegnung mit dem anderen umsetzen. Wir brauchen dazu eine klare Sprache, ohne die vielen möglichen Interpretationen, die sich nur allzu gern aus unseren Denkfehlern ergeben. Wenn wir uns darauf konzentrieren, aus der Ich-Perspektive zu beschreiben, was wir empfinden, dann hilft diese Klarheit unserem Partner, sich uns genauso offen zu zeigen, mit all seinen Empfindungen. Wenn beide ohne Bewertungen über sich selbst sprechen, kann jeder von beiden für sich entscheiden, wo ihn das, was der andere erlebt, bewegt. Dann ist er frei zu wählen, wo er ihm entgegenkommen möchte und wo er bei sich bleiben will.

## KOMMUNIKATION NACH DEM LEHRBUCH?

Der Unterschied zwischen der hier beschriebenen Klarheit und Striktheit liegt in dieser Offenheit für die Möglichkeiten. Es ist unsere Haltung, aus der heraus wir uns an den anderen wenden, die bestimmt, ob unsere Kommunikation gewaltfrei[14] ist oder nicht. Sagen wir zum Beispiel zu unserem Partner: „Du kommst immer zu spät, und das ist verletzend", könnte man an der Art der Sprache bemängeln, dass hier keine Ich-Botschaft transportiert, sondern eher pauschalisiert und bewertet wird. Man könnte den Satz entsprechend umformulieren zu: „Als du gestern Abend später kamst als verabredet, habe ich mich geärgert." Dieser Satz enthält eine genaue beschriebene Beobachtung, ohne Interpretation, nach der Methode der GFK, und doch kann man sich diese Aussage auf zwei – und sicher noch weitere – Arten ausgesprochen vorstellen: einmal als ernsthaftes Bemühen um eine gemeinsame Lösung, weil ein Bedürfnis nicht erfüllt wurde. Es gibt aber andererseits auch sehr geschickte Menschen, die, wenn ein Streit einmal eskaliert ist, eben diese Sprechweise benutzen und doch schon nicht mehr an einem gemeinsamen Weg interessiert sind. Es geht hier – wie es auch Rosenberg beschreibt – vor allem

14 Wir beziehen uns hier auf das populäre Konzept der gewaltfreien Kommunikation nach Marshall B. Rosenberg, kurz GFK genannt.

um die Haltung hinter den Worten. Wenn wir unseren Partner einfach nur noch angreifen oder am besten gleich ganz loswerden wollen, dann kann selbst bei einer Kommunikation nach dem Lehrbuch noch Abwertung mitschwingen. Erinnern wir uns daran: Wenn es einen Menschen gibt, der sich in der Regel ganz gut ein Bild von dem machen kann, was in unserem Kopf und unserem Herzen los ist, dann ist das der Experte für uns: unser Partner.

## WIE MENSCHEN UNS BLIND MACHEN KÖNNEN

Natürlich gibt es auch die Möglichkeit, dass unser Partner so geschickt darin ist, sich hinter guten Kommunikationstechniken zu verstecken, dass wir es nicht nur nicht bemerken, sondern ihm wirklich eine gute Absicht „abkaufen". Wenn er dann trotzdem etwas tut, was uns verletzt – und das kommt in „vergifteten" Beziehungen nicht selten vor –, dann passiert in uns etwas, das uns regelrecht traumatisieren kann. Denn wenn wir intuitiv spüren, dass etwas nicht in Ordnung ist, unser Verstand uns aber sagt, alles sei okay, dann gibt es eine Art Schaltkreiszusammenbruch in unserem Gehirn.

In dem Moment, in dem bei uns ein natürliches Unwohlsein einsetzt, weil wir spüren, dass wir auf irgendeine Weise übervorteilt oder missbraucht werden, läuten unsere Alarmglocken. Wir wollen uns dann instinktiv abwenden. Wenn wir aber in so einer Situation von unserem Verstand die Botschaft bekommen, dass keine Gefahr drohte, weil die Botschaft von einem Menschen stammt, der uns liebt, vielleicht sogar von jemandem, der eigentlich dazu da sein sollte, sich um uns zu kümmern, wie zum Beispiel unseren Eltern oder anderen Bezugspersonen, dann verlernen wir diese natürliche Reaktion und sind in Zukunft offen dafür, dass jemand immer wieder in diesem blinden Fleck herumtanzt.

Das ist der Grund, warum manche Menschen so lange mit Partnern zusammenbleiben, die sie nach Strich und Faden ausnutzen. Ihr Selbstvertrauen sinkt mit jedem Mal mehr, wenn sie bemerken, dass irgendetwas nicht zu stimmen scheint. Es geht ein inneres Warnsignal an, aber andererseits können sie die Botschaft des anderen nicht anzweifeln, denn der sagt: „Es ist alles in Ordnung. Ich meine es gut." Die rote Leuchte erlischt, weil sich diese Worte eher nach „grünem Licht" anhören. Aber irgendwann ist man darüber „farbenblind" geworden und kann seinem eigenen Urteil nicht mehr trauen. Hier muss man also aufpassen, dass man weder selbst noch der Partner Kommunikation anwendet, um den anderen zu benutzen.

## WORTE ALS APHRODISIAKUM

Auf diesem Feld, wo wir anfangen, uns verbal mitzuteilen und Dinge beim Namen zu nennen, werden sie für uns fassbarer als auf den Spielfeldern davor. Es ist in etwa so wie bei einem Kind, das noch nicht geboren ist, aber schon einen Namen bekommen hat. Deshalb ist es so wichtig, miteinander zu sprechen. Viele Menschen genießen Momente der Stille zu zweit – und sich ohne Worte zu verstehen, ist etwas Wunderschönes. Doch dieses stillschweigende Einverständnis ist nicht die Regel. Meist wird es früher oder später sehr wichtig, dem Partner gegenüber das auszudrücken, was in uns vorgeht. Und wir sollten dies tun, bevor es zu spät ist und der andere schon gar kein Interesse mehr daran zeigt, weil man sich bereits zu weit voneinander entfernt hat.

Intimität kann entstehen, sobald wir uns dem anderen mitteilen und das ausdrücken, was wir in den Spielfeldern zuvor erfahren haben. Ein nahes Gespräch, bei dem beide in ihrer Mitte sind und von da heraus sprechen, kann manchmal genauso erregend sein wie ein Kuss. Für manche Menschen können Worte sogar aufregender sein als Berührungen. Wenn der Partner uns durch das, was er ausdrückt, seine Klarheit schenkt, dann kann das sehr sinnlich sein. Dabei müssen nicht einmal Komplimente fallen. Klare Worte unseres Partners über das, was ihm in der Beziehung fehlt und was er sich wünscht, bilden eine kraftvolle Brücke der Intimität. Denn dadurch machen wir die Erfahrung, dass wir ernst genommen werden, und erhalten die Möglichkeit, uns aus uns selbst heraus dafür oder dagegen zu entscheiden. Wir werden als eigenständig handelnde Menschen wertgeschätzt und können uns so auch als Paar gegenüberstehen, in dem Wissen, einander ganz zugewandt zu sein. Das sorgt nicht nur für Klarheit und Wachstum in der Beziehung, sondern auch für gegenseitige Anziehung.

Der berühmt-berüchtigte „Make-up-Sex" – die Lust aufeinander nach einem heftigen Streit – wird in der Regel als Bemühen der Partner interpretiert, der Beziehung durch das Ritual des Geschlechtsverkehrs wieder eine Grundlage zu geben. Er kann aber auch einfach Ausdruck der Anziehung sein, die entsteht, wenn man sich ohne Schranken begegnet ist. Das funktioniert natürlich nur, wenn es im

Streit tatsächlich darum ging, sich ehrlich auseinanderzusetzen, um sich danach wieder zu begegnen. Wenn Worte dazu benutzt werden, den anderen zu verletzen, dann müssen beide Partner ganz genau schauen, warum sie überhaupt ihre Zeit zusammen verbringen wollen. Wir gehen darauf am Ende des Buches noch näher ein (siehe dazu den Abschnitt „Wann ist es Zeit, sich zu trennen?").

## WORTE ALS SPIEGEL

Unsere Worte sind Spiegel unserer Haltung. Deshalb ist es zunächst wichtig, dass wir uns der Wahl unserer Worte bewusst sind und uns auch klarmachen, dass Worte Wirklichkeit schaffen. Damit wird deutlich, dass es auf diesem Spielfeld eher um den Ausdruck von etwas geht als um Ursachen. Teilen uns andere mit, dass sie unseren Ton als strikt und bevormundend empfinden, ist es wenig sinnvoll, einfach die Stimmlage zu verändern oder die Grammatik der gewaltfreien Kommunikation anzuwenden. Es würde sich hier eher anbieten, genauer nachzufragen und zu schauen, in welchen Situationen das vorkommt, um dann herausfinden zu können, welche anderen Spielfelder hier vorrangig Stress verursachen. Ist es die Angst, verlassen zu werden (Spielfeld Nr. 1)? Die Unfähigkeit loszulassen (Spielfeld Nr. 2)? Die Macht des falschen Ichs (Spielfeld Nr. 3)? Oder die Schwierigkeit, sich zu öffnen (Spielfeld Nr. 4)? Wenn wir uns darüber klar werden, sind wir schon einen Schritt weiter, weil wir so zu den Ursachen gelangen, die unsere Haltung prägen, die sich dann wiederum in unserer Sprache äußert. Und wenn wir unsere Haltung verändern, kann unsere Sprache meist fast gleich bleiben, und doch kommt niemand mehr auf die Idee, dass es sich um versteckte Angriffe, Vorwürfe oder Kritik handeln könnte. Dann könnte, rein theoretisch, sogar ein Satz fallen wie „Du kommst immer zu spät, und das ist verletzend", ohne dass der andere sich daran stören müsste. Das Wunderbare ist aber: So ein Satz fällt dann meist gar nicht mehr.

## WERTSCHÄTZUNG VERSCHENKEN

Wenn wir Liebe empfinden, können wir uns darin meist auch als großzügig erleben, und dies sollten wir unserem Partner gegenüber auch zeigen. Wir müssen unserer Liebe Ausdruck verleihen; das können wir ab und zu auch einfach einmal durch Worte der Bewunderung tun.

Es ist zum Beispiel keine Selbstverständlichkeit, dass unser Partner da ist. Denken wir zurück an den „Trailer", den Vorfilm, den wir im Spielfeld Nr. 2 angesprochen haben (siehe Seite 108). Wie lange haben wir auf einander gewartet? Wie froh waren wir, als wir uns endlich küssen konnten? Wie erfüllend war es, als wir begonnen haben, uns nackt zu sehen, uns zu berühren, uns zu lieben? Warum nehmen wir das heute so oft als gegeben hin? Unser Partner ist immer noch das gleiche Wunder wie am Anfang. Wir können dankbar dafür sein – und ihm das auch sagen, immer wieder. Es wird bei ihm ankommen, und wahrscheinlich wird er es sogar erwidern. Wir sind so sehr daran gewöhnt, uns gegenseitig zu sagen, was nicht funktioniert. Können wir auch wieder lernen, unsere Liebe zu betonen, wie wir es getan haben, als wir verliebt waren und der Vorfilm noch lief?

## DAS HERZ AUF DER ZUNGE TRAGEN

Unser Partner ist ein Geschenk, und wir sind es auch. Auch wir brauchen ab und zu Worte oder andere Zeichen der Bestätigung. Wenn wir diese nicht von unserem Partner bekommen, dann werden wir irgendwann so hungrig sein, dass wir sie dankbar von jedem anderen Menschen in unserer Umgebung aufnehmen. Dann ist meist die Außenbeziehung nicht mehr allzu weit entfernt. Wenn uns ein anderer wieder so sieht, wie uns unser Partner früher gesehen hat, dann verbringen wir unsere Zeit lieber dort.

Also sollten wir nicht warten. Wenn uns etwas fehlt, dann müssen wir das unserem Partner sagen. Zwei Dinge stehen uns dabei im Weg:

1. Oft denken wir: „Es ist doch eine Selbstverständlichkeit, dass mein Partner mir Komplimente macht. Warum muss ich das überhaupt sagen? Das ist doch seine Aufgabe!" Wir warten darauf, dass der andere den ersten Schritt macht, hoffen zum Beispiel, dass er Blumen mitbringt oder ein kleiner Zettel mit Liebesworten an der Tür klebt, aber nichts passiert. Und dann fühlen wir uns zu Recht enttäuscht und resignieren.

2. Kaum etwas fällt schwerer, als um Anerkennung zu bitten. Zum einen sind wir ohnehin schon etwas empört, dass wir sie nicht ohne unser Zutun bekommen haben, zum anderen trauen wir uns aber auch oft gar nicht, einfach zu sagen: „Kannst du mir mal bitte sagen, dass ich das gut gemacht habe?" oder „Kannst du mir mal ein Kompliment machen?"

Erinnern wir uns an die Idee aus dem Kapitel „Göttin und Gott“ (siehe Seite 36): Wenn wir uns entschlossen haben, das Wunderbare im Wesen unseres Partners zu sehen, dann sollten wir ihm das auch sagen. Stille Bewunderung wird nicht gehört. Je mehr wir uns ausdrücken, desto größer wird der Raum der Möglichkeiten. Je mehr Schönheit und Stärke wir im anderen sehen – und darüber sprechen –, desto mehr kann uns der Partner auch unsere eigene Schönheit und Stärke zeigen.

Oft werden die Worte des Partners bei uns aber auch auf taube Ohren stoßen, oder unsere bei ihm. Das passiert, wenn Selbstzweifel so groß sind, dass man gar nicht glauben kann, was uns der andere da Wunderbares erzählt. Aber jedes nährende Wort des Partners hilft dem anderen zu wachsen. Und irgendwann glaubt man dann sogar das, was der Partner Gutes über einen sagt.

Wenn Ihr Partner Ihnen Ihre Komplimente nicht abnimmt, dann bleiben Sie beherzt dabei. Und falls Sie Ihrem Partner umgekehrt nicht glauben können, was er alles an Ihnen toll findet, dann versuchen sie sich einfach einmal für die Möglichkeit zu öffnen, dass Sie wirklich gemeint sind.

## VON HERZEN SCHREIEN – DIE REISE DER EMOTIONEN DURCH DEN KÖRPER

Wenn wir unserem Partner vor allem Schönes sagen sollen, heißt das umgekehrt, wir sollen Kritik für uns behalten? Im Gegenteil! Wenn wir in den anderen Spielfeldern gut aufgestellt sind, dann darf auch das Spiel der Sprache lebendig und turbulent werden. Wir können dabei im Körper verfolgen, von wo aus wir unsere Emotionen zeigen.

Wenn wir gut verwurzelt sind und mit beiden Beinen fest auf dem Boden stehen, dann können wir unsere Meinung sagen, ohne Angst davor haben zu müssen, verlassen zu werden. Wir müssen keine Gefühle zurückhalten und nicht darauf warten, vom Partner bestätigt zu werden.

Wenn wir uns im Herzen klar dafür entschieden haben, mit unserem Partner weiterzugehen, dann können wir aus vollem Hals herausschreien, was wir wollen – sogar ohne gewaltfreie Grammatik. Und selbst wenn dann mal ein Sturm der Empörung aus uns herauskommt, dann ist dieser immer noch von einem Fundament der Liebe getragen. Uns tut es dann möglicherweise gut, dass wir unserer Wut Luft gemacht haben, und den Partner beeindruckt es meist ganz schön, wenn wir frei von der Leber weg sprechen.

Leider ist es im Alltag oft eher so, dass wir, wenn wir uns Luft machen, nicht von Liebe, sondern von Denkfehlern gelenkt werden. Und wenn unsere Wut nicht aus unserer Mitte kommt, sondern aus der Plapperbox im Kopf, dann wird der Streit hingegen alles andere als konstruktiv.

## EIN GESPRÄCH ÜBER KOMMUNIKATION

Ein Klient äußert im Gespräch: „Man hat mir geraten, ich solle mal eine Kommunikations-Weiterbildung besuchen."

Katharina: „Die verbreitete Meinung ist: Alles hat mit der Kommunikation zu tun. Wenn ich nur richtig kommuniziere, dann läuft auch alles. Ich finde, das greift etwas kurz."

Ralf: „Kommunikation funktioniert ja meist erst dann, wenn wir auf den unteren Spielfeldern ‚aufgeräumt' haben. Wenn ich mir über meine Gefühlswelt nicht im Klaren bin, kann ich zehn Kurse in Kommunikation besucht haben. Ich benutze dann vielleicht die richtige Grammatik, aber ich spreche immer noch nicht über mich."

K: „Manche verlieren sich in der Technik. Die andere Variante ist, sich in Spiritualität zu verlieren. Das kann dann bedeuten, alles über die Stille zu wissen, diese aber zu benutzen, um sich dahinter zu verstecken."

R: „Ja, es gibt hier tatsächlich die Gefahr, dass man in der Form alles richtig macht, aber sich trotzdem nicht begegnet."

K: „Viele Denkfehler entstehen ja gerade an dieser Stelle, weil man sich als Mensch über die Sprache definiert. Auch ist die Sprache wie eine Manifestation von Gedanken. Entsprechend finde ich auch die Aussage ‚Pass auf, was du sagst' völlig richtig, denn Gesagtes ist schwer wieder aus dem System zu bekommen. Aus diesem Grunde wird auch Denkfehler Nr. 5 gleich in allen anderen mitgeliefert."

R: „Die Kraft des Wortes ist tatsächlich sehr stark. Sobald man etwas ausspricht, bildet sich ein dazugehöriges Abbild im Geist; und daraus entstehen wiederum Gefühle, denen es egal ist, ob das Gesagte wahr oder falsch war. So funktioniert auch ein bekanntes Phänomen in der Politik oder auch im Showgeschäft: Sobald man jemandem einen Vorwurf macht, wird dies im Internet verbreitet oder in Zeitschriften gedruckt – und wird damit real. Selbst wenn man nachher Beweise für das Gegenteil liefert: Der Beigeschmack bleibt. Wir sollten uns also gut überlegen, ob wir unserem Partner überhaupt etwas vorwerfen wollen. Denn wir werden dann selbst nur umso fester davon überzeugt sein, dass es stimmt."

K: „Ja, die Worte, die man spricht, schaffen Realitäten."

R: „Andererseits fängt hier auch etwas großes Neues an. Denn wenn wir uns auf den anderen Spielfeldern gut um uns selbst und unsere Beziehung gekümmert haben und uns von da aus begegnen, dann kommt hier ein neues Element ins Spiel: der Raum. Das heißt, die Beziehung wird jetzt sozusagen dreidimensional. Es gibt jetzt nicht nur dich und mich, sondern wir bringen unsere Beziehung in die Welt. Das Beziehungswesen bekommt hier seine Form, seinen Namen, sein Gesicht."

K: „Hier können sich Räume eröffnen und leider eben auch wieder schließen."

## DENKFEHLER IM SPIEL ZWISCHEN KLARHEIT UND RÜCKZUG

**Fallbeispiel zum Spielfeld Nr. 5**
Sie ist Anfang sechzig, Lehrerin für Pflegeberufe und hat eine erwachsene Tochter aus erster Ehe. Sie hat in ihrem Leben schon viele Berufe durchlaufen, viel gearbeitet, und nun steht sie kurz vor der Rente. Sie ist in der Kirche aktiv und hat sich in Situationen der Trennung und der Schicksalsschläge in ihrem Leben immer wieder durch ihren Glauben gehalten gefühlt. Die Beziehung zu ihrem jetzigen Partner besteht seit zwei Jahren. Kurz nach dem Kennenlernen ist sie zu ihm gezogen. Ihre Suche nach einem Partner fürs Alter schien für sie auf den ersten Blick erfüllt, da beide das gleiche Interesse an kulturellen Veranstaltungen und Reisen haben. Seine anfängliche Süffisanz in Bezug auf ihren Glauben und ihren Pflegeberuf stufte sie als Eigenart oder eher noch als Unsicherheit ein. Sie konzentrierte sich auf die Gemeinsamkeiten und versuchte, ihn durch Besuche in der Kirche und Treffen mit ihren Kollegen von ihrer Wertewelt zu überzeugen. Doch diese Versuche endeten meist mit ironischen Bemerkungen seinerseits. Wenn sie ihm das erklären möchte, gibt er vor, nicht zu verstehen was sie meint, und beschwichtigt sie, seine verbalen

Abwertungen seien nicht so gemeint. Sie hat fortwährend den Eindruck, nicht die richtigen Worte zu finden, um ihm ihre Situation verständlich zu machen.

Er ist ebenfalls Anfang sechzig, Industriedesigner und selbstständig. Er ist Junggeselle mit Hund und kinderlos. Ein intelligenter, humorvoller Mann mit einem großen Freundeskreis. Er hat einen sehr guten Geschmack und wird von allen für seine Kreativität geschätzt. Seine Beziehungen waren immer ernst, aber nicht von langer Dauer. Meistens endeten sie nach zwei Jahren. Ihm ist seine Unabhängigkeit wichtig, er ist aber ein geselliger Mensch, der sich gerne austauscht. Dabei bewegt er sich in ausgewählten Kreisen mit Menschen seiner Kragenweite. Nach eigener Aussage sollte die Frau an seiner Seite ebenfalls eigenständig und selbstbewusst sein. Das glaubte er in seiner Partnerin gefunden zu haben. Ihre Versuche, ihn an ihrer Welt teilhaben zu lassen, versteht er nicht, weil es in seiner Auffassung darum nicht geht. Scheitern seine Erklärungen, greift er auf abwertende Sprache oder Schweigen zurück, was ihm Erfolg beschert, weil seine Partnerin für kurze Zeit von ihm ablässt. Er kann diese Form der Anhänglichkeit nicht verstehen.

Bei diesen beiden Menschen fallen in Auseinandersetzungen immer wieder die folgenden beiden Sätze:

Sie: *„Wir reden aneinander vorbei."*
Er: *„Ich verstehe dich einfach nicht."*

**Denkfehler Nr. 1: „Ich weiß Bescheid."**
Das Problem liegt hier ähnlich wie im vorherigen Spielfeld in der Auffassung, dass beide auf den gleichen Wortschatz zurückgreifen müssten. Man denkt, beide müssten die gleiche Sprache der Liebe sprechen, aber wir nutzen in der Tat unterschiedliche Wege, unsere Gefühle auszudrücken. Es muss nicht dabei bleiben, dass man aneinander vorbeiredet. Doch braucht es Geduld und die Bereitschaft, sich immer wieder zu erklären; und es ist auch die Ausdauer nötig, dem anderen immer wieder zuzuhören, bis man verstanden hat, worum es beiden geht.

**Denkfehler Nr. 2: „Es geht um mich."**
Hier meinen wir, dass der andere auf uns eingehen muss, so wie wir es brauchen. Darüber definieren wir uns und unsere Beziehung. Wenn wir aber aneinander vorbeireden, dann hören wir in einer gewissen Form auf zu existieren, weil der andere uns nicht mehr bestätigt. Alles dreht sich um uns und unsere Definition von Beziehung. Ein großer Teil von uns scheint dann mit der Beziehung identisch zu sein. Indem der andere unserer Auffassung nicht folgt, demontiert er uns. Damit wird

dem Partner und der Beziehung eine große Verantwortung gegeben, allerdings eine Verantwortung ohne Spielraum. Es ist dann unmöglich für den Partner, sich hier zu bewegen.

**Denkfehler Nr. 3: „Ich will das so."**

Dieser Denkfehler ist in den beiden Sätzen zu Beginn dieses Abschnitts kaum mehr spürbar, und zeigt damit, wie kompliziert Kommunikation sein kann. Denn eigentlich erwarten wir, dass Denkfehler Nr. 3 sich in Form eines Wunsches äußert. Doch ist der Wunsch kaum mehr zu hören. Wenn sie sagt: „Wir reden aneinander vorbei", dann steht dahinter der Wunsch „Rede mit mir." Und hinter „Ich verstehe dich einfach nicht" verbirgt sich die Bitte: „Verstehe mich". Wenn Kommunikation nicht funktioniert, dann kann man auch keine Wünsche ausdrücken. Es folgen dann bald Resignation und Denkfehler Nr. 5.

**Denkfehler Nr. 4: „Ich will das so nicht."**

Wenn es keine Wünsche mehr gibt, dann stört einen auch nichts mehr richtig. Deshalb ist hier auch kaum mehr richtige Ablehnung spürbar. Man hört – oder sagt – dann häufig nur noch: „Ich werde nicht aus dir schlau." Dabei kann es im besten Sinne „bewusstseinserweiternd" sein, wenn wir das Verhalten unseres Partners nicht anhand von Kriterien wie „sinnvoll" oder „nicht sinnvoll" beurteilen. Statt abzulehnen, was nicht in unser Schema passt, können wir uns bereichern lassen, wenn wir die Sprache des anderen lernen. Oft bleibt man mit diesem Denkfehler stattdessen in einer starren Position, ohne jede Lebendigkeit in der Auseinandersetzung. Es findet keine Begegnung mehr statt.

**Denkfehler Nr. 5: „Ich will hier raus."**

Man muss auf diesem Spielfeld gar nicht erst die Denkfehlerspirale Schritt für Schritt durchlaufen, um ganz unten anzukommen. Hier kann man auch die vorherigen Denkfehler einfach überspringen und direkt zu Nr. 5 gelangen. Da, wo nichts mehr zu wollen ist, ist auch nichts zu besprechen. Hier sind sowohl der Partner als auch ein Therapeut in einer schlechten Position, denn beide haben keinen Auftrag. Und das ist einer der wenigen Fälle in einer Paarbeziehung, in denen es dringend erforderlich ist, als Gegenüber bei sich selbst zu bleiben und nicht im anderen neue Perspektiven wecken zu wollen. Denn für das Wollen ist jeder selbst zuständig. Aus diesem Denkfehler kann sich jeder Partner nur allein befreien.

## AUF DEM WEG ZUM LIEBENDEN MENSCHEN

Wie kann Kommunikation gelingen? Und wie können wir dadurch etwas entstehen lassen, was vorher nicht da war? Wie kann unsere Liebe etwas Neues in die Welt bringen? Die Lösung finden wir in der Antwort auf die Frage: „Von wo aus sprechen wir mit unserem Partner?".

In der Regel „wissen" wir sehr schnell, wie wir auf unseren Partner zu reagieren haben. Unser inneres Alarmsystem meldet Gefahr, wenn etwas nicht so läuft, wie wir es gerne hätten, und wir reagieren entsprechend darauf. Allzu oft kommt dabei Zwist und Streit heraus. Zwischen dem Erlebten und unserer Reaktion darauf gibt es aber einen kleinen Raum, eine Lücke, in der unsere Freiheit liegt. Hier besteht die Möglichkeit, auf andere Weise als bisher zu antworten. Wir können diesen Raum vergrößern, indem wir uns kurz auf ihn konzentrieren. Mit etwas „Training" auf den Spielfeldern werden wir auch immer geschickter, während wir uns darin bewegen. Die Übungen, die wir am Ende des Buches zusammengestellt haben, sind auch dazu gedacht, uns auf die hier geschilderten schwierigen Situationen vorzubereiten.

Wenn wir beispielsweise in einer Auseinandersetzung angegriffen werden und uns unsicher fühlen, dann müssen wir – bevor wir antworten – zunächst dafür sorgen, dass wir aus einer Position der Sicherheit heraus reagieren. Das heißt, wir müssen zunächst, wie in Spielfeld Nr. 1 beschrieben, für unsere Wurzeln sorgen. Das kann ganz praktisch heißen, dass wir uns für einen kurzen Moment selbst beruhigen müssen: atmen; den Kontakt der Füße zum Boden spüren; kurz aus dem Gedankenkarussell aussteigen und zu sich selbst kommen.

Dann nutzen wir diesen Moment der Achtsamkeit für das, was in uns lebendig ist. Wie fühlen wir uns? Wir machen sozusagen eine Bestandsaufnahme in Spielfeld Nr. 2. Welche Emotionen sind jetzt da: Wut, Angst, Ekel, Traurigkeit, Freude? Es kann uns schon helfen, wenn wir benennen, was wir in uns fühlen.

Wenn wir noch nicht aus einer Position der Ruhe heraus antworten können, dann nehmen wir uns noch einen Augenblick und wandern zum Spielfeld Nr. 3, unserem Selbstwert. Wir bringen die Aufmerksamkeit zum Bauch und spüren unsere Kraft. Wenn wir uns selbst ernst nehmen, dann müssen wir uns gegen nichts wehren oder verteidigen. Wir müssen auch nicht strikt sein; stattdessen zeigen wir klar, was in uns los ist. Und wenn wir präsent sind, wird auch unser Gegenüber unsere Präsenz wahrnehmen und uns ernst nehmen. Dann sind wir bereit für die Liebe. Denn wenn wir nun auf Spielfeld Nr. 4 den Raum des Herzens betreten, können wir dem, was wir gerade gesehen, gehört oder erlebt haben, mit Mitgefühl begegnen. Wir sehen noch immer, dass unser Partner uns angegriffen hat. Wir sehen dann aber auch, wie schlecht es ihm ging.

Wenn wir dann von Spielfeld Nr. 5 aus antworten, dann kann sich der oben beschriebene Raum öffnen. Hätten wir hingegen nur auf die kritischen Denkfehler gehört, wäre der Streit eskaliert, sobald wir den Mund aufgemacht haben. Sobald wir aber mit der Kraft des Herzens sprechen, die durch unser ganzes Wesen genährt ist, entsteht zwischen uns und dem Gegenüber Liebe und Weite statt Streit und Enge.

Wir können das nicht nur mit unserem Partner üben. Die gleiche Art, mit Schwierigkeiten umzugehen, können wir auch anwenden im Umgang mit Kollegen und allen anderen Menschen, denen wir im Alltag begegnen. Wir lernen mit unserem Partner, liebende Wesen zu werden, und wir bringen auf diese Weise mehr Liebe in die ganze Welt, nicht nur in die Partnerschaft.

Spielfeld
Nr. 6:

# BEREIT FÜR VISION

Hand in Hand nach vorne gehen

# SPIELFELD NR. 6: BEREIT FÜR VISION

*Themenbereiche:*
*Lebensplanung, Wissenschaft, Bildung, Weltgeschehen, Spiritualität*

| **INTUITION / WEISHEIT** | **IGNORANZ / GRÖSSENWAHN** |
|---|---|
| Intellekt<br>*„Lass mich das mal durchdenken."* | Denkschwierigkeit<br>*„Ich kann nicht denken."* |
| Intelligenz<br>*„Ich kenne mich da gut aus."* | Begriffsstutzigkeit<br>*„Das habe ich nicht gewusst."* |
| Logik<br>*„Das ergibt dann Sinn, wenn …"* | Beeinflussung<br>*„Das solltest du unbedingt machen."* |
| Kreativität<br>*„Ich habe eine Idee …"* | Engstirnigkeit<br>*„Das geht nur so."* |
| Intuition<br>*„Ich spüre, dass es so gehen kann."* | Hybris<br>*„Ich weiß es besser."* |

Herzlich willkommen in der Zukunft Ihrer Beziehung. Bis hierhin haben wir uns zunächst mit unserer eigenen Vergangenheit und Gegenwart beschäftigt und damit, wie diese das Wesen unserer Beziehung prägen. Wir haben dann gesehen, wie die Hingabe an den Partner und die gemeinsame Begegnung Raum entstehen lassen kann. Auf Spielfeld Nr. 6 geht es jetzt darum, wie wir diesen Raum füllen. Was wollen wir in unserem gemeinsamen Leben zusammen erfahren und aufbauen?

Ähnlich wie auf Spielfeld Nr. 1 finden wir in diesem Spielfeld einen Anker. Während sich auf Spielfeld Nr. 1 alles um die Thematik „Urvertrauen" dreht, spielt hier das Thema „Gottvertrauen" eine große Rolle. Der gesunde Glaubenssatz von Spielfeld Nr. 1 lautet: „Es ist alles gut." Die innere Haltung auf Spielfeld Nr. 6 äußert sich in dem Satz: „Es wird immer alles gut sein." Im Zentrum steht hier der feste Glaube daran, dass alles seinen Sinn hat, so wie es passiert, und dass die Dinge ihren Lauf auf die Art und Weise nehmen, dass wir uns am besten entwickeln können. Es geht dabei nicht um materielles Sicherheitsempfinden wie in Spielfeld Nr. 1, sondern um eine vertrauensvolle Weltsicht. Diese bildet die Grundlage für die Richtung, die beide Partner der Beziehung geben wollen – eine gemeinsame Vision oder gemeinsame Aufgaben im Leben. Es ist ein sehr kreativer Bereich, der neben der inneren Führung für uns selbst auch unserer Beziehung neue Wege eröffnet und uns den Optimismus schenkt, der uns durch Täler hindurch begleiten kann. Dabei ist dieser Bereich – wenn wir in einer guten Verfassung sind – frei von Dogma oder Resignation.

Eine gemeinsame Vision nährt die Beziehung und auch die einzelnen Partner. Kaum eine Partnerschaft kommt langfristig ohne gemeinsame Ziele aus. Konflikte äußern sich meist nicht aufgrund der Vision, sondern eben gerade weil diese fehlt. Zeigen sich in diesem Feld Konflikte aufgrund unterschiedlicher Zielsetzungen, liegen die Ursachen dafür vorrangig im Umgang des Paares miteinander und den „Verhandlungen" auf den Spielfeldern davor. Fehlt eine gemeinsame Vision, kann das langfristig zu Entfremdung führen. Denn dann fragt man sich irgendwann: „Warum sind wir überhaupt zusammen?"

## WAS IST MEINE VISION? WAS IST UNSERE VISION?

Jeder Partner kann für sich allein eine eigene Vision haben, aber beide brauchen für ihr Zusammenleben auch eine gemeinsame Vision. Eine solche Vision muss kein großes Projekt sein, sollte aber zumindest das Streben, gemeinsam durchs Leben zu gehen, beinhalten und die Frage klären, auf welche Weise man durch das Leben gehen möchte. Diese Vision kann sich im Lauf der Zeit auch ändern, entsprechend dem Lauf des Lebens, der sich ja auch nicht immer in die gleiche Richtung bewegt. Schwierig wird es, wenn einer der Partner den eigenen Lebensentwurf dabei nicht mehr spürt.

In der rechten Spalte der Tabelle links sind einige Aussagen zu finden, die darauf hindeuten, was passiert, wenn einer der Partner dem anderen die eigene Vision aufdrängen möchte. Das kann leicht passieren, weil dieser Bereich nicht nur durch intuitive, sondern auch durch kognitive Fähigkeiten gekennzeichnet ist. Wer in Spielfeld Nr. 3 eine starke Dominanz über den anderen hat, zeigt diese auch auf den folgenden Spielfeldern. Wir merken das meist daran, wenn wir für eine gewisse Zeit Dinge getan haben, die sich scheinbar richtig anfühlten, wir diese aber nach und nach nicht mehr als zu uns gehörig empfinden. Es ist dann wie ein kurzes Erwachen, und wir merken beim näheren Hinschauen, dass sie sich eigentlich auch nie so angefühlt haben. In einem solchen Fall haben wir die Vision unseres Partners verfolgt oder ein gemeinsames Ziel, das auf den Vorstellungen des anderen basierte.

Es kann sein, dass unser Partner seine Überlegenheit in der Kommunikation dabei benutzt hat. Er hat dann – wie bereits im vorherigen Spielfeld beschrieben – sozusagen in unserem blinden Fleck getanzt, und wir haben es lange nicht bemerkt. Statt einem gemeinsamen Stern zu folgen, haben wir eigentlich nur nachgebetet, was der Partner uns vorgebetet hat. Die Gründe dafür liegen allerdings nicht immer in der Dominanz des anderen, sondern, wie wir in der Tabelle ebenfalls sehen, oft auch in der eigenen Inspirationslosigkeit. Wenn wir nicht selbst für unsere Richtung sorgen, dann tut es eben ein anderer.

Wenn wir scheinbar „impotent" sind, was das Vorantreiben von Zielen angeht, liegt das möglicherweise daran, dass wir uns gar nicht oder nicht genug mit unseren Wünschen und Vorstellungen beschäftigen. Und dann sind wir möglicherweise nicht nur auf diesem Spielfeld ohne Kraft, sondern zeigt sich diese „Impotenz" auch an anderen Stellen.

Waren wir in der Position, dem anderen unsere Visionen aufgedrängt zu haben – die Absicht dahinter spielt hierbei keine Rolle –, merken wir das daran, dass wir die ganze Zeit immer ein Gefühl der Unsicherheit hatten, ob er auch mitzieht, so als müssten wir den anderen stetig an die gemeinsame Vision erinnern. Und vielleicht ist uns auch bewusst, dass wir den anderen benutzt haben, weil wir wussten, dass er es sich gefallen lässt.

Wenn uns jemand seine Vision aufgedrängt hat, dann ist es jetzt an der Zeit aufzustehen. Die eigene Vision zu finden ist unsere Sache. Das können wir nur allein, und brauchen dazu auch Zeit für uns allein. Das muss kein mehrwöchiges Meditations-Retreat sein. Wir können uns auch im Alltag regelmäßige Zeiten nehmen, um in Stille Raum zu schaffen, auf unser Innerstes zu hören. Die Zeit, die man sich für sich selbst nimmt, ist in einer gesunden Beziehung keine Bedrohung für die Partnerschaft. Sie wird das nur, wenn man danach dem anderen nicht mitteilt, dass man weiter zu ihm steht.

## AUF WEN SOLLTEN WIR HÖREN?

Auch in Zeiten, in denen wir ohne den Partner sind, sind wir oft nicht ganz allein. Gerade bei der Frage „Welche Richtung nehme ich im Leben?" sind wir häufig von

Menschen aus der Vergangenheit oder einer möglichen Zukunft umgeben, die oft ein ganz eigenes Interesse an uns haben.

Wir haben in der Einleitung bereits erwähnt, dass wir keine Freunde „rekrutieren" sollten, die uns mit negativen Informationen über unseren Partner versorgen. Der Grund ist, dass solche Freunde oftmals eigentlich uns rekrutieren, um sich selbst von ihren eigenen Sorgen und Problemen abzulenken.

Wenn es nun um die Richtung geht, die wir unserem Leben geben wollen, dann müssen wir genau prüfen: Wollen wir uns weiter von alten Erfahrungen bestimmen lassen? Oder erweitert es unser Leben eher, wenn wir eine neue Richtung einschlagen? Der Blick auf Vergangenheit und Zukunft ist hier weder positiv noch negativ. Es geht einzig darum: Wie finde ich meinen eigenen Weg?

Alte Freunde können uns festhalten wollen, und neue Freunde, neue soziale Gruppen, können versuchen, uns zu sich zu ziehen. Wir bekommen oft den Rat, „alte Zöpfe abzuschneiden". Dieser Hinweis ist nicht immer ganz uneigennützig gemeint. Wenn uns jemand zur Trennung rät, dann sollten wir uns immer als erstes fragen: „Was hat derjenige davon?"

Wenn wir uns auf den Weg gemacht haben, die eigene Vision zu sehen, dann können wir schließlich auch zusammen mit dem Partner eine wirkliche gemeinsame Vision erwecken. Diese wird dann zu einem starken Kraftort für die Beziehung. Unsere Vision hilft uns, „am Ball" zu bleiben in der Partnerschaft. Denn wir wissen dann, was wir erleben wollen. Aus dem „Trailer", dem Vorfilm der Verliebtheitsphase, ist mit der Vision der Hauptfilm geworden.

## EIN GESPRÄCH ZUM THEMA „VISION"

Frage: „Bei mir verändert sich so viel. Warum sollte ich mit meinem Partner zusammenbleiben, wenn der etwas anderes im Leben erreichen möchte als ich?"

Ralf: „Hier ist es wichtig zurückzufragen: ‚Hast du denn *mit ihm* darüber gesprochen?'

Die Bewegung, die im letzten Spielfeld aufgenommen wurde, geht hier weiter. Während es im Spielfeld Nr. 5 darum ging, dass man sich als Paar einen gemeinsamen Raum erschließt, der sozusagen zwischen beiden Partnern und dem Beziehungswesen aufgespannt ist, geht es nun darum, diesen mit Inhalt zu füllen. Das ist zunächst ein ganz konkreter, praktischer Inhalt aus der gemeinsamen Geschichte: Was hat uns zusammengebracht? Damit ist nicht die schicksalshafte, stürmische Verliebtheit gemeint, sondern der Grund, aus dem man zusammen ist. Dann folgt die derzeitige Situation: Was machen wir eigentlich gerade zusammen? Hier schauen wir, was uns als Paar gerade verbindet. Und schließlich: Wo wollen wir hin? Das ist die Vision für die gemeinsame Zukunft."

Katharina: „Es ist kaum verwunderlich, dass die meisten Beziehungen dann anfangen zu kriseln, wenn diese Vision erreicht ist. Man baut etwas zusammen auf: Familie, Haus, Beruf ... und wenn sich alles manifestiert hat, sieht es so aus, als ob man sich aus den Augen verloren habe in dem ganzen Stress. Vielleicht liegt der Grund aber auch darin, dass die gemeinsame Vision nicht aktiv weiterentwickelt worden ist. In dieser Weiterentwicklung darin besteht ein wichtiger Teil der Beziehungsarbeit, denn dieser Teil ist sozusagen die Lebensenergie der Beziehung: das Pflegen einer gemeinsamen Vision."

R: „Wir haben bereits darüber gesprochen, wie zwei Menschen dadurch wachsen, dass sie ihre einzeln gemachten Erfahrungen miteinander teilen und nutzen können. Auf diesem Spielfeld wird das am deutlichsten. So unsinnig der Satz ‚Durch dich werde ich erst vollständig' ist, so stimmig ist er, wenn wir ihn ändern in ‚Du bereicherst mich'. Vielleicht sind wir im Laufe unseres Lebens schon an manchen Punkten gegen Wände gelaufen, sodass sich Schemata herausbildeten, die unser weiteres Verhalten bestimmt haben. Bestimmte Grenzen in unserem Leben haben wir als gegeben hingenommen. „Das schaffe ich nie" war unsere Devise. Und so haben wir bestimmte Ziele, die für andere mühelos zu erreichen gewesen wären, gar nicht mehr weiter verfolgt. „Schuster bleib bei deinen Leisten", hieß es für uns. Aber plötzlich ist mit dem Partner jemand in unserem Leben, der eben in wichtigen Punkten andere Erfahrungen gemacht hat. Da ist nun jemand, der seine Umwelt nicht als beschränkend wahrgenommen hat, der seinen Fähigkeiten vertraut hat und für den das ganz natürlich scheint, was wir uns selbst aus gutem Grund zu versagen gelernt haben. Jetzt beginnt der Definitionsspielraum unseres Lebens zu wachsen. Wir sehen, wie unser Partner Dinge schafft und Ziele erreicht, die wir selbst nicht für möglich gehalten hätten. Und wir lernen durch sie oder ihn, das selbst auch zu tun. Wir erlauben uns, größer zu träumen und dadurch größer zu leben."

K: „Und die Vision muss dabei kein Projekt sein; die Verbindung kann auch auf einer weniger sichtbaren Ebene liegen, zum Beispiel in dem gemeinsamen Wunsch nach Stille oder nach einem wilden, genussvollen Leben. Wichtig ist zu wissen, dass sich diese Visionen möglicherweise nicht ein ganzes Leben lang halten, sondern auf Entwicklung angewiesen sind. Und damit das auch zusammengeht, müssen wir uns aufeinander zubewegen und uns auf allen Ebenen mitteilen – und außerdem auch dem anderen die Möglichkeit geben, sich in die Vision einzubringen."

## DIE DENKFEHLER IM SPIEL ZWISCHEN INTUITION UND GRÖSSENWAHN

**Fallbeispiel zum Spielfeld Nr. 6**

Sie ist Anfang vierzig und war freiberuflich als Unternehmensberaterin tätig. Vor einem Jahr hat sie nach einem Burn-out den Beruf an den Nagel gehängt und eine Yogalehrer-Ausbildung begonnen. Zunehmend gewann sie hier den Eindruck, ihr altes Leben abschütteln und sich ganz neu aufzustellen zu wollen. Diese Euphorie versuchte sie auf den Partner zu übertragen und diesen von ihren neuen Ernährungs- und Bewusstseinskonzepten zu überzeugen. Mit der neuen Ausbildung und den Kreisen, in denen sie sich bewegt, entwickeln sich viele Ideen für die Zukunft, neue Lebensentwürfe und der Wunsch, auch die Partnerschaft auf ein neues Fundament zu stellen. Durch die Ablehnung ihrer Versuche durch den Partner stellt sie mehr und mehr fest, dass jegliche Form von gemeinsamer Vision im Sande verlaufen ist. Die Reisen die sie machen wollten, sind gemacht und das Haus ist gebaut. Außer dem funktionierenden Alltag sieht sie keine Verbindungen mehr und ist enttäuscht darüber, dass ihre Versuche, eine neue Verbindung für die Partnerschaft aus dem Yoga zu kreieren, scheitern.

Er ist Mitte vierzig und als PR-Berater angestellt. Seine Arbeit hat er so weit hochgefahren, dass er zunächst die Reisen finanzieren konnte, dann das Haus und danach den Verdienstausfall durch das Burn-out seiner Frau. Er arbeitet auch am Wochenende, um den Kredit abzuzahlen und den Lebensstandard zu halten. Er ist froh, dass es seiner Frau besser geht, sieht ihren Weg der neuen Ausbildung und insbesondere ihre Euphorie aber als Entfremdung. Aufgrund von mangelnder Zeit und Irritation kann er ihr Tempo nicht mitgehen, obwohl er das Thema grundsätzlich nicht uninteressant findet. Er fühlt sich außen vor gelassen und mitgezogen statt integriert. Die Veränderung seiner Frau geht ihm zu schnell, und er fühlt sich dem Druck nicht gewachsen. Seine eigenen Ideen, die er äußert, wie eine gemeinsame

Reise, werden als zu kurzfristig und nicht gehaltvoll genug bezeichnet. Diese Reaktion macht ihm Angst, dass sie ihn verlassen könnte.

Auch hier zeigen sich unabhängig von der Länge oder Intensität der Streitgespräche grundsätzlich zwei unterschiedliche Positionen:

Sie: *„Uns verbindet nichts mehr außer dem Alltag. Früher hatten wir gemeinsame Visionen."*

Er: *„Du machst nur noch dein eigenes Ding. Meine Ideen haben da keinen Platz mehr."*

**Denkfehler Nr. 1: „Ich weiß Bescheid."**

Hier stellt man sich eine bestimmte Art von Verbindung vor, und der Alltag scheint diese Verbindung nicht herstellen zu können. Dem liegt die Annahme zugrunde, dass Verbindung nur in dieser einen Form bestehen kann und diese sich auch nicht verändern sollte. Der Denkfehler liegt also hauptsächlich in der starren und einseitigen Vorstellung. Doch wie schon beschrieben, ist eine Vision in der Partnerschaft etwas Lebendiges, das sich auch bewegt und verändert. Bei Denkfehler Nr. 1 wird hier mit alten Maßstäben gemessen, und darüber hinaus ausschließlich mit eigenen Maßstäben. Bei der Äußerung „Uns verbindet nichts mehr außer dem Alltag" wird vergessen – oder nicht mehr wahrgenommen –, dass der Alltag tatsächlich eine Grundlage bietet, auf der man als Paar weiterschauen kann, wo es als Nächstes hingeht. Wie schnell dieser Denkfehler entlarvt ist, kann man zum Beispiel sehen, wenn ein Paar mit gemeinsamen Kindern an eine Trennung denkt. Zu glauben, dass man nach einer Trennung nichts mehr mit dem Partner zu tun hätte, ist ganz offensichtlich eine Illusion. Der Alltag ist ein starkes Band. Es geht nicht darum, hier eine negative Feststellung zu machen und dann direkt bei Denkfehler Nr. 5 zu landen, sondern darum zu schauen, wie man von hier aus weiter nach vorn gehen kann.

**Denkfehler Nr. 2: „Es geht um mich."**

Hierin steckt im Grunde der Satz „Du folgst nicht mehr den einmal abgesprochenen Visionen" bzw. „Du folgst nicht mehr meinen Visionen". Man betrachtet sich selbst als den Nabel der Beziehungswelt. Dieser Denkfehler schleicht sich besonders schnell ein, wenn man ohne den Partner mit etwas Neuem beginnt, neue Freunde auftauchen oder man sich in neuen sozialen Kreisen bewegt. Man meint dann, die neuen Lebensumstände seien den alten, die in der Partnerschaft üblich sind, überlegen.

Ein klassisches Beispiel – und ein häufiger Trennungsgrund – ist hier, wenn in einer Partnerschaft einer von beiden eine spirituelle Praxis beginnt oder in irgendeiner Form Umstellungen in seinem Leben vornimmt, die – wenn sie auch in der Partnerschaft eingeführt werden sollen – alte Sicherheiten auf den Kopf stellen, wie zum Beispiel Ernährungsumstellungen oder neue Sport- oder Arbeitsrhythmen. Der Partner, der bei diesen Änderungen zuschauen muss, bekommt dann möglicherweise Angst, weniger wertgeschätzt zu werden als die neuen Freunde, die bereits all die guten Eigenschaften zu haben scheinen, die der Partner jetzt interessant findet. Gleichzeitig fragt sich der aktiv gewordene Partner, warum er mit jemandem zusammen ist, der nicht so offen / aktiv / spirituell etc. ist. Schnell sieht er dann keine gemeinsame Vision mehr.

Die Angst des Partners, verlassen zu werden, treibt diesen wiederum dazu, sich gegen die Veränderungen zu wehren, wodurch der aktiv Veränderung suchende Partner nur noch weiter in dem Gedanken bestärkt wird, dass mit dem alten Partner keine Fortschritte mehr möglich sind. Oft wird das Alte dann nur noch kritisiert, statt gemeinsam zu schauen: „Was können wir beide gebrauchen von dem Neuen, das ich gerne mit in die Partnerschaft einbringen möchte?"

**Denkfehler Nr. 3: „Ich will das so."**

Wir haben Wünsche für unser Leben, die wir auch schon hatten, bevor wir uns auf die Partnerschaft eingelassen haben. Wir hatten wahrscheinlich bereits eine Vorstellung davon, wo wir leben wollen, wie wir arbeiten wollen und wie wir unsere freie Zeit verbringen wollen. Mit der Partnerschaft kommen Anforderungen auf uns zu, die uns von den Dingen die wir für uns im Leben erreichen wollten, möglicherweise ablenken. Wie stehen wir zu diesen Anforderungen? Wollen wir auf den bisher angestrebten Zielen beharren? Oder können wir uns öffnen für etwas, das bei näherem Hinsehen vielleicht sogar noch viel besser zu uns passt?

**Denkfehler Nr. 4: „Ich will das so nicht."**

„Ich will keine Entfremdung" ist die Grundhaltung, die sich hier in Denkfehler Nr. 4 verbirgt. Die Frage ist nur, was genau nicht gewollt ist. Dass der Partner seinen eigenen Weg geht? Dass die gemeinsame Vision sich verändert? Wie so oft wird hier nicht klar gesagt, was gewollt und was nicht gewollt ist, sondern es werden Allgemeinplätze aufgezeichnet. Sind die Ideen und Vorstellungen, die unser Partner hat, aber tatsächlich so konträr zu den unsrigen? Verleugnen wir uns, wenn wir uns auf die Vision des anderen einlassen? Was hält uns eigentlich davon ab, es auszuprobieren?

**Denkfehler Nr. 5: „Ich will hier raus."**
„Nichts mehr" und „früher" – mit diesen Worten wird der Gedanke des Endes schon sehr explizit mitgeführt. Denn da, wo nichts mehr verbindet, ist auch keine Beziehung mehr. Und „früher" verweist auf eine Zeit, die sich wohl nicht mehr wieder herstellen lässt. Es gibt in den Sätzen „Uns verbindet nichts mehr außer dem Alltag. Früher hatten wir gemeinsame Visionen" keine Türen, keine Hoffnungsschimmer, keine Möglichkeiten und vor allem keinen Handlungsspielraum, wenn der andere diesen Köder schluckt. Worin liegt hier der Denkfehler? Er besteht darin, dass, wenn uns nichts mehr verbindet, auch alles vorbei ist. Vielleicht hat sich die Verbindung aber verändert. Es kann sein, dass ein Teil gestorben ist und Platz für etwas Neues gemacht hat. Der Denkfehler liegt darin, sofort das Todesurteil zu unterschreiben, statt in jedem Sterben auch die Chance auf ein neues Zusammenleben zu sehen.

## EINEN EIGENEN ORT IM GEMEINSAMEN LEBEN

Keine Beziehung der Welt kann es uns abnehmen, im Leben eine eigene Vision zu haben. Im Gegenteil: Unsere Beziehung wird uns früher oder später daran erinnern, wie wichtig es ist, diese Vision zu haben und zu pflegen. Oft wird uns erst in Trennungssituationen bewusst, dass wir ja auch etwas Eigenes im Leben erreichen wollten. Und dann sind wir erschrocken darüber, dass wir das der Partnerschaft untergeordnet haben. Im schlechtesten Fall schieben wir das dann der Beziehung oder dem Partner zu. Und im besten Fall spüren wir, dass wir in der Partnerschaft eine Gelegenheit verpasst haben, uns dem anderen ganz zu zeigen und den Partner in seinem Antrieb ganz zu sehen. Meist ist es dann noch nicht zu spät und eine zweite Chance (und der erste wirklich gemeinsame Beginn) möglich. Viele Paare berichten, wie reich ihre Beziehung an dem Punkt geworden ist, wenn sie die Verantwortung für ein erfülltes Lebens nicht mehr an den Partner oder die Beziehung abgegeben, sondern diese selbst in die Hand genommen haben. Und darum geht es hier: die innere Führung bei sich zu lassen und die gemeinsame Zeit und die gemeinsamen Ziele zu genießen; die Arbeit der Lebensführung mit sich auszumachen und mit dem Partner diese offene Eigenständigkeit zu feiern. Das bedeutet nicht, dass man sich dazu in seine Kammer einschließen muss, um auf Kurs zu kommen oder zu bleiben. Es bedeutet vielmehr, einen inneren Ort zu haben, von dem aus man seine Ziele angeht und sein Leben lebt. Von diesem Ort aus können wir klar, wach und offen sein und dem Partner zugestehen, dass auch er seinen Ort haben kann, an dem er Kraft tankt und sich immer wieder auflädt. Gemeinsam können dann beide das angehen, was sie sich für die Beziehung wünschen und in die Welt bringen wollen.

Wir müssen unseren Visionen also Raum geben, sich zu entwickeln. Wer ständig nur seinem Partner folgt, wird irgendwann frustriert sein, weil er immer die zweite Geige spielt. Aber damit der für gewöhnlich aktivere Partner dem anderen auch die Führung überlassen kann und mag, muss dieser überhaupt erst einmal ein attraktives Ziel in sich entstehen lassen, das er dem anderen zeigen kann.

## INTUITION ODER ANGST

Auf diesem feinstofflichen Spielfeld schwingt immer auch die Gefahr mit, sich zu schnell auf seine „Ahnung" zu verlassen. Wir können nicht alles wissen. Eine Vision braucht Zeit und Geduld. Kann sich der Partner zeitweise nicht an der Visionssuche und -gestaltung beteiligen, heißt das nicht, dass nie eine gemeinsame Vision möglich sein wird. Und es bedeutet auch nicht, dass man dem Gefühl, sich schützen zu müssen, das einen dann vielleicht beschleicht, auf jeden Fall vertrauen sollte. Im Gegenteil: Die Bereiche der Vision und der Intuition sind nur schwer fassbar und manchmal nicht leicht von der Angst zu unterscheiden. Zum Beispiel kann uns das ungute Gefühl beschleichen, dass das Flugzeug, mit dem wir morgen in den Urlaub fliegen möchten, abstürzen wird. Können wir sicher sein, dass das Intuition ist? Oder ist es nicht eher eine verschobene Angst? Ähnlich verhält es sich mit dem Gefühl der Unsicherheit, wenn der andere nicht so euphorisch wie erwartet auf unsere Urlaubspläne reagiert. Wir können dann schnell bei dem Eindruck landen, dass uns unser Partner generell ausbremst und wir in dieser Beziehung ein Leben lang gefangen sein werden, oder es kann der Ausdruck von Angst sein, dass unser Partner tatsächlich anders ist als wir.

Der Weg aufeinander zu bedeutet daher in der Beziehung, dass gemeinsame Visionen die Einzigartigkeit des jeweils anderen mit einschließen. Entsprechend muss jeder der Partner auch Verantwortung dafür übernehmen, die eigene Vision zu pflegen. Bei der gemeinsamen Vision geht es also viel weniger um Planung als um Raum – Raum für das Eigene, das Gemeinsame und vor allem auch Raum für Veränderung.

Spielfeld
Nr. 7:

# BEREIT FÜR TRANSZENDENZ

Gemeinsam über sich hinauswachsen

# SPIELFELD NR. 7: BEREIT FÜR TRANSZENDENZ

*Themenbereiche:*
*Philosophie, Weltanschauung, Spiritualität, Menschenbild, Religion*

| ÜBER-SICH-HINAUSWACHSEN / EINHEIT | FLUCHT / AUFLÖSUNG |
| --- | --- |
| Selbstüberschreitung<br>*„Ich bin mehr als das, was ich sehe.“* | Selbstentfremdung<br>*„Ich bin das nicht.“* |
| Unabhängigkeit<br>*„Ich bin mir genug.“* | Ungebundenheit<br>*„Ich brauche niemanden.“* |
| Freiheit<br>*„Ich bin in Freiheit verbunden.“* | Grenzüberschreitung<br>*„Das gilt für mich nicht mehr.“* |
| Präsenz<br>*„Ich bin da. Du bist da.“* | Abwesenheit<br>*„Wir sind eine Illusion.“* |
| Zeitlosigkeit<br>*„Alles ist überall.“* | Auflösung<br>*„Ich existiere nicht.“* |

Auf diesem Spielfeld öffnet sich das größte Geschenk, das zwei Liebende empfangen können. Hier können wir finden, was der Mann unter dem Baum aus unserer Geschichte zu Beginn dieses Buches auch erreichen wollte: Wir nähern uns der Transzendenz, einem Zustand, den Worte nur sehr ungenau beschreiben können.

Und doch hält dieses Spielfeld noch eine große Gefahr, ein großes Missverständnis bereit. Auch hier gibt es noch die Möglichkeit, ein letztes Mal ein vorzeitiges Spielende herbeizuführen, bevor alle Karten auf den Tisch gekommen sind, wir uns ganz gezeigt haben und den Mut aufgebracht haben, unseren Partner ganz anzuschauen und darin uns selbst zu erkennen.

## FREIHEIT ODER FLUCHT

Als der Buddha unter dem Bodhi-Baum die höchste Bewusstseinsstufe, das Einheitsbewusstsein, erlebte, da erkannte er auch, dass nichts auf der Welt unabhängig von allem anderen existiert. Er hatte damit den Denkfehler Nr. 1 entdeckt: Wir leben in Unwissenheit, weil wir Dinge losgelöst von ihrem Kontext für wirklich halten, die aber gar nicht existieren würden, ohne dass es ihnen zugrundeliegende andere Dinge gäbe. Nichts, so sagte er, existiert aus sich selbst heraus.

Irgendwann in unserem Leben – meist wenn der Schmerz über all das Leid, das wir erfahren haben, so groß geworden ist, dass wir ihn nicht mehr aushalten – machen wir uns alle auf den gleichen Weg wie der Mann unter dem Baum. Wir suchen nach einem Ausweg aus dem Schmerz, nach einem Weg, mit dem Leid umzugehen.

Wenn wir dann spirituellen Lehrern und Lehren begegnen, die uns darauf hinweisen, dass Leid aus Anhaftung und Ablehnung entsteht, dann versuchen wir manchmal besonders schnell, alles loszulassen, von dem wir glauben, dass es uns Leid verursacht. Und ganz schnell ist dann oft unsere Partnerschaft an der Reihe. Wir glauben, dass wir hier in weltlichen Ketten liegen, und meinen, dass die Freiheit auf uns wartet, wenn wir diese durchtrennen. Abgesehen davon, dass manche auf diese Weise nur in die nächste Abhängigkeit laufen (nämlich in die Abhängigkeit von einem Lehrer oder einer neuen Idee), verlieren wir mit unserem Partner vielleicht unseren größten Lehrer und mit der Partnerschaft die Gemeinschaft, in der wir die stärksten Impulse für unsere Entwicklung hätten finden können.

Das Spielfeld Nr. 7 ruft uns zu Transformation und Öffnung auf. Doch manchmal wird dieser Ruf aus einem falschen Bewusstsein heraus interpretiert. Statt gemeinsam mit dem Partner über alte Verhaltensweisen und Muster hinauszuwachsen, löst man die Beziehung auf. Dabei erklärt man sich für frei, während man eigentlich vor der schwierigen Aufgabe geflohen ist, seine eigene Entwicklung zu meistern.

Wenn Menschen aufgrund ihrer spirituellen Erfahrungen mit einem gewissen Stolz erklären, dass sie verstanden hätten, dass Beziehungen „auch nur eine Illusion“ seien und sie sich den Gesetzen traditioneller Partnerschaften nicht mehr unterwerfen wollten, dann steht hinter ihrer Entscheidung meist eher der Unwillen, Verantwortung zu übernehmen.

Freiheit ist nur möglich, wenn sie die Möglichkeit der Verbundenheit einschließt. Und Verbundenheit braucht Mitgefühl. Wer seine Beziehung „öffnet“, um dadurch seine Transzendenz auszudrücken, der verletzt jedoch häufig seinen Partner enorm. Das hat dann nichts mit Mitgefühl und damit auch nicht viel mit Freiheit zu tun. Transzendenz ist etwas anderes als die naive Lust zur Grenzüberschreitung, aus welchen Gründen auch immer sie einen ruft. Denn dabei geht es meist lediglich darum, Verbindlichkeit und Verantwortung zu umgehen.

## TRANSZENDENZ ALS DECKMANTEL

Wenn ein Partner darauf besteht, ungebunden zu sein, dann kann es sein, dass der andere „in Liebe" versucht, diesen Weg mitzugehen. Wir haben in unserer Praxis bisher noch nie erlebt, dass das langfristig für beide Partner funktioniert hat. Meist ist dann im Spielfeld Nr. 4 nicht Hingabe vorherrschend, sondern Selbstaufgabe, und die führt langfristig nur zu Schmerz.

Genauso wenig aussichtsreich ist es, wenn einer der Partner sich entscheidet – aus welchen Gründen auch immer –, seiner Sinnlichkeit abzuschwören. Hier wird Transzendenz oft als Deckmantel dafür benutzt, dass in der Beziehung keine Intimität mehr zwischen den Partnern entsteht. Das ist – wie wir in Spielfeld Nr. 2 besprochen haben – eine Aufgabe für beide Partner, aber wenn einer zu ängstlich ist, sich hier selbst zu bestätigen, dann ist sexuelle Enthaltsamkeit ein Ausweg, den man gut als „spirituellen Fortschritt" verkaufen kann. Es gibt auch kluge Tantra-Literatur, in der vor „Energieverlust" durch den Liebesakt gewarnt wird, mit der man vor dem Partner gut begründen kann, warum man innige und hingebungsvolle Sexualität verweigert.

Wer sich nicht damit abfinden will, dass der Partner Ungebundenheit und Abwesenheit als Unabhängigkeit und Präsenz verkauft, der muss seinem Partner klar mitteilen, dass das für ihn keine langfristige Option ist. Wenn wir in diesem Buch bis hierhin immer wieder betont haben, wie viele Chancen die Liebe hat und wie sehr man „dranbleiben" soll, müssen wir auf diesem Spielfeld allerdings leider zugestehen, dass hier die trickreichsten Maskierungen verwendet werden und die hartnäckigsten, weil überzeugendsten, Denkfehler unsere Entscheidungen bestimmen. Es ist schwer, mit einem Partner zu spielen, der „Gott auf seiner Seite" hat. Wenn ein Partner sich auf Spielfeld Nr. 7 vor dem anderen versteckt, dann kann der tatsächlich meist nur noch beten. Und das sollte er – wiederum entgegen dem, was wir zu den vorherigen Spielfeldern gesagt haben – nicht zu lange tun, sonst würde er seine eigene Lebendigkeit beschneiden. Trotzdem gilt: Nicht sofort aufgeben!

## EINER REICHT!

Denn dann würden wir den gleichen Fehler machen wie unser Partner, der sich entzieht. Hier kommen wir zurück zu unserer Maxime vom Anfang des Buches, bevor wir die Spielfelder betreten haben: Es geht nicht primär um die Beziehung an sich, sondern um die Haltung der Liebe, die wir im Leben entwickeln.

Wenn wir merken, dass der andere sich abwendet, dann ist unsere natürliche Reaktion irgendwann ein entnervtes „Ich hab's ja gewusst" – und wir gehen in das alte Muster, entweder ihn abzuwerten als jemand, der unsere Liebe ohnehin nicht verdient hat, oder uns selbst abzuwerten als jemand, der keine Liebe verdient. Aber auch hier können wir das Training auf den unteren Spielfeldern benutzen, um uns wach zu halten und für den Partner wach zu sein. Wenn die Beziehung noch eine Chance hat, dann wird der Partner unsere Wachheit erkennen.

Wir werden sehr attraktiv, wenn wir das anzubieten haben, was unser Partner sucht. Und wer auf der Suche nach Transzendenz oder Auflösung ist, wer Lehrern oder Ideologien folgt, der hat meist vorher darunter gelitten, dass sein Visionsvorrat zur Neige gegangen ist. Neue Ideen wirken dann schnell sehr anziehend. Kein Wunder, wenn der Partner sich dort nähren will.

Wenn wir uns an die Fähigkeiten aus den vorherigen Feldern erinnern, kann hier auch eine Chance für einen Neueinstieg liegen: Wir zeigen uns mit der Attraktivität, die wir in den unteren Spielfeldern aufgebaut haben, und bitten unseren Partner, uns zuzuhören. Wir zeigen, was wir an Vision gefunden haben, und hören seinen neuen Ideen zu. Und wenn wir der Entwicklung der Spielfelder gefolgt sind, dann können wir den Raum aus Spielfeld Nr. 5 mit einer gemeinsamen Vision füllen. Denn auch wir können (und sollten) uns von dem bereichern lassen, was der Partner an Wahrem mitbringt. Dann kann das, was wie ein Ende schien, tatsächlich ein neuer Anfang werden, von dem aus es wirklich höher hinausgeht.

## WAS BEDEUTET DAS FÜR SIE SELBST?

Dieses Spielfeld stellt eine große Reifeprüfung dar, mit großen Konsequenzen. Es gilt hier, sich und seinen Standpunkt zu finden und zu achten. Und es geht darum, auch den Standpunkt des anderen zu sehen und zu achten, um dann ehrlich zu schauen, ob es hier Möglichkeiten der gemeinsamen Weiterentwicklung geben kann oder ob die Standpunkte tatsächlich zu weit auseinanderliegen.

Bei aller Entscheidungskonsequenz, die sich in diesem Spielfeld ansammelt, sollte man sich darüber klar sein, dass man hier vielleicht zum ersten Mal wirklich die Chance bekommen kann, den eigenen Standpunkt nicht nur zu fühlen und auszudrücken, sondern die damit verbunden Pläne auch in die Tat umzusetzen. Dabei ist es wichtig, den anderen nicht abzuwerten, auch wenn einem dessen Verhalten noch so absurd und verletzend oder kleinkariert und eng vorkommen sollte. Man sollte sich bewusst sein, was man hier riskiert und was man auch verlieren kann; aber wenn man es schafft, im Grunde seines Herzens mit dem anderen verbunden zu bleiben, liegt sogar in dieser großen Entfremdung eine Chance auf Annäherung. Und sich diese Möglichkeit zu bewahren ist vermutlich, neben der neuen Aufgabe der Abgrenzung, der größte Schritt, der in dieser Konstellation zu leisten ist

## EIN GESPRÄCH ÜBER TRANSZENDENZ

Aus einem Paargespräch: „Ich brauche eigentlich gar keine Beziehung. Mir geht es nicht mehr so sehr um weltliche Dinge."

Katharina: „Der Weg der spirituellen Entwicklung kann, besonders was Beziehungen angeht, oft zu einer Einbahnstraße werden, wenn man seinen Partner nicht in den Prozess mit einbezieht. Oder wenn man sogar, auf neuen Pfaden wandelnd, den gemeinsamen Weg mit seinem Partner verlässt, weil man meint, dass wir auf dem spirituellen Weg sehr gut ohne Partnerschaft auskommen. Oder weil die neuen Gefährten uns auf diesem Weg einen einfacheren oder befriedigenderen Umgang bieten. Oft liegt diesem Schritt eine vorangegangene Enttäuschung zugrunde, die zur Abkehr oder Neuorientierung führte. Man entsagt dem weltlichen Leben oder entsagt zumindest dem alten Leben. Beides ist in dieser Form dann nicht Transzendenz, sondern Flucht."

Ralf: „Der klassische Fall ist oft der: Jemand beginnt, sich mit Transzendenz und Spiritualität zu beschäftigen, und bemerkt dann, dass sein Partner nicht ‚folgt'. Dann sieht er sich eine Zeit lang als der Einzige, dem dieses Thema wichtig ist, und fühlt sich, als sei er dem anderen eine Kopflänge voraus. Der Partner schaut dem scheinbar tatenlos zu, und irgendwann erklärt dann der „Spirituellere" von beiden: ‚Ich widme mich der Transzendenz und einem größeren Ganzen, und du tust es nicht. Deshalb fehlt mir in unserer Beziehung die Spiritualität, und ich möchte unsere Beziehung beenden.'"

K: „Im Namen der Transzendenz sind schon viele Partnerschaften beendet worden, und die Liebe ist auf der Strecke geblieben. Was sehr schade ist, weil die Transzendenz eine so wundervolle Grundlage sein kann für eine erfüllte Beziehung."

R: „Was dabei interessant ist: Der andere hatte meist gar keine Chance, weil der ‚Suchende' seinen Partner nicht in seinen Prozess mit einbezogen hatte. Veränderung ist in fast jeder Partnerschaft etwas, das mit großer Angst beobachtet wird. ‚Ich bin nicht mehr gut genug' ist der klassische Gedanke, der oft bei einem Partner aufkommt, wenn der andere eine neue Beschäftigung findet. Dabei ist es zunächst egal, ob es der Eintritt in einen Fußballverein oder eine spirituelle Gemeinschaft ist. Es gibt da etwas, das in der Beziehung Raum einnimmt. Ein selbstsicherer Partner kann das dann mit Freude beobachten, dass der andere jetzt etwas gefunden hat, was ihm guttut. Und er kann sich möglicherweise auch darauf freuen, wenn der andere dann, nachdem er – ob beim Fußball oder beim Gebet – aufgetankt hat, wieder die Nacht mit ihm oder ihr verbringt. Aber ein ängstlicher Partner kann unsicher werden und anfangen, sich zurückzuziehen, während die Lust des anderen auf das Neue umso stärker wird."

K: „Lass uns doch mal ein klassisches Beispiel nehmen: Sie macht seit Jahren Yoga und taucht immer mehr in die Lehre des Yoga ein, in der es heißt, dass sich schlussendlich jede Polarität aufhebt und alles eins wird. Ihr Partner geht diesen Weg nur bedingt mit; er liebt das Körperliche und das Greifbare und damit auch die Polarität zwischen Mann und Frau. Ihre neue Lebensanschauung wird zu ihrem zentralen Lebenselement. Er kann und will seine Sicht nur bedingt verändern, weil er schlicht nicht an diesen Weg glaubt. Haben wir es an dieser Stelle noch mit Denkfehlern zu tun oder eher mit unüberwindbaren Differenzen, die ein Zusammensein unmöglich machen?"

R: „Was soll denn hier ein Zusammensein unmöglich machen? Kann jemand, der sich ernsthaft als transzendenter Mensch beschreibt, tatsächlich behaupten, das seien unverrückbare Gegensätze? Spiritualität soll uns mit universeller Liebe erfüllen. Wenn sie benutzt wird, um eigene Unlust zu rechtfertigen, was für eine Grundlage hat sie dann? Wer die Worte ernst meint, dass er sein ‚Ego' ablegen möchte, den halte ich nicht für allzu glaubwürdig, wenn er an jeder zweiten Ecke Gründe dafür findet, um Dingen aus dem Weg zu gehen. Viele benutzen ihre erwachende Transzendenz als Grund, sich zu trennen, womit sie sich eigentlich von der Liebe entfernen."

K: „Im Hinblick auf die Theorie gibt es einen Teil in mir, der hier lauthals widersprechen möchte: ‚Aber es kann doch wirklich sein, dass jemand der körperlichen Liebe aus Glaubensgründen entsagen möchte und/oder seine Liebe universell leben möchte', aber in der Praxis denke ich dann an all die Gurus, spirituellen Lehrer und ihre Anhänger, die sich und andere mit diesem Gedanken in keine gute Position bringen. Ich erlebe Menschen mit sehr viel Einsamkeit, in Flucht und Überforderung. Da ist ein großer Unterschied zwischen Theorie und Praxis."

R: „Körperliche Liebe kann ja auch sehr transzendent sein. Ich finde es zudem spannend, wenn jemand sagt: ‚Ich will jetzt endlich meiner wahren Liebe folgen.' Woher weiß ich denn, dass es dann dieses Mal die ‚echte' Liebe ist und nicht doch wieder nur die Hormone? In meiner ganzen Arbeit mit spirituellen Menschen habe ich nicht einmal ein Paar gesehen, bei dem sich in der nächsten Beziehung nicht wieder die gleichen Muster wiederholt hätten."

K: „Öffnung bedeutet unter anderem, dass man bereit ist, die eigenen Begrenzungen zu sprengen, jedoch nicht als ultimatives Lebenskonzept. Transzendenz bedeutet meiner Meinung nach, dass man sich frei gemacht hat, um sich dann voll einzulassen. Und wo ist das am schwierigsten? In der Partnerschaft. Im Grunde reden wir hier doch auch von der Rechtfertigung der Polygamie als spirituellem Gedanken."

R: „Tatsächlich sehen viele Menschen die Polyamorie als spirituellen Weg gerechtfertigt. Aber auch hier finde ich es spannend, genau hinzuschauen. Wie viele Menschen gibt es in dieser Szene, die das wirklich vorurteils- und eifersuchtsfrei vorleben? In der Regel findet sich hier ein fast noch größeres Leid als bei den von ihnen so gescholtenen monogamen Beziehungen."

## DENKFEHLER IM SPIEL ZWISCHEN EINHEIT UND AUFLÖSUNG

**Fallbeispiel zum Spielfeld Nr. 7**
Sie ist Ende dreißig und Künstlerin. Sie hat einen Sohn aus erster Ehe und eine Tochter aus der jetzigen Beziehung. Sie ist seit einiger Zeit in einer spirituellen Gemeinschaft aktiv, die sich darauf konzentriert, schon zu Lebzeiten jegliche Form von Dualität aufheben zu wollen, um der Einheit nahe zu sein. Diese Richtung und diese Gemeinschaft geben ihr, wie sie sagt, viel Kraft und eine Form von

Selbstbestimmung zurück, die sie in der Beziehung abgegeben habe. Sie möchte die Beziehung trotz Differenzen weiterführen, jedoch ohne Streit und im stillen Einvernehmen miteinander. Der Sexualität möchte sie keinen Raum mehr geben, sondern zunächst auf Seelenebene mit dem Partner kommunizieren. Sie möchte ihre Zeit mehr nutzen, um zu meditieren und ihre Anhaftungen an das Materielle loszulassen. Sie lächelt viel und redet wenig, da sie sich, wie sie sagt, mehr auf das Nonverbale konzentrieren möchte. Und wenn das in der Partnerschaft nicht gehe, dann werde sie die eigene Entwicklung vorziehen und sich in Liebe zurückziehen.

Er ist Mitte vierzig, Psychotherapeut und ein sehr direkter Mensch. Er ist zugewandt und bei Konflikten stringent, manchmal aber auch engstirnig, jedoch bereit, seinen Standpunkt zu überdenken. Er diskutiert nicht um der Diskussion willen, sondern wegen des Ergebnisses. Er möchte möglichst viel in seinem Leben klären, um immer mehr Ruhe zu finden. Ideen, die seiner Meinung nach wenig Halt haben im wissenschaftlichen Kontext, sind für ihn störend und überflüssig. Die unbeirrbare Haltung seiner Frau gehört für ihn dazu und hat zur Folge, dass er seit einiger Zeit in der Praxis schläft und wohnt. Dort hat er, wie er sagt, Raum, sich um das Wesentliche zu kümmern, statt sich vage Ideen anzuhören, die für ihn nicht stimmig sind. Hier konzentriert er sich nun auf seine Arbeit und die Stringenz seiner Weiterentwicklung gemäß seinen Vorstellungen, was ihn immer mehr von der Beziehung entfernt.

Bei diesem Paar fallen in Auseinandersetzungen dann meist diese beiden klassischen Sätze:

Sie: *„Ich möchte mich mehr auf meine Entwicklung konzentrieren."*
Er: *„Ich will einfach meine Ruhe haben."*

**Denkfehler Nr. 1: „Ich weiß Bescheid."**

Hier sehen wir Denkfehler Nr. 1 – den Denkfehler, aus dem alle anderen Denkfehler entstehen – auf dem Spielfeld Nr. 7, dem obersten Spielfeld, von dem aus sich die Denkfehler zu allen anderen Spielfeldern weiterbewegen. Die an sich richtige Idee, sich um seine eigene Entwicklung zu kümmern, kann hier zum größten Missverständnis führen. Es gehört zur Transzendenz, und es macht uns gleichzeitig menschlich, dass wir uns weiterentwickeln und unser Potenzial entfalten wollen. Aber kann man sich nicht auf seine eigene Entwicklung konzentrieren und den Partner gleichzeitig daran teilhaben lassen? Und ist es nicht möglich, das Bedürfnis nach Stille auch in einer Partnerschaft zu nähren? Es zeichnet uns aus, dass wir uns entwickeln wollen. Und es zeichnet uns noch viel mehr aus, wenn wir dabei in der Lage sind, unseren Partner mit einzubeziehen oder ihn wenigstens nicht abzuwerten und auszuschließen. Entwicklung nebeneinander oder sogar miteinander erfordert mehr Wagnis und Geschick, als wenn man diesen Weg allein unternimmt. Aber man lernt dabei möglicherweise auch doppelt so viel. Gemeinsam erlebte oder möglich gemachte Zeiten der Ruhe sind ein großer Gewinn und eine Leistung, auf die beide stolz sein können. Wenn Ruhe allerdings nur bedeutet, den anderen „auszuschalten", dann wird da langfristig wenig Glück zu finden sein.

**Denkfehler Nr. 2: „Es geht um mich."**

Durch diesen Denkfehler sehen wir unsere Entwicklung – oder unser Bedürfnis nach Stille (beides ist hier austauschbar) – als etwas, das wir „erreichen" müssen. Alles andere soll dahinter zurückstehen. Wir meinen, dass wir uns selbst aufgeben, wenn wir nicht dafür sorgen, dass wir unser Leben hundertprozentig so leben, wie wir glauben, dass es sein müsste. Dabei versteckt sich unser Ego manchmal hinter der „spirituellen Entwicklung". Das geschieht paradoxerweise dadurch, dass uns diese Entwicklung ungeheuer wichtig erscheint. Deshalb müssen wir dafür kämpfen, und das liebt das Ego. Dabei ist Entwicklung nicht unbedingt immer etwas, das „gemacht" wird, sondern oft auch etwas, das einfach „geschieht". Wir können manchmal genau dadurch unser Potenzial entfalten, dass wir unsere Entwicklung nicht forcieren. Entwicklung ist die Summe unserer Erfahrungen gepaart mit dem Gestaltungsspielraum, den wir uns immer wieder selbst geduldig zugestehen. Auf diese Weise kommen wir zur Ruhe: wenn wir aufhören zu kämpfen und dabei in Verbindung bleiben; nicht indem wir alles „ausschalten".

**Denkfehler Nr. 3: „Ich will das so."**

Wir denken hier, dass wir endlich am Ziel sind. Denn wir scheinen etwas gefunden zu haben, das viel langfristiger gute Gefühle verspricht als alles, was wir vorher wollten oder nicht wollten. Wenn wir uns nach Transzendenz sehnen, dann scheinen wir den Schlüssel dazu gefunden zu haben, dem Leid, das die Vergänglichkeit mit sich bringt, aus dem Weg zu gehen. Doch weil wir auch diese Transzendenz noch „erreichen" wollen, sind wir tatsächlich noch weit davon entfernt. Denn sie ist oft immer noch nur so lange verlockend, wie sie sich gut anfühlt. Der Satz „Wasch mir den Pelz, aber mach mich nicht nass" kennzeichnet diesen „spirituellen

Materialismus"[15]. Denn plötzlich unterscheiden wir zwischen Transzendenz, die sich für uns gut anfühlt, und Transzendenz, die unbequem ist.

**Denkfehler Nr. 4: „Ich will das so nicht."**

Gerade das Unbequeme – das oft mit dem Partner zu tun hat – könnte die wirkliche Inspiration für uns bereithalten. Aber wir wollen diese unbequeme Form der Transzendenz gar nicht. Traurigerweise verpassen wir auf der Suche nach Spiritualität im Außen oft die mögliche innere Entwicklung, da wir uns dafür innerhalb der Partnerschaft mit unseren Schwierigkeiten auseinandersetzen müssten. Wir gehen – auf der Suche nach dem Fortschritt – wirklicher Entwicklung aus dem Weg.

Genauso ist es um den Wunsch nach Stille bestellt, wenn man den Partner dabei ausblenden möchte. Wir bearbeiten den tatsächlichen Auslöser unserer Unruhe nicht, der in unserem Inneren steckt. Warum ist der Partner denn in der Lage, uns so unruhig zu machen? Wenn wir bereit sind, uns dieser Frage zu widmen, und uns mit unserer Reaktion auf den Partner auseinandersetzen, dann können wir anschließend nicht nur ihn aushalten und lieben, sondern langfristig die ganze Welt. Wenn wir dieser Frage – und unserem Partner – aber aus dem Weg gehen, dann wird sich irgendwann der nächste Mensch, den wir uns gesucht haben, ebenfalls als Quälgeist herausstellen, weil der „Quälgeist-Detektor" als Denkfehler Nr. 4 in uns aktiv geblieben ist. Ruhe finden wir so nicht.

**Denkfehler Nr. 5: „Ich will hier raus."**

Wenn Denkfehler Nr. 5 in Spielfeld Nr. 7 einsetzt, dann kann man eigentlich gleich ins Kloster gehen. Denn die Idee hinter diesem Denkfehler ist: „Wenn ich allein bin, habe ich meine Ruhe. Meine Erleuchtung kann ich nur allein finden, und ich brauche auch niemanden, um glücklich zu sein." Aber es ist interessant, wie viele Menschen das Kloster – oder einfach eine selbstgewählte Phase des Alleinlebens – wieder verlassen, wenn die Lust sich wieder meldet und aus irgendeinem Grund die Hormone wieder zu fließen beginnen. Wir haben viele Menschen kennengelernt, die felsenfest überzeugt waren, ohne Partner besser im Leben zu stehen. Die meisten sind oft nach gar nicht so langer Zeit doch wieder – mit einem neuen Partner – aufs Spielfeld der romantischen und sinnlichen Liebe zurückgekehrt, weil ihr Spiel des Lebens noch nicht abgepfiffen war. Man wächst nicht über sich

15 Diesen Begriff hat der tibetisch-buddhistische Lehrer Chögyam Trungpa (1939–1987) geprägt.

hinaus, indem man einen Teil von sich ausschließt, sondern indem man ihn ganz kennenlernt.

## GEMEINSAM TRANSZENDENZ ERLEBEN

Wenn wir auf diesem Spielfeld gewinnen wollen, dann können wir eine Zeitlang allein voran schreiten. Aber wir müssen unseren Partner in unsere Veränderungen einbeziehen. Es geht schließlich darum, das ganze Beziehungswesen, das sich mit unserer eigenen Entwicklung verändert, weiter gemeinsam zu gestalten. Dieses Wesen, das eine ganz eigene Persönlichkeit hat und weder nur der eine noch der andere ist, muss von beiden Partnern Impulse bekommen, damit jeder sich in der Beziehung wiederfinden kann.

Auch wenn Transzendenz letztlich etwas Unpersönliches ist: Es ist schön und inspirierend, den Weg dorthin (oder die Entdeckung, dass es gar keinen Weg gibt) gemeinsam zu erleben. Wenn man Seminare nicht gemeinsam besucht, Bücher nicht gemeinsam liest, dann muss man sich die Zeit nehmen, mit dem Partner darüber zu sprechen, was man selbst erlebt, und hören, was der andere erlebt. Wichtig ist es immer, mit dem Partner über die Ängste zu sprechen, die auftauchen. Oft ist es hier hilfreich, sich gute Begleitung zu holen, Lehrer zu haben, die selbst in einer Partnerschaft sind.

Bei allen Wünschen an das Höhere Selbst: Manchmal ist es geschickt, nicht direkt zur großen Erlösung voranschreiten zu wollen, sondern den nächsten Schritt auf dem Weg der eigenen Entwicklung ganz entspannt zu gehen. Dann hat auch die Partnerschaft Zeit, daran zu wachsen. Also besser keine Holzhammer-Transformations-Erkenntnisse und -Erwartungen. Die machen mehr kaputt, als sie wirklich befreien.

Sprechen Sie über Veränderungen. Das heißt nicht, dass der andere die gleichen Veränderungen mitmachen soll. Es geht nur darum, dem anderen regelmäßig mitzuteilen, was mit einem selbst passiert. Wir müssen unserem Gegenüber davon berichten, wenn wir etwas Neues lernen, damit es nicht wie vor den Kopf gestoßen ist, wenn wir uns auf einmal anders verhalten. Wenn wir unseren Partner über unsere inneren Reisen informieren, muss er nicht an allen Orten dabei sein. Aber wenn er nicht weiß, wo wir unterwegs sind, macht er sich höchstwahrscheinlich

Sorgen und fühlt sich verunsichert, wenn wir von dort Souvenirs mitbringen, die er nicht kennt. Er ist dann nicht in der Lage zu beurteilen, was davon für die Beziehung gut ist und was ihr bedrohlich werden kann.

Wir ermutigen in unseren Ausbildungen all unsere Teilnehmer dazu, mit ihren Partnern darüber zu sprechen, was sie neu lernen, was sie erleben und wie sich dadurch eventuell ihr Denken, ihr Fühlen und ihr Handeln verändert. Wenn der eine Partner bestimmte Dinge ab jetzt anders machen will oder auf andere Sachen vorerst keine Lust mehr hat, dann muss der andere wissen, warum das geschieht, und ob sich das eventuell auch wieder ändern kann. Wenn zum Beispiel jemand aufhören möchte, Fleisch zu essen, dann hilft er dem Partner, Angst zu vermeiden, indem er erklärt, warum er das tut und was er damit erreichen möchte. Wenn er aber nur stillschweigend seine Ernährungsgewohnheiten ändert, geht vielleicht beim anderen das Gedankenkarussell los: „Heute vegetarisch, morgen vegan? Und übermorgen nur noch Rohkost?" Und wenn das Karussell in Gang ist, dann sind weitere Befürchtungen oft auch nicht weit: „Und will er sich dann in eine Höhle zurückziehen?"

# BEREIT SEIN

## IMMER WIEDER BEREIT WERDEN

Wir haben uns nun auf vielerlei Weise angeschaut, wie unsere automatischen Gedanken uns auf dem Weg zur Liebe in die Quere kommen können. Aber auch wenn wir über all die bisher besprochenen Dinge Bescheid wissen: Im Alltag holt uns oft die *Macht der Gewohnheit* ein. Ein Denkfehler taucht auf, und ehe wir uns versehen, rutschen wir in der Denkfehler-Spirale nach unten und beginnen, uns, den anderen oder die Beziehung zu kritisieren und schließlich ganz infrage zu stellen. Und selbst wenn wir diese negative Spirale bemerken, treibt uns die eigene Frustration darüber oft noch weiter in die Krise, denn es liegt ja ganz nahe zu denken: „Ich weiß das alles, und wir kommen trotzdem keinen Schritt weiter."

Es gibt aber eine andere Möglichkeit: Statt uns über unsere Unzufriedenheit zu ärgern, können wir uns entscheiden, uns darüber zu freuen, dass wir sie überhaupt bemerkt haben. Wir klopfen uns sozusagen selbst ein wenig auf die Schulter dafür, dass wir nicht komplett im Automatismus festhängen, und sind etwas stolz auf uns, dass wir es wenigstens – und wenn auch nur kurz – bemerkt haben.

Wenn wir sehen, dass etwas nicht in Ordnung ist, dann freuen wir uns einfach über unsere eigene Achtsamkeit; selbst wenn es scheint, als ob wir nur Negatives entdeckt hätten. Aus „Scheiße! Es ist alles Mist!" wird auf diese Weise: „Ahh! Das ist aber wieder heftig."

In diesem Moment wissen wir dann, dass wir gerade wach sind und die Kraft haben, auch für den nächsten Moment wach zu bleiben. Der Unterschied ist nun, dass wir nicht in das automatische Grübeln zurückfallen, sondern uns neugierig für die Möglichkeit entscheiden, dass wir einmal mehr einer Denkfehler-Reaktion aufgesessen sind. Dann können wir sogar unseren kritischen Geist – der uns ursprünglich in die Situation gebracht hat – benutzen und hinterfragen damit den Sinn unserer Frustration. Sie mag dazu gedient haben, uns darauf aufmerksam zu machen, dass wir mit einer Situation in der Partnerschaft unzufrieden sind. Die geschickte Antwort darauf ist aber dann in der Regel nicht die Auflösung der Beziehung, sondern die Aufarbeitung der zugrunde liegenden Konflikte.

Wir können uns auch entscheiden, für kurze Zeit nicht weiter mit dem kritischen Geist zu arbeiten und uns stattdessen dem aktiven Erwecken von Gefühlen der Liebe und Hingabe zu widmen. Wir rufen die Erinnerung an Zärtlichkeit wach. Dafür können wir in unserer Vorstellung das Bild, den Klang der Stimme, den Geruch, den

Geschmack und das Gefühl der Berührung durch den anderen sinnlich auftauchen lassen, und unser Denken wird für den Moment seine Richtung wechseln.
Nach dem „Das ist aber wieder heftig" setzen wir nun unseren Wunsch: „Möge ich bereit für die Liebe sein." Und vielleicht wünschen wir zusätzlich für uns und den anderen: „Möge er/sie bereit für die Liebe sein" und „Mögen wir beide bereit für die Liebe sein." Es klingt wie ein „So tun als ob", aber diese liebende Güte zu kultivieren ist ein starkes Gegenmittel, das man anwenden kann, wenn die Denkfehler uns dazu bringen wollen, Schuld zu suchen, ob nun bei uns selbst oder beim Partner.

Je öfter wir die wachen Momente nutzen, uns über sie freuen und sie auskosten, desto mehr wird aus der Macht der Gewohnheit die *Kraft der Gewohnheit*. Statt der Denkfehler stellen sich dann spontan liebende Gedanken ein. Es fühlt sich ein bisschen so an wie in der Phase der ersten Verliebtheit, nur dass wir dieses Mal nicht dem automatischen Hormonausstoß ausgesetzt sind, sondern unsere Liebe selbst ins Leben gerufen haben. Wir erleben keine Verliebtheit mehr, sondern wir *lieben*.

Dann können sich auch Dinge, die uns vorher gestört haben, verwandeln. Wir sehen den anderen nicht durch eine rosarote Brille, aber durch unser Mitgefühl für ihn verändert sich das, was wir sehen. Wir können Eigenarten des anderen, die uns früher gestört haben, als Ausdruck seines Schmerzes sehen. Was uns früher gestört haben mag, erleben wir dann nicht mehr mit Wut, sondern vielleicht sogar mit Verständnis. Das „Wunder der Liebe" ist keine übersinnliche oder außerordentliche Erfahrung. Es kann den ganzen Alltag durchdringen und beruht einfach auf unserer Entscheidung, die wir immer wieder erneuern, bis sie uns durchdrungen hat.

## MITGEFÜHL FÜR UNS SELBST

Wie lange mag es dauern, bis die Liebe uns durchdringt, anstatt dass Denkfehler uns zerreißen? Man kann ewig darauf warten, dass die Liebe vom Himmel kommt und bleibt. Aber wir können dafür sorgen, dass sie ein Umfeld bekommt, in dem sie gedeihen kann. Wir haben festgestellt, dass schon wenige Wochen der achtsamen „Praxis" des Wachwerdens für die Denkfehler und der Zuwendung zur Liebe große Veränderungen mit sich bringen. Das ist kein Zustand, der für die Ewigkeit bleibt. Wie beim Erlernen einer Sportart muss man auch bei dieser Praxis im Training bleiben.

Es hilft dabei, diese Praxis zwar ernst, aber gleichzeitig auch leichtzunehmen. Denn es nützt der Liebe nichts, wenn wir uns ihr verbissen nähern. Dann würde es uns umso mehr frustrieren, wenn wir einmal wieder einen Denkfehler bemerkten. Genauso liebevoll, wie wir mit unserem Partner umgehen wollen, sollten wir auch mit uns selbst sein. Wenn wir bemerken, dass wir unsere Praxis der Achtsamkeit für die Liebe einmal etwas aus den Augen verloren haben, dann haben wir zwei Möglichkeiten: Die erste ist, dass wir uns über uns selbst ärgern, weil wir eine oder mehrere Gelegenheiten verpasst haben. Wir können dabei auch richtig frustriert über uns selbst werden und bis zu der Befürchtung kommen, dass wir es nie schaffen werden oder es mit diesem Partner einfach nicht klappen wird.

Die zweite Möglichkeit ist, dass wir uns freuen, dass wir es wenigstens jetzt bemerkt haben und wieder wach geworden sind. Wir können dann uns selbst und unserem Partner ab sofort wieder mehr Liebe schenken.

Der Moment, in dem wir bemerken, dass wir ausgerutscht oder von unserem Weg abgekommen sind, kann zum Moment werden, in dem wir neuen Schwung bekommen durch den kurzen „Blitz" der Achtsamkeit. Mit zunehmender Praxis merken wir dann immer mehr, wann wir ausrutschen oder unser Ziel aus den Augen verlieren. Und schließlich fällt es uns irgendwann immer leichter, auf dem Weg der Liebe zu bleiben.

## WANN IST ES ZEIT, SICH ZU TRENNEN?

Eine Frage haben wir bisher stets nach hinten gestellt. Aber wir können dieses Buch nicht beenden, bevor wir Ihnen nicht auch unseren Standpunkt klargemacht haben dazu, wann eine Partnerschaft beendet werden sollte. Wann lohnt sich das „Dranbleiben" nicht mehr? Wann ist es „vorbei"? Gibt es einen Punkt, an dem man sagt: „Genug ist genug"?

Wir sind der Meinung, dass Menschen immer viel voneinander lernen können, auch wenn es manchmal unbequem wird. Es gibt aber auch den Fall, dass wir mit jemandem zusammen sind, der uns nicht guttut, weil er uns nicht angemessen behandelt.

Es kann sein, dass wir dann durch diesen Menschen lernen müssen, Grenzen zu setzen. Wenn uns das gelingt, dann haben wir nicht nur etwas für die Partnerschaft erreicht, sondern auch für unsere seelische Gesundheit. Manche Paare, die sagen, dass sie eine große Liebe füreinander empfinden, sind darin auch sehr stark „fusioniert". Dabei haben beide auf der einen Seite das Gefühl, nicht ohne den anderen sein zu können. Andererseits sind beide aber auch extrem empfindlich gegenüber auftretenden Schwierigkeiten. Wenn es Streit gibt, wird dieser schnell für lebensbedrohlich (Denkfehler Nr. 5) gehalten; und wenn die Streitigkeiten eskalieren, steht wiederum genauso schnell die Trennung im Raum. Die „Fusion" öffnet die Tore nicht nur für innige Umarmungen (die häufig eher eng sind als tatsächlich sinnlich), sondern auch für verbale und physische Gewalt.

In dem Fall, dass es uns nicht gelingt, dem Partner unsere Grenzen zu zeigen und ihm dadurch zu ermöglichen, seine eigenen Grenzen einzuhalten, ist es unsere Pflicht uns selbst gegenüber, die Partnerschaft zu verlassen. Wir helfen uns selbst – und auch unserem Partner – dadurch am meisten, wenn wir ihn nicht mehr einladen, unsere Grenzen zu übertreten, und uns physisch von ihm getrennt halten.

Das muss noch keine endgültige Trennung sein. Wenn beide an ihren gewohnheitsmäßigen Reaktionen arbeiten, dann sind beide etwas bereiter für die Liebe geworden und haben damit auch einen Anteil daran, dass die ganze Welt ein friedvollerer Ort wird. Aber die Veränderung muss von beiden getragen werden.

Wir haben bereits an anderer Stelle gesagt, dass „einer reicht", um den Prozess der Veränderung in Gang zu bringen. Wenn wir uns die Wanderschuhe anziehen, um uns auf den Weg zu uns selbst zu machen, dann können wir anhand der Reaktion unseres Partners sehen, ob die Beziehung eine Chance hat. Wenn unser Partner bemerkt, dass wir uns bewegen, dann sieht er im besten Fall unsere Attraktivität – und macht sich auch daran, seine Schuhe zu schnüren. Wenn beide in Bewegung sind, dann kann es eine lange und interessante Reise sein. Dabei müssen es nicht immer genau die gleichen Wege sein, die man geht. Es ist natürlicherweise so, dass mal der eine, mal der andere schneller ist und der eine auf den anderen warten muss. Und manchmal gibt es eine interessante Seitenstraße, auf welcher der eine gehen möchte, während der andere einen anderen Weg, vielleicht sogar eine Abkürzung, nimmt. Wenn beide sich untereinander immer wieder austauschen über das, was in ihnen vorgeht, dann lernen beide voneinander.

Wenn ein Partner aber langfristig tatsächlich lieber auf der Couch sitzen bleiben will, dann kann der Partner mit dem Wunsch nach Weiterentwicklung sich nur entscheiden, der Beziehung zuliebe darauf zu verzichten, die Welt zu sehen. Wenn dieser Verzicht aus Angst kommt, den anderen zu verlieren, dann kann das langfristig nach hinten losgehen.

Wir glauben, dass eine Beziehung dann funktioniert, wenn beide bereit sind, sich zu bewegen. Und weil wir es so oft bei Paaren beobachtet haben, möchten wir noch einmal darauf hinweisen, was wir schon innerhalb der Spielfelder besprochen haben: Seien Sie offen, und seien Sie geduldig. Sagen Sie Ihrem Partner klar, wohin Sie wollen. Und: Geben Sie Ihrem Partner Zeit für die Entscheidung, mit Ihnen zu gehen.

Wir müssen aufpassen, dass wir dem Partner diese Chance nicht von vornherein nehmen, indem wir unsere eigene Entwicklung nicht so kommunizieren, dass der andere sich eingeladen fühlt mitzugehen. Wir haben einige Paare erlebt, bei denen der eine angefangen hat, sich zu verändern, und dann irgendwann dem anderen vorgeworfen hat: „Bei dir tut sich gar nichts“, um schließlich achselzuckend mit einem „Du bist einfach noch nicht so weit“ sein Bündel zu schnüren und die Beziehung zu beenden.

In manchen dieser Fälle herrschte bereits lange eine heimliche Frustration über den Partner vor, und der andere wurde gar nicht wirklich eingeladen. Eines dieser Beispiele haben wir in der Einleitung vorgestellt. Wenn Überlegungen da sind, sich zu trennen, dann sollte man sich und dem anderen Zeit geben für eine gründliche Bestandsaufnahme. Ist einer von beiden wirklich nicht bereit?

Bewegung bedeutet übrigens nicht immer, dass der Partner sich in die Richtung bewegt, die wir von ihm erwarten. Es kann genauso sein, dass wir selbst einen Weg einschlagen, der uns und dem Partner Schaden zufügt. Es ist dann für uns nicht erkennbar, dass unser Partner nicht veränderungsunwillig ist, sondern vielmehr in dieser Angelegenheit wacher ist, als wir es selbst sind. Oder der Partner ist uns bereits „einen Schritt voraus“, und wir sind aufgerufen, uns von alten Bequemlichkeiten zu verabschieden. Wie unterscheiden wir das? Es gibt keine Patentrezepte für richtige Entscheidungen, aber wenn wir trainieren, die Denkfehler in unserem kritischen Geist zu beobachten, dann entwickeln wir Unterscheidungskraft. Im Zweifelsfall kann es eine gute Idee sein, gerade dann, wenn es für uns unbequem wird, die Meinung unseres Partners in Betracht zu ziehen.

Manchmal kommen Menschen in die Paartherapie, die beteuern, dass sie bereit seien zur Veränderung, aber dann, wenn es aufs Ganze geht, doch immer wieder nur versuchen, den alten Status quo aufrechtzuerhalten. In solchen Fällen sagen wir sehr konkret: Wenn das so bleibt, dann hat der andere keine Chance, das zu bekommen, was er braucht. Und dann hat auch die Beziehung keine Chance.

Manchmal reißt der veränderungsunwillige Partner dann doch noch das Ruder herum und fängt an, sich zu bewegen. Manchmal erkennen beide, dass eine Trennung tatsächlich das Beste ist, und verabschieden sich respektvoll voneinander. Und manchmal kommen beide nicht mehr zum nächsten Gespräch, weil der

Partner, der vorher übervorteilt wurde, es auch mit der Angst zu tun bekommen hat beim Kontakt mit einer neuen Freiheit und ihren Möglichkeiten und lieber in dem ihm bekannten Gefängnis weiterlebt.

Es gibt drei Fälle, in denen Sie unserer Meinung nach das Verhalten Ihres Partners – oder Ihr eigenes – nicht mehr tolerieren können:

**1) Physische Gewalt**

Wenn es einen einmaligen Zwischenfall gibt, dann ist das eine Aufforderung zu einer räumliche Trennung, zumindest für einen bestimmten Zeitraum. „Ausrutscher" gibt es seltener, als man denkt. Und meistens hat nicht nur einer der Partner – der offensichtlich aggressive – ein Problem. Der andere muss sich zwei Dinge anschauen: Warum habe ich mir das gefallen lassen? Und eventuell auch: Was habe ich getan, dass es dazu gekommen ist? Doch egal, was auch der Grund gewesen sein mag: Gewalt ist nie gerechtfertigt. Es muss Abstand zwischen beiden geben, und beide müssen sich Unterstützung holen, damit das nicht ein zweites Mal geschieht. Falls es ein zweites Mal geschieht, gilt es „Stopp!" zu sagen, denn sonst ist das dritte Mal oft nicht weit. In solchen Fällen zeigen beide große Umsicht, wenn sich erst einmal jeder für sich darum kümmert, seine Fähigkeit zur Selbstberuhigung auf- und auszubauen.

**2) Wiederholte verbale Gewalt**

Es kommt in den besten Partnerschaften vor, dass die Fetzen fliegen. Aber auch verbale Schläge hinterlassen Spuren bei beiden. Wer akzeptiert, dass der Partner ihn wiederholt mit seiner Sprache beschmutzt, der kann sich irgendwann selbst nicht mehr wirklich gerade im Spiegel anschauen, weil er vermutlich bereits begonnen hat, einiges von den Verbalattacken, die über ihm ausgeschüttet wurden, zu glauben. Wir können unserem Partner viel verzeihen, aber wir dürfen nicht tolerieren, dass so etwas regelmäßig geschieht. Es muss nicht das Ende der Beziehung bedeuten, aber einer – und vielleicht auch beide – müssen sich sagen lassen, dass hier ein „Stopp!" angesagt ist und es – wenn sich das wiederholt – nicht ohne externe Hilfe so weitergehen kann.

**3) Formen von Sucht**

Jeder Partner muss bereit sein, sich zu fragen: Mit wem bin ich eigentlich zusammen? Und: Ist mein Partner wirklich mit mir zusammen? In allen Fällen von Sucht, ob stofflich oder nicht-stofflich, gibt es eine Dreiecksbeziehung. Wenn ein Partner alkohol- oder drogensüchtig ist, ist der Fall offensichtlich. Und selbst wenn er uns nicht direkt körperlich oder verbal attackiert: Er schadet sich selbst und damit auch der Beziehung. So eine Partnerschaft ist nicht mehr gesund. Bei nicht-stofflichen Süchten ist die Situation nicht immer so offensichtlich, aber wer zum Beispiel die materielle Grundlage der Partnerschaft oder der Familie in Gefahr bringt, braucht ein sofortiges Stopp-Signal und muss sich Hilfe holen, wenn er weiter in der Beziehung bleiben will. Und wer seine Freizeit lieber im Internet oder am Arbeitsplatz als mit dem Partner verbringt, muss bereit sein, sich genau prüfen zu lassen: Wie viel investiere ich überhaupt noch in die Beziehung?

Grundsätzlich gilt: Eine Partnerschaft kann all diese Proben aushalten, wenn derjenige, der die Grenzen überschritten hat, sein Verhalten ändert. Nur bereit dazu zu sein, reicht nicht. Es muss etwas geschehen. Das missbräuchliche Verhalten muss aufhören. Wer beteuert, dass er es versucht, muss zumindest eine räumliche Grenze gesetzt bekommen, bis er es schafft.

Was genauso wichtig ist: Derjenige, dessen Grenzen überschritten werden, muss sich darüber klar werden, dass er – wenn er in seinem Leben Liebe erfahren will – so etwas nicht dulden kann. Missbrauch zu erdulden ist keine Liebe, sondern Masochismus. Man kann versuchen, jeden Menschen bedingungslos zu lieben; aber man kann sich – gerade wenn man liebt – nicht alles gefallen lassen. Dann verrät man nicht nur sich selbst, sondern auch den Partner, den man vorgibt zu lieben.

## DENKFEHLER UMGEKEHRT: „ICH LIEBE IHN DOCH SO!"

Wir haben auf Spielfeld Nr. 1 und Nr. 2 bereits zwei denkbar schlechte Voraussetzungen für eine Partnerschaft kennengelernt: Angst und Abhängigkeit. Wenn wir auf diesen beiden unteren Spielfeldern schlecht aufgestellt sind, dann werden wir auf Spielfeld Nr. 3 keine starke eigene Persönlichkeit haben. Entsprechend findet auf Spielfeld Nr. 4 dann keine Liebe, sondern Aufopferung statt. Man nennt das Co-Abhängigkeit, und die ist leider gar nicht so selten.

Hier sind die Denkfehler ebenfalls am Werk, nur finden wir sie hier in umgekehrter Richtung zu den im Buch bisher beschriebenen. Hier treiben unsere Denkfehler uns zum Bleiben in einer Beziehung, die uns gar nicht guttut. Wenn die Denkfehler uns sonst oft da zur Trennung bringen, wo man eigentlich gemeinsam weitergehen könnte, dann haben sie in diesem Fall die Wirkung, dass eine giftige Beziehung – deren Trennung überfällig ist – nicht aufgelöst wird.

Die Dynamik ist die gleiche, nur mit anderen Vorzeichen. Bei näherem Hinsehen merken Außenstehende schnell, was los ist, und schlagen manchmal die Hände über dem Kopf zusammen. Aber wenn man selbst hier einen blinden Fleck hat, dann merkt man unter Umständen nur indirekt, wie einem mitgespielt wird.

An welchen Sätzen können Sie also einen Denkfehler in einer giftigen Beziehung erkennen?

*„Wenn ich ihn nur genug liebe, dann wird er sich irgendwann ändern."*

**Denkfehler Nr. 1: „Ich weiß Bescheid."**
Nichts wird er tun, und eigentlich wissen Sie das auch. Denn wie lange „lieben" Sie ihn schon, ohne dass sich etwas ändert? Und ist es Liebe oder ist es Abhängigkeit, die sich als Liebe tarnt?

*„Es geht mir um sie. Ich möchte ihr helfen."*

**Denkfehler Nr. 2: „Es geht um mich."**
In einer Partnerschaft zu bleiben, weil man denkt, man könne dem Partner dadurch – auf welche Weise auch immer – „helfen", ist ein großes seelisches Risiko. Denn oft ist der Grund dahinter eigentlich das Ablenken von der Entwicklung einer eigenen gesunden Persönlichkeit. Spüren wir, dass da beim Gegenüber eine Wunde ist, für die wir einen Balsam parat haben könnten, um unsere eigene Größe bestätigt zu bekommen, und die eigene Verletzung für eine kurze Zeit nicht sehen zu müssen? Was zieht uns da wirklich an beim anderen?

*„Ich sehne mich so nach ihm."*

**Denkfehler Nr. 3: „Ich will das so."**
Wir wissen leider nicht immer, was uns wirklich guttut. Wer in seiner Kindheit giftige Beziehungen erlebt hat, der wird diese Form möglicherweise auch als Erwachsener wieder für sich selbst suchen. Denn so bekommt man scheinbar die Bestätigung dafür, dass damals alles „richtig" war.

*„Ich hab's doch eigentlich ganz gut mit ihr."*

**Denkfehler Nr. 4: „Ich will das so nicht."**
Manchmal legen wir uns eine eigene Beschränkung auf in Bezug darauf, wie glücklich wir sein dürfen. Und eventuell darf das Maß unseres Glücks nicht die Höhe des Glücks übersteigen, das wir beispielsweise bei unseren Bezugspersonen aus der Kindheit gesehen haben. Es gibt viele mögliche Gründe, aus denen wir uns nicht erlauben, das ganze Potenzial unserer Persönlichkeit zu entfalten. In einer giftigen Beziehung zu bleiben ist eine Möglichkeit, uns selbst zu beschränken.

*„Ich kann mir nicht vorstellen, ohne ihn zu sein."*

**Denkfehler Nr.5: „Ich will hier *(nicht)* raus."**
Den mächtigen Denkfehler Nr. 5 haben wir schon mehrfach als die „Angst vor dem Tod" beschrieben. Während er uns in Beziehungen mit Potenzial oft dazu verleitet, uns zu trennen, weil wir uns eingeengt oder bedroht fühlen, hält er uns in giftigen Beziehungen umgekehrt gefangen. Dahinter steckt die uralte Angst des Menschen, allein zugrunde zu gehen. Genauso, wie man sich in einer eigentlich gesunden Beziehung mit einem „Ich schaff' das allein!" oft selbst um viele Möglichkeiten bringt, geht es in einer giftigen Beziehung umgekehrt gerade darum, sich selbst zu beweisen: „Ich schaff' das auch allein!"

Niemand braucht einen Partner, der einem nicht guttut. Wir haben gesagt, dass Abhängigkeit ein Trennungsgrund ist. Wenn wir die eigenen Denkfehler, die uns in die Co-Abhängigkeit führen, bemerken, dann müssen wir uns erst einmal selbst neu aufstellen, bevor es weitergehen kann.

## DRANBLEIBEN

Aber was ist mit den anderen Fällen?

*„Wir streiten uns nur noch."*

*„Wir haben keinen Sex mehr."*

*„Wir lieben uns einfach nicht mehr."*

*„Wir wollen doch beide etwas anderes im Leben."*

Erinnern wir uns an das Beispiel des Mannes unter dem Baum. Sein Bestreben, dem er mit Bestimmtheit folgte, war: „Ich bleibe hier, bis ich das Geheimnis erfahren habe."

Manchmal trennt man sich im Streit. Wenn eine Beziehung tatsächlich giftig war, dann ist es für beide Partner das Beste auseinanderzugehen. Danach gilt es allerdings auch genau zu schauen, wie viel man selbst aktiv oder passiv zu dieser Atmosphäre beigetragen hat. Denn oft merkt man dann in der nächsten Beziehung, dass sich entweder gar nichts verändert oder alles nur leicht verschoben hat. Manchmal kommt einem die nächste Beziehung sogar schlimmer vor als die vorhergehende. Dann liegt es auf der Hand, dass es wirklich darum geht, bei sich selbst etwas zu verändern, und es muss offensichtlich etwas angeschaut werden. In dem Streit lag also ein großes Geschenk verborgen.

Manchmal *scheint* eine Beziehung aber auch einfach nur an ihr natürliches Ende gekommen zu sein. Beide Partner trennen sich scheinbar im gegenseitigen Einvernehmen und betonen manchmal auch noch: „Wir haben alles erlebt und konnten nichts mehr voneinander lernen." Nicht selten kommt es dann allerdings vor, dass bei einem von beiden mit einem neuen Partner wieder wilde Frühlingsgefühle auftauchen. Der fühlt sich bestätigt und genießt sein neues Leben – zumindest in der Phase der Flitterwochen.

Was hier oft der Hintergrund ist: Beide Partner waren in der Komfortzone ihrer Beziehung angelangt. Nach der Initialphase der Verliebtheit begannen Streitigkeiten und Machtkämpfe. Um die Auseinandersetzungen zu beenden, einigte man sich nach einer Weile in vielen Punkten auf den kleinsten gemeinsamen Nenner, meist allen voran in der Sexualität. Man tat sich nicht mehr weh, aber das Feuer erlosch auf diese Weise auch immer mehr. Und dann gab es irgendwann scheinbar keinen Grund mehr, noch zusammen weiterzugehen, weil keiner der beiden sehen konnte, dass man auch mit demselben Partner die Glut wieder hätte anfachen können.

Wenn eine Beziehung aufgrund mangelnder Anziehung oder mangelnder Gemeinsamkeiten an ihr Ende gekommen zu sein scheint, dann ist wirkliche Unterscheidungskraft gefragt. Denn oft ist man noch nicht am bestmöglichen Ende der gemeinsamen Reise angelangt, sondern steckt in der Wüste fest, während der Weg zur Oase gar nicht mehr weit wäre.

So viele negative Beispiele jeder auch auf Anhieb aufzählen könnte von Paaren, die er kennt und die scheinbar viel zu lange zusammengeblieben sind, so viel Schönes haben wir auch gesehen bei Paaren, die wach und bewusst ihren Weg zusammen weitergegangen sind, auch durch schwere Prüfungen. Was die gelungenen Partnerschaften vereinte, war stets die Neugier beider Partner darauf, was nach den Durststrecken an Geschenken auf sie warten würde. Bei diesen Paaren hatten immer beide die Bereitschaft, sich mit dem anderen auf Veränderung einzulassen, auch wenn es nicht immer das war, was sie am Anfang erwartet hatten.

Wie so vieles wachsen und gedeihen kann, wenn man es achtsam pflegt, so kann auch die Liebe gerade über die lange gemeinsame Zeit wachsen. Man kann sich entscheiden, sich über die Dinge zu ärgern, die man beim anderen bemerkt und die nicht ins eigene Schema passen. Oder man beginnt, seinen eigenen Raum zu erweitern. Das heißt nicht, dass man auch zum Fußballfan werden muss, wenn der andere das Gekicke auf dem Rasen liebt. Aber man kann den anderen zum Beispiel wegen seines Enthusiasmus für eine bestimmte Sache lieben, ohne die Sache an sich auch toll finden zu müssen.

Dass Sexualität mit zunehmender Dauer der Beziehung nicht langweiliger, sondern intensiver werden kann, haben wir beim Betrachten von Spielfeld Nr. 2 besprochen. Es geht darum, sich selbst ganz zu zeigen und sich auch wirklich für den anderen zu interessieren. Der Weg führt auch hier weg vom kleinsten gemeinsamen Nenner. Sexualität wird dann wieder spannend, wenn wir es wagen, uns und unsere Wünsche zu zeigen, und die Angst aushalten, dafür abgelehnt zu werden.

Was ist nun, wenn beide wirklich etwas anderes wollen, als gemeinsam weiterzugehen? Wenn über einen längeren Zeitraum keine Entwicklung stattfindet und einer das nicht mehr aushält, dann muss er darauf hinweisen, dass es an der Zeit ist, dass etwas geschieht. Der erste Schritt dazu ist, sich selbst wertzuschätzen: Man muss es sich wert sein, dass man vom Partner ernst genommen wird, und bereit sein, mit ihm in unkomfortables Terrain vorzustoßen. Möglicherweise ist es hilfreich, sich in solchen Fällen Hilfe von außen zu holen. Aber wir haben auch darauf schon hingewiesen: Wenn sich jemand nicht verändern will und das ausdrückt, dann geht es auch nicht mehr. Und dann muss man dazu Stellung beziehen, dass der andere sich weigert. Wenn jemand sagt: „Ich bleibe so" und man das nicht mehr mittragen will, dann darf man nicht mehr „aus Liebe" weggucken. Jemanden lieben bedeutet nicht, zu akzeptieren, dass uns jemand nicht respektiert, wie wir bei den umgekehrten Denkfehlern gesehen haben.

Wenn eine Beziehung in trübes Fahrwasser gerät, dann gibt es mitunter einen triftigen Grund, aus dem einer der Partner dennoch mit dem anderen zusammenbleiben will: die gemeinsamen Kinder. Doch wird dazu auch vielerorts die These vertreten, dass es für die Kinder besser sei, wenn man sich trennt, als immer weiter zu streiten. Wenn Sie diese Situation kennen, vielleicht selbst eine Familie haben und überlegen: „Sollen wir wegen der Kinder noch zusammenbleiben?", dann müssen Sie sich darüber klar werden, ob dieser Grund bei der Entscheidung hilfreich ist oder nicht.

Ist das Ziel einer Partnerschaft, sich zu arrangieren? Für manche klingt das nach nicht nach mehr, als in einem selbstgewählten Gefängnis zu bleiben. Und das ist es dann auch oft, wenn die Bereitschaft, zusammen weiterzugehen, nicht von Herzen kommt.

Bevor die Scheidungsraten vor einigen Jahrzehnten anfingen, auf die Zahl anzuwachsen, die wir mittlerweile achselzuckend als gegeben hinnehmen, gab es für viele Paare ganz einfach wirtschaftliche Gründe zusammenzubleiben. Eng damit verknüpft war, dass es für Kinder als große Belastung angesehen wurde, nicht mit beiden Eltern zusammen aufzuwachsen. Das hat sich geändert.

Heute wird allgemein angenommen, dass es für die Entwicklung der Kinder tatsächlich besser ist, wenn die Eltern sich trennen, als auf einem ständigen Schlachtfeld miteinander zu leben. Wenn man als Kind immer nur sieht, dass zwischen Mama und Papa Stress ist, dann muss man später für seine eigenen Beziehungen ein ganz anderes Partnerschaftsverhalten lernen. Und was für eine Meinung bildet man sich über sich selbst, wenn man sieht, dass der eigene Vater die eigene Mutter ablehnt und umgekehrt?

Aber schon daran zeigt sich auch, dass es mit einer Trennung allein meist nicht getan ist. Wenn die gegenseitige Ablehnung und Abwertung auch nach der Trennung weitergeht, dann haben die Kinder außer etwas Ruhe vor den direkten Auseinandersetzungen nicht viel gewonnen. Was wäre aber die andere Seite der

Medaille? Was wäre, wenn beide Partner lernten, mit ihren Schwierigkeiten anders umzugehen?

Dann lernten auch die Kinder etwas, das für ihr ganzes Leben sehr wertvoll sein kann, und davon können wiederum deren Kinder lernen. Es ist sozusagen ein Geschenk, das von Generation zu Generation weitergetragen wird. Wenn wir uns dazu entschieden haben, lieben zu lernen, dann verschönern wir damit nicht nur unsere eigene Welt. Wir tragen unseren Teil dazu bei, dass sich langfristig die gesamte Gesellschaft verändert. Wenn wir andernorts auf die Straße gehen, um für eine bessere Politik und bessere Lebensbedingungen zu demonstrieren, dann können wir innerhalb unserer Partnerschaft schon sehr viel dafür tun, dass sich in unserem eigenen Mikrokosmos etwas bewegt, was auch andere bewegen wird.

Wir freuen uns über Paare, die sich dafür entscheiden, *wegen der Kinder* an ihrer Partnerschaft und *an sich selbst zu arbeiten*. Denn es kommt nicht nur den Kindern zugute.

## LIEBE SEIN

Egal, was passiert, ob Ihre Beziehung nun gelingt oder nicht, es lohnt sich immer, sich bereit für die Liebe zu machen, sich seinen Denkfehlern zu stellen und auf den Spielfeldern der Liebe zu schauen, wo man voranschreitet und wo man strauchelt. Beziehungen sind wie Radargeräte für die eigenen Punkte, an denen man immer wieder stecken bleibt. Und wenn wir mit unserem Partner zusammen durch etwas hindurchgegangen sind, dann sind wir danach immer ein Stück reifer. Egal, ob wir bis ans Ende unseres Lebens zusammenbleiben oder nicht.

Am Ende ist unsere Lebensaufgabe vielleicht nicht, mit ein und demselben Partner durch das Leben zu gehen. Es kommt viel eher darauf an, während der Reise durch das Leben immer wieder auf unser Herz zu achten und zu versuchen, liebende Menschen zu bleiben. Und wenn wir glauben, die Kraft dafür nicht zur Verfügung zu haben, uns dann wieder daran zu erinnern, dass wir sie nie wirklich verloren haben. Wir, die Autoren, glauben nicht, dass es „beziehungsunfähige" Menschen gibt, aber wir alle müssen unser Denken immer wieder auf den Prüfstand stellen, um nicht automatisch in den kritischen Geist zu verfallen, sondern uns zu öffnen für die Schönheit des anderen und dadurch auch für unsere eigene Schönheit.

Wenn wir mit lernen, mit unseren Denkfehlern umzugehen, und achtsam wahrnehmen, was in uns geschieht, dann entwickeln wir Kompetenz für uns selbst. Damit machen wir uns auf dem „Markt" für Beziehungen sozusagen zu „Traumpartnern", und egal, wie lange es dann dauert, bis wir tatsächlich in einer Beziehung sind, in der wir das, was wir geben, auch empfangen: Unsere ganze Begegnung mit der Welt wird sich dadurch bereits verändert haben. Denn wenn wir mit Augen der Liebe sehen, dann sehen wir Augen der Liebe.

# ANHANG

## EINIGE WORTE ZU YOGA UND MEDITATION

In der Tradition des Yoga finden wir neben den exakten Beschreibungen der Strukturen unserer Persönlichkeit und der Denkweisen, die zu Leid und Verwirrungen führen können, auch konkrete Übungen, die uns auf dem Weg aus dem Leiden und in unserem Wachstum unterstützen. Das kann Yoga und Meditation zu wertvollen Begleitern in unserer Beziehungspraxis machen. Manche denken jetzt vielleicht: Aber Beziehung soll doch Spaß machen und eigentlich irgendwann auch „einfach so funktionieren". Schaut man manche älteren Paare an, schöpft man tatsächlich Hoffnung, dass es eines Tages tatsächlich „einfach so" funktioniert. Aber bis dahin können wir froh sein, neben hilfreicher Literatur ebenso hilfreiche Übungen zu haben, denn: *Partnerschaft ist manchmal Arbeit zu zweit und manchmal auch Arbeit allein.*

Yoga und Meditation helfen, die Beobachtungsgabe zu schulen. Sie machen uns wacher und aufmerksamer. Sie helfen uns, aus den starren Bahnen der Gewohnheit auszubrechen und neue Wege zu betreten, zunächst einfach nur dadurch, dass wir lernen ganz genau hinzuschauen. Auch wenn Meditation allein nicht ausreicht, alle eigenen blinden Flecken aufzuspüren, so kann sie uns dabei helfen, die Fähigkeit zu entwickeln, a) sich dafür zu öffnen, dass andere einem diese blinden Flecken zeigen und b) seinen Geist zu fokussieren und damit bei sich zu bleiben.

Sich zu öffnen und bei sich bleiben sind zwei (nur scheinbar unterschiedliche) Dinge, die wichtig sind für das persönliche Wachstum und damit auch in der Beziehung zum anderen. Wir geben uns hin, ohne uns dabei von uns selbst zu entfernen. Dadurch bleiben wir bei uns selbst und gehen gleichermaßen auf den anderen zu. Es ist ein wunderschönes Beispiel dafür, dass zwei gegensätzliche Dinge einander nicht ausschließen müssen.

Yoga und Meditation helfen, diese beiden Fähigkeiten zu trainieren, indem wir uns in der eigenen Übungspraxis immer wieder damit beschäftigen zu bemerken, wann und wo wir uns spüren und wann und wo wir das nicht tun. Wir schulen dadurch unsere Wahrnehmung für den Unterschied zwischen Präsenz und Abwesenheit. Und durch unser Üben auf dem Meditationskissen oder auf der Yogamatte schaffen wir neue Realitätsräume der eigenen Wahrnehmung, die wir in unserem Bewusstsein verankern und dann mit hinaus nehmen können in unseren Alltag, in unser Leben und vor allem in stressige Momente des Beziehungslebens. Befinden wir uns beispielsweise in einer unruhigen Situation, die sich zunächst einmal diffus anfühlt, werden wir schon allein dadurch unruhiger, dass wir neben der Unruhe das Diffuse nicht greifen können und uns dadurch fremdbestimmt und ausgeliefert fühlen. Haben wir gelernt, in uns hineinzusehen und die Quelle dieser Unruhe ausfindig zu machen, haben wir auch die Möglichkeit, uns auf diese Stelle zu konzentrieren und Verbindung damit aufzunehmen. Indem wir dann das Bewusstsein auf diesen Bereich im Körper legen und unsere Wahrnehmung mit dem Wissen um die dabei angesprochenen Themenfelder bzw. Persönlichkeitsanteile verbinden, haben wir in der Regel schon eine sehr gute Basis dafür geschaffen, zu innerer Ruhe zu finden. Und diese Ruhe ermöglicht es uns, aus einer inneren Kraft heraus dem Konflikt oder/und dem anderen gestärkt und angstfrei zu begegnen.

## WO SICH THEMEN UND PERSÖNLICHKEITSFELDER IM KÖRPER FINDEN LASSEN

Im Yoga sind den Themenbereichen und den Persönlichkeitsfeldern konkrete körperliche Regionen zugeordnet, die sich entlang der Wirbelsäule befinden. Alle diese Bereiche können wir mit unserer Wahrnehmung berühren. Die hier im Buch vorgestellten Übungen zu den Spielfelder-Meditationen beziehen diese Bereiche mit ein. Die Techniken sind einfache Wahrnehmungsübungen mit großer Wirkung. Wenn wir diese einige Male geübt haben, werden wir darüber mit den Persönlichkeitsanteilen in den Spielfeldern vertraut. Dann können wir anschließend auch in schwierigen Situationen – ohne die Übungen selbst machen zu müssen – bei unserer Wahrnehmung bleiben, anstatt uns in Denkfehlern zu verlieren. Das geschieht, indem wir zum Beispiel in Situationen von Angst oder Ärger durch mentale, emotionale und körperliche Selbstbeobachtung herausfinden, wo es gerade rumort. Allein dieser Fokus auf die Wahrnehmung sorgt schon für Entspannung – und für die Möglichkeit einer angemesseneren Reaktion.

Das muss nicht immer lange dauern, muss aber auch nicht unbedingt schnell gehen. Wichtig ist, dass man so lange in dem Feld mit all seinen Gefühlen und Gedanken bleibt, bis man einen Punkt in sich gefunden hat, um den herum sich Ruhe ausbreitet. Worauf es ankommt, ist die Genauigkeit und die Beharrlichkeit, die uns zu uns selbst führt und damit bereit macht, uns der Liebe für unseren Partner von einer starken und vor allem ruhigen Basis aus zu widmen.

Die folgende Tabelle zeigt die Zugehörigkeit der Körperbereiche zu den Spielfeldern (Themen und Persönlichkeitsbereiche). Diese werden in den Übungen zu den Spielfeldern auch immer wieder spezifisch angesprochen.

| **SPIELFELD** | **THEMEN** | **FELDER DER PERSÖNLICHKEIT** | **KÖRPERBEREICH** |
|---|---|---|---|
| Vertrauen 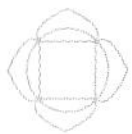 | Besitz, Familie, Geld, Gesundheit, Job | Stabilität / Geborgenheit, Angst / Gewalt | Becken / Damm |
| Sinnlichkeit  | Sexualität, Gefühle, Humor, Freizeit, Ernährung | Genuss / Freude, Sucht / Schuld | Unterleib / Geschlechtsbereich |
| Dynamik  | Karriere, Politik, Sport, Partnerschaftsstrukturen, Lebensplanung | Vitalität / Tatkraft, Lethargie / Macht | Bauch / Nabel |
| Mitgefühl  | Freundschaft, Gemeinschaft, Ethik, soziales Engagement, Kinder | Zuwendung / Verbundenheit, Abgrenzung / Selbstaufgabe | Brustraum / Herz |
| Kommunikation 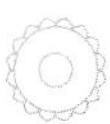 | Geschäftsbeziehungen, Medien, Kultur, Alltagsabwicklung, Netzwerke | Klarheit / Präsenz, Rückzug / Rigidität | Hals / Kehlkopf |
| Vision  | Lebensplanung, Wissenschaft, Bildung, Weltgeschehen, Spiritualität | Intuition / Weisheit, Ignoranz / Größenwahn | Stirn / Augenbrauenzentrum |
| Transzendenz  | Philosophie, Weltanschauung, Spiritualität, Menschenbild, Religion | Über-sich-Hinauswachsen / Einheit, Flucht / Auflösung | Kopfkrone / Aura |

## DIE ÜBUNGEN IN DIESEM BUCH

Die folgenden Techniken sind Wahrnehmungs- und Achtsamkeitsübungen, die für jeden ausführbar sind. Dazu brauchen Sie keine Vorkenntnisse, nur etwas Neugier oder den Wunsch, etwas Praktisches tun zu wollen, um sich bereit für die Liebe zu machen. Jede Übung kann in fünf Minuten ausgeführt und bei Bedarf ausgedehnt werden.

Während die Übung zu den Denkfehlern (ab S. 210) zeigt, wie man diesen auf die Schliche kommen kann, dienen die Spielfelder-Übungen (ab S. 213) dazu, die eigene Persönlichkeit zu entdecken und dadurch möglichen Beziehungsthemen zu begegnen. Zum Abschluss des Übungsteils haben wir drei Partnerübungen (ab S. 223) ausgewählt die – gemeinsam praktiziert – zeigen, wie das Eigene und das Andere harmonisch zusammenwirken können, ohne sich zu beschränken oder zu bekämpfen.

Wir wünschen Ihnen viel Freude!

# DENKFEHLER-MEDITATION – *Lernen zu beobachten*

Wir haben die Denkfehler kennengelernt und gesehen, wie sie auf den Spielfeldern wirken. Die Übung in der eigenen Erfahrungswelt besteht nun darin, sich und die Denkfehler zu beobachten und in den Momenten, in denen sie sich erschließen, anders zu handeln. Das Erkennen von Denkfehlern ist – gefangen in den eigenen Mustern und Strukturen – gar nicht so einfach. Besonders im Konflikt, wenn alle Knöpfe bereits gedrückt sind und wir im Autopilot-Modus agieren, kann es schwer werden, einen differenzierten Blick auf sich selbst zu wagen. Obwohl gerade dann unsere Denkfehler so offensichtlich zutage treten und entsprechend leicht zu erkennen sind: Denn wenn man bemerkt, dass man die Ruhe verloren hat, und gleichzeitig zu 100 Prozent überzeugt ist, dass man recht hat, liegt es nahe, dass die Unterscheidungskraft schläft.

Mit der folgenden Übung wecken Sie ihre Unterscheidungskraft. Es ist darin alles enthalten, was wir brauchen, um unserem Gehirn neue Wege zu zeigen, mit Informationen umzugehen. Das Schöne an dieser Übung ist, dass wir dafür kaum Zeit benötigen und dass wir sie immer wieder zwischendurch anwenden können. Sie zeigt uns nicht nur neue Denkmöglichkeiten auf, sondern entspannt dabei auch. Wir lernen dabei also unsere Strukturen besser kennen und gleichzeitig auch, uns selbst zu beruhigen.

**Ziel:**
Beobachten statt interpretieren

**Vorbereitung:**
Um die Übung zu erlernen, und vor allem wenn man sie bewusst als tägliche Praxis ausführen möchte, bietet es sich an, dass sich einen festen Platz zu suchen, an dem man sich gut auf ein Kissen oder einen Stuhl setzen kann. Eine ruhige Umgebung ist hier gar nicht so wichtig, auch wenn es am Anfang eine gute Hilfe sein kann, ganz ungestört zu sein.

Der Sitz, den man wählt, sollte aufrecht sein und sich entspannt anfühlen. Man sollte diese Übung nicht im Liegen ausführen, da es um die Entspannung in der Präsenz geht. Das Sitzen unterstützt darin, präsent zu sein, während das Liegen eine Körperhaltung ist, die wir hauptsächlich zum Schlafen nutzen und in der entsprechend die Aufmerksamkeit schnell verloren gehen kann. Die Übung sollte mit geschlossenen Augen ausgeführt werden, und der Körper sollte während der Übung ruhig bleiben. Die Länge der Übung kann zwischen fünf und fünfzehn Minuten variieren. Wer mit Meditation vertraut ist oder gerne länger üben möchte, kann die Übung auch ausdehnen.

**Ausführung:**

*a) Beobachten im Außen*

Beginnen Sie damit, im aufrechten Sitz, mit geschlossenen Augen und ruhigem Atem, die Wahrnehmung auf die Geräusche in der Umgebung zu richten. Suchen Sie sich ein Geräusch aus den vielen Geräuschen um Sie herum aus und widmen Sie sich diesem Geräusch mit Ihrer ganzen Aufmerksamkeit. Das Wichtige ist hier weniger das Geräusch selbst als die Beobachtung. Zunächst werden Sie vielleicht hören, wie sich Meinungen oder Interpretationen in Ihrem Geist formen. Dann besinnen Sie sich auf Ihre momentane Funktion als Beobachter; als würden Sie wie ein Seismograph einfach wahrnehmen, dass es eine Ansammlung von akustischen Informationen gibt, die Sie dazu bewegen, zu registrieren, dass es ein Geräusch gibt. Woher das kommt, wie laut das ist, ob es vertraut ist oder unbekannt, störend oder schön, ist dabei ganz egal. Es geht nur um das Geräusch und das Hören.

Erinnern Sie sich immer wieder daran, dass Sie der Beobachter sind. Nach einiger Zeit kann man die Geräuschquelle wechseln und ein anderes Geräusch auswählen. Anstelle des Hörens, oder als weitere Stufe danach, ist es möglich, einen oder alle anderen Sinne auf die gleiche Art und Weise zu benutzen: Riechen bestimmter Gerüche, Spüren von Empfindungen (Berührungen auf der Haut von Kleidung, Wind etc.), Schmecken, Sehen (Lichteindrücke mit geschlossenen Augen).

**Wirkung:**

Sie werden relativ schnell wahrnehmen, wie Sie entspannen, weil es einfach unglaublich erleichternd ist, wenn man die Dinge einfach nur beim Namen nennt, sie so lässt, wie sie sind, und sich dann entscheidet, wie man sich zu ihrem So-Sein verhält. Sie entwickeln hier die Fähigkeit, Eindrücke von außen, wie zum Beispiel die Handlungen, Worte und „Nuancen" Ihres Gegenübers, zunächst erst einmal zu beobachten, statt sie zu interpretieren. Denn das Interpretieren aus der Aufregung heraus führt oft zum Angriff als der besten Verteidigung.

Das Beobachten in Stille hilft zu lernen, der Versuchung der Interpretation zu entgehen. Diese Übung schult die Fähigkeit des reinen Beobachtens, mit dem Ziel, sich danach aus dem Besten in sich für das Beste im anderen zu äußern.

*b) Beobachten im Innen*

Nachdem wir die Wahrnehmung der Sinneseindrücke mit den Geräuschen, also sozusagen den „externen Gedanken", geübt haben, und ein Bewusstsein dafür entstanden ist, wo der Unterschied zwischen Beobachten und Interpretieren liegt, können wir uns auf den Weg zu den eigenen inneren Eindrücken machen. In diesem Teil der Übung geht es darum, die eigenen Gedanken zu beobachten, und zwar auf genau die gleiche Art und Weise wie zuvor die Sinneseindrücke. Im Vordergrund steht erneut die Haltung des Beobachters. Statt Geräuschen sieht man seine eigenen Gedanken vorbeiziehen. Es geht nicht darum, diese wegzudrücken oder auszuschmücken oder zu bewerten, sondern vielmehr darum, die Gedanken entspannt zu beobachten, ohne darauf zu reagieren.

**Wirkung:**

Auf das andere und den anderen erst einmal nicht zu reagieren ist schon eine schwierige Übung. Aber sich selbst einfach so „ziehen zu lassen" zeigt uns auf, was wir den ganzen Tag machen: Wir reagieren auf jeden Reiz, insbesondere wenn wir gereizt sind.

Diese Übung zeigt uns, dass wir die Fähigkeit haben, nicht direkt zu reagieren, nicht einmal auf unsere eigenen Gedanken. Indem wir lernen, uns neben uns zu stellen, erlernen wir eine ganz wichtige Fähigkeit: Wir schaffen Platz zwischen dem, was wir von uns denken, und dem, was wir sind. Indem wir uns selbst Platz machen, haben wir eine Chance, uns zu sehen und uns zu zeigen. Sowie wir in der Übungsvariante a) gelernt haben, das, was von außen kommt, und damit auch unser Gegenüber, erst einmal so zu nehmen, wie es ist, und dann aus der Entspannung heraus auf den anderen zugehen können, eröffnen wir hier in der Übungsvariante b) die Möglichkeit, unsere Vorstellungen von uns selbst etwas beiseitzulassen und Platz zu schaffen. Dem anderen geben wir damit die Chance, zu uns durchzudringen und uns seine Wahrnehmung über uns mitzuteilen.

# SPIELFELD-MEDITATIONEN – *Persönlichkeitsanteile stärken*

Die Fähigkeit der Beobachtung wird auch in diesem Übungsbereich eine Rolle spielen, wenn auch eine untergeordnete, weil es in den folgenden Übungen nichts Konkretes zu beobachten gilt. Es geht darum, Übungen auszuführen, die zielgerichtet bestimmte Teile unserer Persönlichkeit in uns stärken. Und zwar diejenigen, von denen wir wissen, dass wir sie gerade oder generell benötigen, weil dies die Punkte sind, an denen wir immer wieder in Konflikte geraten, Konflikte mit uns selbst und mit dem Partner.

Damit man sich beim Üben nicht selbst im Weg steht bei der Umsetzung des guten Vorsatzes, etwas aktiv zu verändern, und man sich auch nicht in Bewertungen darüber verliert, was man alles nicht hat oder ist, erinnern wir hier im Vorfeld an die Fähigkeit, sich neben sich zu stellen, die in der Übung vorher geschult wurde. Die neue Stufe besteht nun darin, sich, während man sich neben sich stellt, komplett und ganz auf sich selbst einzulassen. Darin liegt die Schönheit dieser Meditationen.

Ein weiterer entscheidender Punkt, der zum Gelingen dieser Übungen beiträgt, ist die Stärkung der Eigenverantwortlichkeit. Denn Sie müssen sich selbst überlegen und selbst entscheiden, welcher Teil Ihrer Persönlichkeit Beachtung braucht und warum. Das ist keine leichte Aufgabe und dabei gleichzeitig eine der wichtigsten im Leben.

Vielleicht ist Ihnen beim Lesen des Buches bereits an der einen oder anderen Stelle etwas mulmig geworden. Vielleicht trat dieses mulmige Gefühl vorrangig bei einem bestimmten oder auch auf mehreren Spielfeldern (oder Denkfehlern) auf. In unserer Arbeit erleben wir immer wieder, dass es verschiedene Indikatoren dafür gibt, dass ein Thema besondere Aufmerksamkeit verlangt:

*a) Man wird müde.*
*b) Man schaltet ab.*
*c) Man wird nervös.*
*d) Man denkt aktiv, nichts damit zu tun zu haben.*
*e) Man denkt, man habe dieses Thema bereits genügend bearbeitet.*

*f) Man möchte das Thema sofort klären.*
*g) Man spürt Lust, sich diesem Thema zu widmen.*

Spannend ist also ein zweifacher Blick auf die Dinge. Wenn sich zum Beispiel ein Thema euphorisch aufdrängt, kann es sein, dass ein anderes sich darunter versteckt. Wie wir das merken?

1. Fragen Sie Ihren Partner. Er ist der Experte für Sie, auch wenn die Möglichkeit besteht, dass er Ihnen seine Themen „unterjubelt". Wenn Sie sicher sein wollen, fragen Sie noch einen Freund; erzählen sie diesem aber nicht, was ihr Partner gesagt hat.
2. Gehen Sie in die Stille, ob mit Denkfehler-Meditation oder indem Sie einfach sitzen und atmen. (Hier schaffen Sie Entspannung und Raum für Erkenntnisse, die sich von ganz allein zeigen können.)
3. Wählen Sie das Thema, bei dem sich am wenigsten Reaktion zeigte. (Hier ist die größte Chance, einen blinden Fleck zu erwischen.)

Wenn Sie sich für ein Thema entschieden haben, dann können Sie diese Meditation über einen frei wählbaren Zeitraum ausführen. Vielleicht reicht schon ein einmaliges Ausprobieren, um zu spüren, wo Sie hinmöchten. Vielleicht wird Ihnen die Übung auch ein treuer Begleiter, bis das Thema so weit ins Bewusstsein gedrungen ist, dass Sie sich damit sicher im Alltag fühlen.

Sie können die Themen auch aus einer anderen Intention als der der Transformation wählen: Zum Beispiel weil Sie wissen, dass Sie hier Ihre Quelle der Kraft besitzen, und diese stärken möchten. Dann begleitet diese Übung Sie vielleicht durch Krisensituationen im Leben oder darüber hinaus, weil Sie hier Ihre tägliche Quelle der Kraft finden.

Das bedeutet, dass jede Meditation so angelegt ist, dass Sie auch innerhalb der Übung den Fokus selbst setzen sollen. Es werden immer zwei Ausführungswirkungen vorgeschlagen:

1. Sie möchten dieses Thema als innere Kraftquelle stärken.
2. Sie möchten Tendenzen regulieren, die Ihrer Entwicklung und der Partnerschaft im Wege stehen

Es kann sein, dass Sie sich formal für eine Ausführung entscheiden und dann beim Üben merken, dass Sie doch lieber die andere Ausführung wählen möchten. An dieser Stelle sind Sie dann erneut gefragt, sich mit sich selbst auseinanderzusetzen. Warum möchte ich wechseln? Weiche ich aus? Oder ist hier eine innere Intelligenz am Zug, der ich folgen sollte. Diese Aufgaben kann Ihnen keiner abnehmen, und auch die Antworten wird niemand anders als Sie selbst geben können. Aber wir sind sehr zuversichtlich, dass Sie dazu in der Lage sind und auch Leidenschaft dafür entwickeln werden. Denn die Belohnung ist groß: Begegnungen in klarem Bewusstsein und inniger Hingabe.

## SPIELFELD NR. 1 – VERTRAUEN

**Ziel:**
Der Angst begegnen und Vertrauen stärken

**Vorbereitung:**
Kommen Sie in eine angenehme Sitzposition. Der Oberkörper sollte aufgerichtet sein. Schließen Sie die Augen, und legen Sie die Hände in den Schoß. Die linke Hand liegt in der rechten Hand. Die Handflächen zeigen nach oben. Atmen Sie gleichmäßig durch die Nase ein und aus.

**Ausführung:**
Führen Sie den Atem tief in den Unterleib hinein und lassen Sie die Atmung tief, lang und ruhig werden. Bringen Sie die Aufmerksamkeit zu den Händen, und spüren Sie die angenehme Schwere, die Sie in den Handrücken wahrnehmen können. Spüren Sie dann die Leichtigkeit, die sich in den Handinnenflächen zeigt. Atmen Sie weiter tief und gleichmäßig durch die Nase ein und aus.

**Wirkung:**
*Stärkung:* Verfügen Sie bereits über die Fähigkeit zu vertrauen und möchten diese Qualität stärken, dann halten Sie Ein- und Ausatmung gleich lang. Dauer: 5 – 15 Min.

*Regulation:* Haben Sie das Gefühl, dass Ihnen die Fähigkeit zu vertrauen im Moment wenig zugänglich ist, verdoppeln Sie die Länge der Ausatmung im Verhältnis zur Einatmung. Sie können hierbei im Geiste mitzählen. Achten Sie darauf, dass keine Atemnot entsteht; in dem Falle reduzieren Sie die Einatmung um eine oder zwei Zählungen, ebenso wie die Ausatmung. Dauer: ca. 5 – 15 Min.

## SPIELFELD NR. 2 – SINNLICHKEIT

**Ziel:**
Mit Freude und Leichtigkeit den Fluss des Lebens genießen

**Vorbereitung:**
Wählen Sie eine angenehme Sitzhaltung, in der sich der Oberkörper mühelos aufrichten kann und Sie Ihre Hüften loslassen können. Schließen Sie die Augen. Atmen Sie gleichmäßig durch die Nase ein und aus.

**Ausführung:**
Bringen Sie die Aufmerksamkeit zum Schambein. Atmen Sie dann durch das Schambein ein, führen Sie den Atem die Mittellinie des Oberkörpers entlang nach oben zum Brustbein und atmen Sie durch das Herz aus. Visualisieren Sie Ihren Atemweg als einen Kreis, der mit der Einatmung durch das Schambein in sie hineinströmt, nach oben verläuft, durch das Herz wieder austritt und sich Richtung Schambein wieder schließt.

Wirkung
*Stärkung:* Ist die Fähigkeit zur Sinnlichkeit eine Ressource, aus der Sie bereits schöpfen und die Sie pflegen möchten, konzentrieren Sie sich in der Übung auf die energetische Eintritts- (Schambein) und Austrittsstelle (Herzraum) der Atmung. Dauer: 5 – 10 Min.

*Regulation:* Haben Sie das Gefühl, dass Sie mehr Sinnlichkeit in Ihr Leben einladen möchten, dann spüren Sie insbesondere die Atemstrecke zwischen Schambein und Herzgegend und lassen das energetische Aus- und Eintreten des Atems sekundär ablaufen. Dauer: 5 – 20 Min.

## SPIELFELD NR. 3 – DYNAMIK

**Ziel:**
Die eigene Kraft spüren

**Vorbereitung:**
Legen oder setzen Sie sich bequem auf den Boden oder einen Stuhl, sodass der Bauch entspannen kann. Schließen Sie die Augen. Legen Sie Ihre Hände auf den Bauch, und lassen Sie die Atmung zum Bauch sinken. Atmen Sie möglichst durch die Nase.

**Ausführung:**
Spüren Sie, wie sich der Bauch bei der Einatmung in die Hände wölbt und sich bei der Ausatmung wieder in Richtung Wirbelsäule zurückzieht. Beobachten Sie zunächst diesen natürlichen Vorgang. Wenn Sie sich wohl damit fühlen, können Sie beginnen, die Atmung ein wenig zu intensivieren und so den Bauch unterstützen, sich in die Hände zu wölben und sich wieder zurückzuziehen.

**Wirkung:**
*Stärkung:* Ist Ihr Antrieb kraftvoll und dynamisch und möchten Sie, dass das auch weiterhin so bleibt, oder möchten Sie diese Fähigkeit ausbauen, dann stärken Sie durch das aktive und unterstützte Führen der Atembewegung die Wahrnehmung für Ihre Schaffenskraft. Dauer: max. 5 Min.

*Regulation:* Haben Sie das Gefühl, dass Ihre Dynamik Sie oder andere stresst, und möchten Sie mehr Konstanz oder Ruhe in den Schaffensdrang bringen, dann beobachten Sie den Atemvorgang, ohne ihn zu verstärken, und führen die Übung zur Beruhigung dieser Kraft langsam und lange aus. Dauer: ca. 5 – 15 Min.

## SPIELFELD NR. 4 – MITGEFÜHL

**Ziel:**
Für sich und andere gut sorgen

**Vorbereitung:**
Kommen Sie in eine angenehme Sitzposition. Legen Sie die Hände auf den Oberschenkeln oder den Knien ab. Die Handflächen zeigen nach oben. Rollen Sie die Zeigefinger ein und legen Sie sie an den Ansatz der Daumen. Verbinden Sie die Fingerkuppen von Daumen, Mittel- und Ringfinger. Spreizen und strecken Sie den kleinen Finger. Rotieren Sie Ihre gestreckten Arme so, dass die Arminnenseiten nach oben weisen. Lassen Sie die Arme ganz gestreckt.

**Ausführung:**
Atmen Sie ein, indem Sie vom kleinen Finger über die Arminnenseite bis zum Herzraum atmen. Führen Sie den Ausatem vom Herzraum den gleichen Weg bis zum kleinen Finger zurück. Fahren Sie in dieser Art und Weise fort.

**Wirkung:**
*Stärkung:* Sind Sie im Moment oder generell sehr gut in der Lage, für andere Mitgefühl zu empfinden, dann richten Sie Ihre Wahrnehmung auf das Herz und die Ausatmung und stärken dadurch Ihre Fähigkeit des Mitgefühls.

Oder sind Sie gerade in einer Situation, die es Ihnen schwer macht, sich von sich selbst wegzubewegen und auch andere in ihren Bedürfnissen wahrzunehmen? Dann richten Sie ebenfalls Ihre Wahrnehmung auf die Ausatmung in der Herzgegend. Dauer: ca. 5 – 10 Min.

*Regulation:* Erleben Sie sich als jemanden, der sich anderen mehr widmet als sich selbst? Dann nutzen Sie diese Übung, indem Sie die Konzentration auf das Herz nach der Einatmung legen. Dauer: ca. 5 – 15 Min.

## SPIELFELD NR. 5 – KOMMUNIKATION

**Ziel:**
Sich in klarer Sprache mitteilen

**Vorbereitung:**
Kommen Sie in eine angenehme Sitzhaltung, in der die Wirbelsäule aufgerichtet ist und sich der Kopf in Verlängerung der Wirbelsäule befindet. Schließen Sie die Augen und atmen Sie ruhig und tief durch die Nase ein und aus.

**Ausführung:**
Rollen Sie die Zunge nach innen und oben, sodass die Zungenspitze an den oberen Gaumen drückt. Bringen Sie die Atmung zum Kehlkopf und atmen Sie durch die Stimmritze, bis ein leicht hörbares Geräusch im Hals entsteht, das sich wie der Atem eines schlafenden Babys anhört. Spüren Sie, wie der Atem immer mehr aus dem Bauch und weniger aus der Nase kommt.

**Wirkung:**
*Stärkung:* Wenn Kommunikation eine Fähigkeit ist, die Ihnen leichtfällt und die Sie als Ressource bewahren möchten, oder wenn der klare Ausdruck etwas ist, das Ihnen Probleme bereitet, dann setzen sie den Fokus auf die Klarheit und die kraftvolle Gleichmäßigkeit des Atemgeräuschs. Dauer: ca. 5 – 15 Min.

*Regulation:* Haben Sie den Eindruck, dass Ihre Kommunikation für Sie und andere oft recht strikt und hart wirkt, dann können Sie mit dieser Übung den Fokus auf die Sanftheit des Geräusches legen und besonders bei der Ausatmung darauf achten, dass das Geräusch genauso sanft bleibt wie bei der Einatmung. Dauer: ca. 5 – 15 Min.

## SPIELFELD NR. 6 – VISION

**Ziel:**
Visionen mit Bodenhaftung entwickeln

**Vorbereitung:**
Kommen Sie in eine angenehme Sitzposition. Der Oberkörper sollte aufgerichtet sein. Schließen Sie die Augen und bringen Sie die Aufmerksamkeit zur Nase.

**Ausführung:**
Atmen Sie ein paar Mal durch die Nase ein und aus. Spüren Sie dann, wie der Atem in einem Dreieck fließt; linker und rechter Nasenflügel bilden dabei die Seiten des Dreiecks, der Punkt zwischen den Augenbrauen die Spitze und die Linie oberhalb der Oberlippe den Boden des Dreiecks. Mit der Einatmung atmen Sie vom Boden des Dreiecks gleichmäßig die Nasenflügel entlang zur Spitze, mit der Ausatmung wieder die Nasenflügel entlang zurück. Fahren Sie in dieser Art und Weise fort.

**Wirkung:**
*Stärkung:* Möchten Sie die Fähigkeit zur Visionsbildung ausbauen oder weiterhin so effektiv nutzen wie bisher, dann setzen Sie den Fokus auf den Punkt zwischen den Augenbrauen. Dauer: ca. 5 – 15 Min.

*Regulation:* Geht es Ihnen darum, Ihre Visionskraft, die sich manchmal verselbstständigt und dafür sorgt, dass Sie den Sinn für die Realität verlieren, zu erden, dann setzen Sie den Fokuspunkt auf die Linie, die den Boden des Dreiecks bildet. Dauer: ca. 5 – 15 Min.

## SPIELFELD NR. 7 – TRANSZENDENZ

**Ziel:**
Verankert in sich selbst über sich hinauswachsen

**Vorbereitung:**
Kommen Sie in eine angenehme Sitzhaltung. Legen Sie die Hände in den Schoß, die linke Hand auf die rechte.

**Ausführung:**
Wenden Sie die Handflächen zum Körper hin. Führen Sie die Hände mit der Einatmung entlang der Körpermitte bis zum Augenbrauenzentrum. Die Handflächen weisen dabei zum Körper, und die Finger weisen aufeinander zu; als Orientierung können sich die Mittelfinger berühren. Öffnen Sie die Arme auf Schulterhöhe, wobei die Handflächen nach oben weisen. Mit der Ausatmung bringen Sie die Hände zurück zum Augenbrauenzentrum und lassen diese entlang der Körpermitte wieder nach unten sinken in den Schoß.

**Wirkung:**
*Stärkung:* Möchten Sie Ihre Qualität, über sich hinauszuwachsen und dabei ganz mit sich und dem Leben verbunden zu bleiben, ausbauen oder diese Kraft beibehalten, dann richten Sie den Fokus auf die Einatmung und halten, wenn möglich, in der Atmung nach dem Einatmen kurz inne. Dauer: ca. 2 – 3 Min.

*Regulation:* Ist Ihr Wunsch, trotz Öffnung und Freiheit auch mehr das Leben einzuladen und sich auf die Beziehungen mit sich und anderen einzulassen, setzen Sie den Fokus auf die Ausatmung, wobei die Atemlänge auch hier bei Ein- und Ausatmung gleich bleiben sollte. Wenn möglich, halten Sie den Ausatem für einige Momente an. Dauer: 3 Runden.

# PARTNERSCHAFTSÜBUNGEN – *das Eigene und das Andere*

Im Paar-Alltag begegnen wir uns zwar regelmäßig im gemeinsamen Wohnraum, aber manchmal bleibt die Begegnung dabei zu sehr an der Oberfläche. Mit den Meditationen auf den Spielfeldern haben wir uns alleine vorbereitet, uns in allen Bereichen auf tiefere Begegnung miteinander einlassen zu können. Wir möchten Ihnen hier noch drei Übungen vorstellen, die wir Paaren mitgeben, die aktiv aufeinander zugehen wollen. Für alle Übungen gilt: Fragen Sie Ihren Partner vorher, ob jetzt auch für ihn eine gute Gelegenheit zum gemeinsamen Üben ist. Wenn nicht, dann lassen Sie ihn einen geeigneten Vorschlag machen, und machen Sie die Übung dann zusammen.

## GEMEINSAME KREISATMUNG

**Ziel:**
Austausch von Sinnlichkeit und Mitgefühl

**Vorbereitung:**
Setzen Sie sich einander gegenüber, sodass beide Oberkörper aufgerichtet sind und Sie einander anschauen. Legen Sie die Hände auf den Beinen oder Knien ab. Die Handflächen richten Sie nach unten. Wenn Sie möchten, dann können Sie die Zeigefinger einrollen, zum Ansatz der Daumen bringen und die Daumen um die Zeigefinger legen. Schauen Sie sich für einige Momente in die Augen, und schließen Sie dann in stillem Einvernehmen sanft die Augenlider. Bleiben Sie in Ihrer Präsenz, und bleiben Sie auch beim anderen, so als seien die Augen geöffnet.

Beginnen Sie, langsam und gleichmäßig durch die Nase ein- und auszuatmen. Führen Sie dabei den Atem durch den Oberkörper: mit der Einatmung vom Schambein nach oben zum Herzen, und mit der Ausatmung vom Herzraum zurück zum Schambein.

**Ausführung:**
Atmen Sie einige Momente zusammen, ohne sich anzugleichen. Nehmen Sie einfach Ihren eigenen Atemrhythmus und den Ihres Partners wahr. Auf diese Weise stimmen Sie sich aufeinander ein, ohne sich anzupassen.

Als Frau beginnen Sie nun, durch das Schambein einzuatmen, den Atem den Oberkörper bis zum Herzen hinaufzuführen und dann durch den Herzraum auszuatmen. Lassen Sie Ihren Atem in dieser Art und Weise gleichmäßig fließen.

Als Mann beginnen Sie nun, durch den Herzraum einzuatmen und den Atem dann mit der Ausatmung nach unten zum Schambein sinken zu lassen, um hier vollständig auszuatmen. Atmen Sie nun in dieser Weise ein und aus.

Nach ein paar Runden beginnen Sie nun, beides wahrzunehmen: den eigenen Atemzyklus und den Ihres Partners. Wenn Sie diese Übung ca. fünf Minuten machen, werden Sie Momente erleben, in denen Sie wie im Kreis atmen. Die Frau atmet durch das Schambein ein, währende der Mann durch das Schambein ausatmet; und der Mann atmet durch das Herz ein, während die Frau durch das Herz ausatmet. Es entsteht ein großer Kreis der Sinnlichkeit und des Mitgefühls.

Achten Sie darauf, dass Sie die Gemeinsamkeit der Atmung nicht forcieren, sondern sich diese ergeben darf. Wenn Sie diese Übung gut beherrschen und Sie dabei so etwas wie Vereinigung empfinden, können Sie statt durch das Schambein auch durch den Penis oder die Vagina atmen. Empfinden Sie die klassische Rollenverteilung von Mann und Frau für sich unpassend, können Sie auch die Rollen tauschen.

**Wirkung:**
Zunächst bringen Sie zwei Kräfte miteinander in Kontakt: das Herz und den Schoß, die Sinnlichkeit und die Verbundenheit. Diese Übung ähnelt der Übung zum Spielfeld der Sinnlichkeit (S. 213). Die Atmung aus oder in den Schoß steht für die Sinnlichkeit und die Atmung über den Herzraum für die Verbundenheit. Indem die Atmung sich mit der des Partners nach einigen Minuten zusammenfindet, entsteht ein großer Kreis aus Verbundenheit und Sinnlichkeit. Es findet ein Austausch tiefer Empfindungen steht, in dem jeder seine Qualität und seinen Rhythmus hat, das Eigene und das Andere ineinanderfließen und sich jeweils dabei ihrer selbst ganz bewusst bleiben.

## SICH GANZ IN DEN ARM NEHMEN

**Ziel:**
Sich ganz aufeinander einlassen

**Vorbereitung:**
Stehen Sie sich gegenüber. Wenn Sie möchten, können Sie sich schon vor dem Beginn der Umarmung in die Augen schauen und einen kurzen stillen Moment genießen. Dann bringen Sie Ihre Körper zueinander. Das Einzige, worauf sie achten müssen ist, dass Ihre Knie nicht durchgedrückt sind. Sie können dazu die Knie ganz leicht anwinkeln.

Diese Übung können Sie als eine Erweiterung der Kreisatmung durchführen, indem Sie die Kreisatmung während der Übung anwenden. Sie können sie aber auch ohne diese zusätzliche Fokussierung gemeinsam machen.

**Ausführung:**
Umarmen Sie Ihren Partner und lassen Sie sich umarmen. Halten Sie sich aber nicht einfach nur mit den Armen fest. Dadurch dass Ihre Knie nicht fest sind, werden Sie in den Hüften beweglich, und Sie können Ihre Körper vollständig aneinanderschmiegen. Spüren Sie, wie sich Ihr Schoß und der Ihres Partners berühren. Wenn Sie möchten, dann schmiegen Sie sich damit noch ein bisschen näher an ihn heran, ohne zu drängen.

Spüren Sie, wie sich Ihre Herzen berühren. Auch hier können Sie Ihren Brustkorb durch die angewinkelten Knie leichter öffnen, um Ihr Herz zu zeigen und das Herz des Partners zu spüren. Legen Sie Ihren Kopf, wenn sie möchten, auf die Schultern des Partners, genießen Sie es, Wange an Wange zu sein. Halten Sie mit Ihren Händen kraftvoll den unteren Rücken und die Rückseite des Herzens des Partners unterstützt. Atmen Sie tief. Werden Sie sich Ihrer selbst bewusst, der Kraft Ihrer Liebe, der Kraft Ihres Schoßes, der Kraft Ihres Herzens. Baden Sie in dieser Umarmung und dem Gefühl, miteinander verbunden zu sein. Lösen Sie sich voneinander, wenn Sie den Impuls dazu bemerken.

**Wirkung:**
Vielleicht sind Ihre ersten Versuche bei so einer „vollständigen Umarmung" etwas unbeholfen, und Sie müssen sogar ein bisschen kichern bei den Versuchen, einander zu „finden" in der Umarmung. Aber keine Sorge: Wir leiten diese Übung seit vielen Jahren an und haben das tatsächlich schon mit Hunderten von Paaren

erlebt. Egal wie groß der Größenunterschied ist: Wenn beide leicht in die Knie gehen und der größere Partner je nach Bedarf dann etwas oder auch um einiges mehr, dann „funktioniert" es. Es hat bisher kein Paar gegeben, bei dem beide so nicht zusammengepasst hätten.

Wie lange sollten Sie diese Übung machen? Was auf dem ersten Blick leicht und wunderbar scheint – eine Umarmung –, kann plötzlich unangenehme Gefühle auslösen. Unsicherheit kann innerhalb der Schönheit auftauchen. Vielleicht bemerken Sie, dass Sie sich fragen, ob dem anderen diese Umarmung gefällt. Vielleicht bemerken Sie, wie gut Ihnen die Umarmung tut, und haben Angst, der andere könnte sie schneller lösen wollen, als Sie möchten. Vielleicht fühlen Sie sich vom anderen festgehalten? Vielleicht ist Ihr Partner genau so unsicher.

Versuchen Sie immer mehr in die Unsicherheit hineinzuentspannen, bis Sie beide beieinander ankommen und die Freude über die Verbindung, die Sie beide haben, sich ausbreiten kann. Eine Umarmung ist wie ein Zwiegespräch oder eine Meditation. Sehen Sie diese Umarmung als einen Ausschnitt des großen Spiegels, den Ihnen ihre Partnerschaft schenken kann.

## ICH SEHE DICH

**Ziel:**
Hinschauen und wertschätzen lernen

**Vorbereitung:**
Nehmen Sie die Hand Ihres Partners. Schauen Sie ihm in die Augen. Atmen Sie ruhig, und konzentrieren Sie sich auf ihn. Lassen Sie sich einen Moment Zeit, und schauen Sie ihn an. Vielleicht so, als ob Sie ihn zum ersten Mal sähen.

**Ausführung:**
Finden Sie, was Sie an ihrem Partner mögen, und sagen Sie ihm das. Sagen Sie zunächst: „Ich sehe dich." Dann sagen Sie, was Sie Schönes an ihm sehen: „Ich sehe deine schönen Augen." Sagen Sie, wenn Sie etwas Besonderes sehen, etwa eine Kette, die sie trägt, die Sie ihr vielleicht geschenkt haben: „Ich sehe, dass du die schöne Kette trägst." Sagen Sie alles Schöne, das Ihnen in der kurzen Zeit einfällt, die Ihr Partner Ihnen gerade schenkt. Es wird etwas geben, das Sie sagen können. Schließen Sie dann mit: „Ich finde dich toll" oder einer Wertschätzung Ihrer Wahl.

**Wirkung:**
Jeder Mensch möchte gesehen werden. Es ist wichtig, dass wir uns von unserem Partner gesehen fühlen. Genauso wichtig ist es, dass wir uns die Mühe machen, den anderen zu sehen. Manche Paare berichten, dass sie sich kurz nach so einer spontanen „Übung" wie neu verbunden gefühlt haben.

## ZU DEN FOTOS

Wir möchten Sie mit diesem Buch einladen, sich bereit für die Liebe zu machen. Unsere Idee war, dass sich dieses Buch nicht nur an den rationalen Verstand richten soll, der oft eher mit der linken Gehirnhälfte in Verbindung gebracht wird, sondern sich auch an die rechte Gehirnhälfte und unsere Intuition wendet bzw. direkt an das Herz.

Ein wichtiges Motiv für dieses Buch ist unser Bestreben, dazu zu ermutigen, sich nackt zu machen vor sich selbst und mithilfe der Spiegelung des Partners – mit allen Facetten unserer selbst.

Aus dieser Idee heraus haben wir Fotos gewählt, die genau das machen. Sie zeigen, wie wir uns respektvoll nackt machen können und wie wir uns dadurch anderen zeigen und von ihnen gesehen werden können. Mit Hannah und Jan Rickers haben wir für dieses Buch ein Fotografenpaar gefunden, das die jeweiligen Menschen auf den Bildern aus der männlichen und der weiblichen Perspektive sieht. Und so wie die Spielfelder und unsere Persönlichkeitsanteile helle und dunkle Bereiche (wozu auch die blinden Flecken zählen) haben, tragen die Bilder eine Licht-Schatten-Optik, die zeigt, dass wir, selbst wenn wir uns ganz preisgeben und aus verschiedenen Blickwinkeln gesehen werden, immer noch etwas Geheimnisvolles in uns tragen. Die Yogahaltungen auf den Fotos am Beginn der Kapitel zu den Spielfeldern entsprechen der energetischen Wirkung auf die Bereiche des Körpers, die in den Kapiteln widergespiegelt sind. So machen sie die Stärken der Spielfelder sichtbar.

Abb. Vertrauen:
*Hanumanasana*

Abb. Sinnlichkeit:
*Bhujangasana*

Abb. Dynamik:
*Ashwa Sanchalanasana*

Abb. Mitgefühl:
*Matsyasana*

Abb. Kommunikation:
*Vrishkasana*

Abb. Vision:
*Siddhasana mit Anjali Mudra*

Abb. Transzendenz:
*Shirshasana*

## WIR DANKEN

Ein Buch über die Liebe ist immer in gewisser Weise auch ein Werk eines ganzen Dorfes. Im unserer Literaturliste finden Sie die wichtigsten Autoren, die uns auf unserem Weg inspiriert haben und ohne die dieses Buch nicht so aussehen könnte. Wir danken unserer geduldigen Lektorin, Susanne Klein, und Anne Petersen und dem ganzen Kamphausen-Team für den Einsatz für dieses Buch.

Unser besonderer Dank gilt den Menschen, die uns persönlich begleitet und unterstützt haben: Anna Trökes, die seit Beginn unserer Partnerschaft wie die gute Göttin Durga über uns wacht. Ann-Marlene Henning für ihre ungeschminkten Worte und die gemeinsame Reise in Sachen Liebe und Sex. Gerald Hüther für einen bemerkenswerten Vormittag, der uns immer noch in unserer Liebe und in unserer Arbeit begleitet. Neil Strauss für die Unterstützung dabei, auf unserem Weg weiter voranzugehen. Joachim Reich für den Rat, unsere Erfahrungen zu nutzen. Maria Schnell für das Wissen, dass die Dinge Zeit brauchen. Kurt A. Richter für „Einer reicht!" und die „Augen der Liebe". Jan und Hannah Rickers, die uns mit Augen der Liebe gesehen haben. Hanns Zischler für bestärkende Worte in Zeiten des Zweifels. Marc Rackelmann und Katrin Raum, die uns bei dem, „dessen Name nicht genannt werden darf", mit offenen Armen empfangen haben. Und schließlich und vor allem den Menschen, die wir auf ihrem Weg begleiten durften und deren Entschluss zu lieben uns immer wieder aufs Neue bewegt.

## LITERATUR

**Chopich, Erika J. und Paul, Margaret:** Aussöhnung mit dem inneren Kind. Freiburg 1993

**Clement, Ulrich:** Systemische Sexualtherapie. Stuttgart 2004

**Deida, David:** Der Weg des wahren Mannes. Bielefeld 1997

**Deshpande, P.Y. (Hrsg.):** Patanjali – Die Wurzeln des Yoga. München 1978

**Germer, Christopher:** Der achtsame Weg zum Selbstmitgefühl. Freiburg 2009

**Hanh, Thich Nhat:** Umarme Deine Wut. Bielefeld 2011

**Hüther, Gerald:** Etwas mehr Hirn, bitte. Göttingen 2015

**Moeller, Michael Lukas:** Die Wahrheit beginnt zu zweit. Reinbek bei Hamburg 1986

**Richter, Kurt A.:** Sich ändern statt ärgern. Petersberg 2008

**Rosenberg, Marshall B.:** Gewaltfreie Kommunikation. Paderborn 2002

**Schnarch, David:** Die Psychologie sexueller Leidenschaft. Stuttgart 1997

**Strauss, Neil:** The Truth – An Uncomfortable Book About Relationships, New York, USA 2015

**Swami Satyananda Saraswati:** Meditations from the Tantras. Yoga Publications Trust, Munger, Bihar, India 2000

**Trungpa, Chögyam:** Spirituellen Materialismus durchschneiden. Bielefeld 2011

**Vivekananda, Rishi:** Practical Yoga Psychology. Yoga Publications Trust, Munger, Bihar, India 2005

**Wilber, Ken:** Integrale Spiritualität. München 2006

**Williams, Mark; Teasdale, John; Segal, Tindel und Kabat-Zinn, Jon:** Der achtsame Weg durch die Depression. Freiburg 2007

## ÜBER DIE AUTOREN

**Katharina Middendorf** ist deutschlandweit anerkannte Expertin für Yoga-Ausbildungen und Yoga-Therapie.
*www.nivata.de*

**Ralf Sturm** ist Systemischer Berater und Paar- und Sexualtherapeut.

Zusammen arbeiten sie in Berlin als Heilpraktiker für Psychotherapie und bieten ihre Methode „Bereit für die Liebe" als individuelle Kompakt-Therapie für Paare an.

Beide leben gemeinsam mit vier Kindern in einer Patchwork-Familie.

Weitere Informationen und online-Material zum Buch finden Sie unter
*www.bereit-fuer-die-liebe.de*